柔性工作安排的员工绩效
实现机制与干预策略研究

齐 昕 刘 洪 著

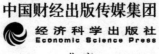

中国财经出版传媒集团

经济科学出版社
Economic Science Press

·北 京·

图书在版编目（CIP）数据

柔性工作安排的员工绩效实现机制与干预策略研究/齐昕，刘洪著. －－北京：经济科学出版社，2023. 12
ISBN 978－7－5218－5316－2

Ⅰ. ①柔… Ⅱ. ①齐… ②刘… Ⅲ. ①企业管理－人力资源管理－研究－中国 Ⅳ. ①F279. 23

中国国家版本馆 CIP 数据核字（2023）第 202375 号

责任编辑：王红英
责任校对：靳玉环
责任印制：邱　天

柔性工作安排的员工绩效实现机制与干预策略研究
齐　昕　刘　洪　著
经济科学出版社出版、发行　新华书店经销
社址：北京市海淀区阜成路甲 28 号　邮编：100142
总编部电话：010－88191217　发行部电话：010－88191522
网址：www. esp. com. cn
电子邮箱：esp@ esp. com. cn
天猫网店：经济科学出版社旗舰店
网址：http：//jjkxcbs. tmall. com
固安华明印业有限公司印装
710×1000　16 开　20. 25 印张　350000 字
2023 年 12 月第 1 版　2023 年 12 月第 1 次印刷
ISBN 978－7－5218－5316－2　定价：68. 00 元
（图书出现印装问题，本社负责调换。电话：010－88191545）
（版权所有　侵权必究　打击盗版　举报热线：010－88191661
QQ：2242791300　营销中心电话：010－88191537
电子邮箱：dbts@ esp. com. cn）

本书系：

国家自然科学基金重点项目"变革环境下组织变革及其管理研究"（71832006）、国家自然科学基金面上项目"远程工作员工意愿与组织许可的耦合效应及权变因素影响作用研究"（71572074）、安徽省社科规划一般项目"安徽省'专精特新'中小企业韧性的驱动因素识别与培育机制研究"（AHSKY2022D107）以及安徽省优秀科研创新团队项目（2022AH010026、2023AH010018）的研究成果。

前 言

　　以移动、互联、智能为核心的新一轮科技和产业革命，催生了数字经济、平台经济、共享经济等新经济形态，企业经营方式面临颠覆性改变；而生产资料的智能化、信息化，使得工作的时空边界日益模糊。特别是随着新冠疫情等逆境事件频发，越来越多的企业开始将工作模式由传统向灵活多样转变，希望通过柔性的工作安排以提高员工工作效率以及组织的快速响应能力，更好地应对愈发易变、不确定、复杂和模糊的环境。尽管柔性工作安排已成为组织行为学界关注的一个独特领域，也取得了丰硕的研究成果，但其也存在诸如中国本土研究欠缺、有效性存疑等问题，难以给日益增长的柔性工作管理实践提供学理依据。因此，探索中国情境下柔性工作安排的员工绩效实现机制、适用条件与干预策略，具有较高的学术价值和应用前景。

　　本书按照理论回溯—机制分析—策略设计的研究思路，架构了柔性工作安排的员工绩效实现机制与干预策略研究框架。理论回溯部分（第1~3章），进行了相关理论与核心概念的梳理，夯实研究的理论基础；通过对柔性工作以及工作绩效的内涵解构，厘清了柔性工作安排的三类员工绩效领域：任务绩效、公民绩效以及反生产绩效，建构了本书的整体架构。机制分析部分（第4～6章），基于不同的理论视角建立研究模型，运用多种实证分析方法，探索了相关柔性工作类型对员工任务绩效、公民绩效以及反生产绩效的影响机制和权变条件。策略设计部分（第7～9章），依据柔性工作安排的绩效实现机制与适用条件，采用定性与定量相结合的方法，从员工和组织两个层面，分析了柔性工作绩效实现的可操作路径，并提出相应的干预策略。最后（第10章），对全书的研究结论进行了总结，并对未来的研究进行了展望。

本书得出以下几点主要结论：首先，不同类型的柔性工作安排对员工的工作绩效均存在一定的积极效应，这些效应主要通过影响员工的心理与认知机制产生作用。柔性的工作安排能够帮助员工减少工作家庭边界心理渗透，从而提高员工任务绩效；柔性工作安排也通过改变员工的心理授权感知，从而影响员工的创新行为；远程工作还通过提升员工工作自主性与内部人身份认知，减少了员工生产越轨行为。其次，柔性工作安排对员工的工作绩效的积极效果，还受到相关工作特征、个体特征以及工作—个体特征的交互影响。例如，创造性的工作岗位更有利于柔性工作员工提升其任务绩效；较高远程工作意愿是远程工作员工减少生产越轨行为的关键情境条件；柔性工作的组织供给和员工需求、组织要求和能力的相关匹配形态决定了柔性工作员工在创新行为方面的表现。最后，柔性工作员工绩效的实现，需要从员工和组织两个层面进行干预。具体而言，从态度、感知行为控制、主观规范三方面进行干预，提升员工柔性工作意愿；合理设计柔性工作资源和工作要求，形成有利于员工柔性工作能力提升的工作特征组态；通过促进组织柔性工作的员工胜任性与岗位适合性，增加组织对于柔性工作的有用性与易用性感知，继而实现组织柔性工作的长期持续供给。

本书的特色与创新之处体现在：一方面，学术思想上具有原创性和拓展性。作为一种变革式工作设计，柔性工作安排与传统工作模式有着一定的差异，研究基于柔性工作的特点及其可能产生的管理问题，选择相应的群体进行理论构建，是对组织行为理论和人力资源管理理论的发展与创新。同时，探索现有管理理论在柔性工作这一新型工作模式下的适用性和情境化规律，拓展了现有相关理论的应用边界。另一方面，研究视角上具有适应性和针对性。随着企业内外部环境的深刻变化，工作安排柔性化已成为一种客观现象和工作方式的必然发展趋势，使得柔性工作相关研究表现出较高的时代适应性。同时，基于理论研究缺口和管理实践困惑，研究瞄准柔性工作安排的核心议题——员工绩效实现而展开研究，具有高度的现实针对性。

CONTENTS 目录

第 1 章

绪　　论

本章首先介绍本书的研究背景并引出研究的主要问题，然后阐明研究的理论价值和实践意义；进而对重点采用的研究方法进行说明；最后阐述了全书的总体框架与具体章节安排。

1.1　研究背景与意义

1.1.1　研究背景

柔性工作作为减少员工因通勤问题而缺勤的一种工作方式于 1967 年首次在一家德国航空航天公司推出，五年后，惠普成为第一家实施柔性工作模式的美国上市公司（Avery and Zabel，2001）。在过去几十年里，随着信息和通信技术（ICT）的能力不断进步以及高速互联网的普及，柔性工作作为一种新的工作方式得到了普遍发展，以应对现代组织以及劳动力不断变化的需求（Schulze et al.，2023）。数字时代放大了这种灵活的工作安排，数字技术的发展与广泛应用使得企业商业模式、组织型态、治理方式等发生了一系列深刻的变革，这些变化给企业的运营与管理带来了新的要求，催生出更加柔性自由的工作模式（王辉和肖宇婷，2022；Soga et al.，2022）。新冠疫情促进了弹性工作、远程工作等柔性化工作方式的广泛普及，被越来越多的企业所应用，并在世界范围内形成新的热潮。

柔性工作对人们工作与生活方式的广泛影响，得到了管理学界的关注与研究，特别是柔性工作安排能否使员工产生良好的绩效，成为研究者关注的重要议题。然而，相关研究缺乏，已有研究的结论尚不统一。一方面，由于具备更高的工作灵活性和自主性，柔性工作被认为对员工有诸多优点，是提高员工工作绩效的重要手段（Kaplan，2014）。比如柔性工作赋予员工在工作时间、地点、履行方式上更多的选择权，以允许他们将工作与生活角色相结合，能够更好地平衡员工的工作与生活冲突，增加了员工工作满意度并促进工作绩效（Kwon and Kim-Goh，2022）；柔性工作增加了跨界合作的可能性，员工还可以根据个体特征选择高效的工作时间，从而改善工作绩效等（Nadler，2010；Silva et al.，2022）。

但是，另一方面，随着柔性工作的普及、研究的深入与细化，研究者们逐渐发现原有的乐观结论并不总是成立。一些研究发现，柔性工作不总是带来员工工作绩效的提升（Gonsalves，2020）；柔性工作也会产生诸如社会互动减少与隔离感增加、管理层偏见与同事不满、职业发展受损等负面影响，造成员工工作不安全感上升以及工作投入度下降（Kossek et al.，2015；Soga et al.，2022）；此外，也有研究表明，柔性工作容易使员工遭受更大的角色冲突和角色超载，加剧了工作—生活冲突，不利于员工的工作绩效（Hill，2003；Aczel et al.，2021）。

理论研究结论的不确定性同样反映于管理实践，尽管柔性工作在全球范围内得到了广泛应用，但也出现了雅虎、百思买等颇具影响力的企业叫停灵活工作安排的现象。即使在同一家企业，对于柔性工作也有两种截然不同的态度，比如 IBM 的智慧劳动部门在美国工业和组织心理学会（SIOP，2017）上指出，柔性工作人员的参与度更高、表现出更高的工作绩效与创新行为；而该公司市场部门则认为灵活的工作安排不利于员工工作效率提升。所以，柔性工作的有效性问题不仅困扰着理论界，也让实践者无所适从。在这些矛盾和疑虑的背后恰恰说明，柔性工作如同其他工作方式一样，不是放之四海而皆准的，其效果的发挥是有条件的；也正是因为这些矛盾、困惑的存在，使得相关的研究有着广阔的空间。

　　同时，随着中国经济的发展和企业管理理念的变化，在跨国公司将柔性工作这一工作方式引入中国以后，越来越多的中国企业表示出对实施柔性工作的浓厚兴趣；特别是为应对新冠疫情，大量企业不得不通过灵活的工作安排，来维持企业运营，柔性工作几乎一夜之间就变成了"新的常态"（Wang et al.，2021）。有报告指出，疫情期间中国有超过 1800 万家企业采用线上远程办公模式，用户规模达 3.46 亿人。在后疫情时代，柔性工作也将全方位渗透社会活动（刘松博等，2023）。在此背景下，柔性工作已不再是组织或员工的工作方式自由裁量权的分配与选择，而是应对不确定环境和可持续发展的必然要求。然而，如前所述，对于那些不适合进行柔性工作的员工而言，柔性工作的实施不仅不能发挥优势，反而可能对个人、组织等带来负面影响。例如，布鲁姆等（Bloom et al.，2015）以中国携程公司为样本进行了实验，在 503 名自愿加入实验的员工中，有 49% 的员工不愿意在家工作；而当公司因为这个项目获得成功并向整个公司推广的时候，原有愿意进行远程工作的员工中，超过 50% 的员工进行了相反的选择，去除这些不愿意的员工以后，居家工作的员工工作绩效提升率从 13% 升高到 22%。这一结论表明，员工是否愿意接受远程工作安排是他们提升工作绩效的前提条件，而不取决于他们是否远程工作（Tony，2014）。

　　综上所述，面对柔性工作常态化发展的必然趋势，需要厘清有效实施柔性工作的本土化规律，推进柔性工作在我国持续健康发展。基于此，本书认为，有必要重新审视柔性工作与员工工作绩效的复杂关系，探索我国情境下柔性工作安排的员工绩效实现机制与适用条件，并提出相关情境条件的调控与干预策略，以期为我国的柔性工作的理论研究和管理实践提供启示。

1.1.2 研究意义

本研究针对柔性工作与员工工作绩效关系的理论研究结论的不确定性和实践困惑，从多维视角探究了柔性工作对员工工作绩效的影响机制及其边界条件，并提出相关干预策略，不仅具有重要的理论价值，也有较高的现实意义。

（1）理论价值

①拓展了柔性工作绩效研究的研究视阈。工作绩效的传统定义将其简单地限制为与任务相关的行为与结果，这种对工作绩效的狭隘观点已经受到大量研究的有效挑战。相关研究指出绩效是一个多维结构，涵盖了积极的员工行为（如任务绩效、公民绩效）和消极的员工行为（如反生产行为），并认为这三个组成部分对整体工作绩效的考察同等重要。然而，现有柔性工作绩效的研究大多集中于对员工任务绩效的考量，且研究结论也不统一。本研究超越了单一的任务绩效领域，分析了相关柔性工作类型对员工任务绩效、公民绩效与反生产绩效这三种绩效领域的影响，不仅拓展了柔性工作绩效研究的研究视阈，也有助于全面、系统地研判柔性工作的有效性问题。

②厘清了柔性工作员工工作绩效的实现机制。现有柔性工作的相关研究大多从授权的社会结构观点出发，认为柔性工作安排可以创造一个授权赋能的工作环境，并将这一管理实践与员工工作绩效相联系。然而，这种以组织为中心的授权观点存在局限，因为授权不仅仅包括权力的分享措施，还应特别关注员工对于授权的认知与心理反应。因此，本研究将柔性工作安排这一社会结构授权形式，与员工的心理与认知机制联系起来，通过探讨心理渗透、心理授权、工作自主性与内部人身份认知等变量在相关柔性工作类型与员工工作绩效关系中的中介作用，解析了柔性工作对员工工作绩效的影响机制，更好地诠释了柔性工作与

员工工作绩效之间的关系，丰富了工作场所授权以及员工工作绩效等领域的研究。

③辨识了柔性工作员工工作绩效实现的适用条件。已有研究与实践表明，虽然员工工作方式的柔性化转变是发展趋势，但不是所有员工和组织都适合柔性工作；此外，柔性工作对员工的成效也不是必然的，还取决于相关个体特征、工作特征和企业特征等因素。基于这样的认识，本研究选择员工远程工作意愿、工作创造性作为柔性工作影响员工工作绩效的调节变量，并从个体—工作特征的交互视角，揭示了柔性工作的组织供给与员工需求、柔性工作的组织要求与员工能力对员工创新行为的非线性的交互机制；研究深入识别了柔性工作员工工作绩效实现的相关适用条件，为先前研究的混合结果提供了合理的解释；研究也突破了传统调节效应分析难以准确刻画人与环境互动性的不足，为个体与环境的互动研究提供了有益补充和方法论借鉴。

（2）实践意义

柔性工作作为一种灵活、高效的工作方式，在全球范围内已得到广泛的应用，也得到了学界的广泛关注。然而，柔性工作研究发源且根植于西方语境，相关结论对于我国企业的适用性还有待验证；尽管近年来中国情境下的相关研究取得了一定的增长，但我们对如何设计符合中国背景的柔性工作来刺激员工的工作绩效仍然知之甚少。本土研究的欠缺也使得柔性工作在我国的推广应用难以获得学理上的支持。本研究顺应时代发展趋势和中国现实要求，根据我国企业组织的实际情况，考察了柔性工作与员工工作绩效的复杂关系，对于柔性工作在我国的发展以及相关企业的工作设计变革均具有一定的参考价值。

此外，员工柔性工作绩效实现的情境条件研究相对匮乏，且缺乏共识与整合，尚未形成清晰且系统的员工柔性工作绩效提升路径与方案。本研究通过对员工柔性工作绩效实现的相关适用条件的辨识，从提升员工柔性工作意愿、增强员工柔性工作能力以及促进组织柔性工作供给三方面，提出了柔性工作员工绩效实现的干预策略。研究结论与对策建议具有高度的可操作性，有助于推动我国柔性工作管理实践从"可选""必选"向"优选"转化，对我国企业员工工作方式变革乃至组织管理变革具有高度的现实意义。

1.2　研究方法

1.2.1　文献研究法

查阅国内外相关文献资料，对本研究可能涉及的基础理论，如人与环境匹配理论、自我决定理论、资源保存理论、工作—家庭边界理论等进行了梳理、总结；然后结合文献计量法，利用 VOSviewer 软件，通过对柔性工作、员工工作绩效等方面施引文献和被引文献的关键词共现分析与聚类分析，了解相关研究的研究内容、研究主题分布、研究热点等信息，探析了前人研究中的盲点和不足，挖掘出本研究的理论空间和研究价值。

1.2.2　归纳演绎法

重点借鉴工作—家庭边界理论、人与环境匹配理论、工作特征理论、因果推理理论等传统理论，将其运用到柔性工作的相关研究中，通过逻辑上的推导，并结合对现有相关研究的归纳，构建了柔性工作对员工工作绩效影响机制与边界条件的理论模型，并提出相应研究假设。在此基础上，结合计划行为理论、工作要求—资源模型、技术接受模型、任务技术匹配理论等，通过归纳演绎相结合的方法，探讨了员工柔性工作绩效实现的干预策略。

1.2.3 问卷调查法

在调查问卷的设计上，对相关量表尽可能采用国内外成熟研究文献，特别是在中国情境下得以验证的量表。研究对所有外文量表通过并行及双盲的方式进行了中英文双向互译和语义修正，并邀请相关专家、MBA 学员进行审核与试测，最终确定了合适的中文测量条目。随后，采用实地调研的方式，走访了相关企业，发放问卷获得数据，利用 CITC、Cronbach's alpha 系数对数据进行了信度检验，利用平均方差萃取量 AVE、组合信度 CR 值以及验证性因子分析，对数据进行了收敛效度和区分效度检验。

1.2.4 实证分析法

主要利用 SPSS、MPLUS、fsQCA 等统计分析软件对调研数据进行了相关回归分析、中介调节效应分析、多项式回归分析以及模糊集定性比较分析。如利用中介调节效应分析，探索了柔性工作对员工任务绩效、越轨行为的关系，以及员工柔性工作需求和组织柔性工作供给的关键驱动因素；利用多项式回归结合三维响应曲面的分析方法，直观呈现出柔性工作的供给—需求匹配、要求—能力匹配与员工创新行为三维关系；利用模糊集定性比较分析，厘清了有利于员工柔性工作能力形成的柔性工作相关工作特征组态。

1.3 总体框架与章节安排

本书顺应变革环境下企业工作模式改革的客观要求，聚焦于柔性工作的员工绩效实现问题，按照理论回溯—机制分析—策略设计的研究脉络有序展开，总体框架与技术路线如图 1 - 1 所示。全书主要分为三部分：理论

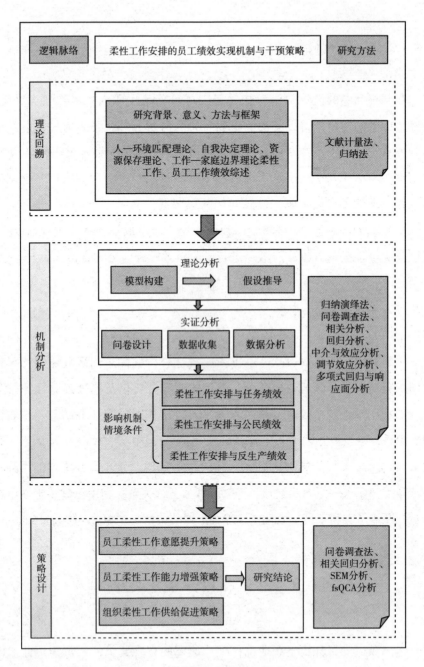

图1-1 本书的总体框架与技术路线

资料来源：笔者绘制。

回溯部分对研究背景、意义与方法、内容框架进行了叙述，并进行了相关理论与核心概念的梳理；机制发现部分基于不同的理论视角建立研究模型，运用多种实证分析方法，探索了柔性工作对员工任务绩效、公民绩效以及反生产绩效的影响机制和边界条件；策略设计部分从员工和组织两个层面，分析了柔性工作员工绩效实现的可操作路径与干预策略，并对全书进行了总结。

全书共包括十章，各章节的具体安排如下：

第 1 章 绪论。本章介绍了本书的研究背景并引出拟研究的问题，然后阐明了研究的理论价值和实践意义，进而对重点采用的研究方法进行了说明，并对本书的总体框架与章节安排进行了总结。

第 2 章 理论回溯。本章对本书可能涉及的基础理论，如人与环境匹配理论、自我决定理论、资源保存理论、工作—家庭边界理论等理论进行了回顾。

第 3 章 文献综述。本章对柔性工作、员工工作绩效等本书涉及的相关核心概念进行了梳理与综述，通过对员工工作绩效的内涵解构，厘清了柔性工作安排的三类员工绩效领域：任务绩效、公民绩效以及反生产绩效。

第 4 章 柔性工作安排与员工任务绩效。本章基于工作—家庭边界理论，区别于以往聚焦于工作家庭边界行为渗透的研究，以工作家庭边界心理渗透为中介变量，实证分析了柔性工作对员工任务绩效的影响机制，通过分析工作创造性在其中的调节作用，探讨了有利于柔性工作员工任务绩效实现的工作类型。

第 5 章 柔性工作安排与员工公民绩效。本章选择员工公民绩效的行为领域之一：员工创新行为作为结果变量，遵循社会结构授权—心理授权—员工行为的逻辑，以心理授权作为柔性工作与员工创新行为关系间的中介变量，并整合人与环境匹配理论与工作要求—资源（JD - R）模型，从个人特征和工作特征的交互视角探究了柔性工作与员工创新行为的关系。

第 6 章 柔性工作安排与员工反生产绩效。本章聚焦于远程工作这一柔性工作形式，基于因果推理理论，从以组织为参照的关系感知以及以工作为参照的任务感知两个维度，构建了内部人身份认知、工作自主性为中介变量，员工远程工作意愿为调节变量的多重影响机制模型，探析了远程工作影响员工生产越轨行为的多重路径和边界条件。

第 7 章 员工柔性工作意愿的提升策略。本章借鉴计划行为理论，从社会心理的视角建构员工远程工作意愿影响模型，探讨个体态度、主观规范、感知行为控制对员工远程工作意愿的影响，实证分析了我国员工远程工作意愿的形成与影响机制，并提出相应的意愿提升策略。

第 8 章 员工柔性工作能力的增强策略。本章基于工作要求—资源（JD-R）模型，利用模糊集定性比较分析（fsQCA）方法，从工作要求和工作资源两个方面阐释了柔性工作的六大工作特征：家庭干扰工作、工作负荷、角色模糊、工作家庭平衡、工作自主性以及自我领导，并探寻了增强员工柔性工作能力的相关工作特征组态。

第 9 章 组织柔性工作供给的促进策略。本章通过整合任务技术匹配理论与技术接受模型，构建组织柔性工作供给意愿的促进机制模型，实证分析岗位适合性、员工胜任性、感知有用性和感知易用性以及组织柔性工作供给意愿之间的相互关系，进而提出组织柔性工作供给的促进策略。

第 10 章 研究结论与展望。本章首先对全书的研究结论进行了梳理、归纳、总结，然后对未来可能的研究方向进行了展望。

本章参考文献

[1] 刘松博，程进凯，王曦. 远程办公的双刃剑效应：研究评述及展望 [J]. 当代经济管理，2023，45（4）：61-68.

[2] 王辉，肖宇婷. 远程工作对员工创新行为的"双刃剑"效应 [J]. 软科学，2022，36（6）：98-105.

[3] Aczel B, Kovacs M, Van Der Lippe T, et al. Researchers working from home: Benefits and challenges [J]. Plos One, 2021, 16 (3): e0249127.

[4] Avery C, Zabel D. The flexible workplace: A sourcebook of information and research [M]. Westport: Greenwood Publishing Group, 2001.

[5] Bloom N, Liang J, Roberts J, et al. Does working from home work? Evidence from a Chinese experiment [J]. The Quarterly Journal of Economics, 2015, 130 (1): 165 – 218.

[6] Gonsalves L. From face timeto flex time: The role of physical space in worker temporal flexibility [J]. Administrative Science Quarterly, 2020, 65 (4): 1058 – 1091.

[7] Hill E J, Ferris M, Märtinson V. Does it matter where you work? A comparison of how three work venues (traditional office, virtual office, and home office) influence aspects of work and personal/family life [J]. Journal of Vocational Behavior, 2003, 63 (2): 220 – 241.

[8] Kaplan K. Telecommuting: No place like home [J]. Nature, 2014, 506 (7486): 121 – 123.

[9] Kossek E E, Thompson R J, Lautsch B A. Balanced workplace flexibility: Avoidingthe traps [J]. California Management Review, 2015, 57 (4): 5 – 25.

[10] Kwon M, Kim-Goh M. The impactsof telework options on worker outcomes in local government: Social exchange and social exclusion perspectives [J]. Review of Public Personnel Administration, 2022: 0734371X221121051.

[11] Nadler J T, Cundiff N L, Lowery M R, et al. Perceptions of organizational attractiveness: The differential relationships of various work schedule flexibility programs [J]. Management Research Review, 2010, 33 (9): 865 – 876.

[12] Schulze J, Krumm S, Eid M, et al. The relationship between tele-

work and job characteristics: A latent change score analysis during the COVID – 19 pandemic [J]. Applied Psychology, 2023: 1 – 31.

[13] Silva A J, Almeida A, Rebelo C. The effect of telework on emotional exhaustion and task performance via work overload: The moderating role of self-leadership [J]. International Journal of Manpower, 2022.

[14] Soga L R, Bolade-Ogunfodun Y, Mariani M, et al. Unmasking the other face of flexible working practices: A systematic literature review [J]. Journal of Business Research, 2022, 142: 648 – 662.

[15] Tony S. Teleworking and its effectiveness on work-life balance [M]. Munich: GRIN Verlag, 2014.

[16] Wang B, Liu Y, Qian J, et al. Achieving effective remote working during the COVID-19pandemic: A work design perspective [J]. Applied Psychology, 2021, 70 (1): 16 – 59.

第 2 章

理论回溯

　　本章旨在对研究涉及的相关基础理论进行回顾，为柔性工作的员工绩效实现机制与干预策略研究提供理论支撑。经梳理发现，人与环境匹配理论、自我决定理论、资源保存理论、工作—家庭边界理论等理论构成了本研究的重要理论基础。

2.1　人与环境匹配理论

2.1.1　人与环境匹配的定义

　　人与环境匹配指个体与其工作环境之间的兼容性，其在个体特征与环境特征能够较好地匹配时发生（Kristof et al.，2005）。在人与环境匹配的内涵方面，早期学者聚焦于个体特征与环境特征的相似性，如帕森斯（Parsons，1909）的职业决策模型、霍兰德（Holland，1959）的职业选择理论、施耐德（Schneider，1987）的吸引—选择—摩擦模型，均强调个人与环境在目标、价值观等方面的相似性。在此基础上，查特曼（Chatman，1989）把人与环境匹配定义为个人与组织在价值观与规范等方面的一致性。还有学者认为，人与环境匹配并不局限于一致性维度，个体与环境的互补性也是人与环境匹配的重要方面（Muchinsky and Monahan，1987），当个人特征能够使环境成为一个整体或弥补其不足时，就产生了互补性匹配。卡普兰（Caplan，1987）从个体与环境需求的相互满足出发，将人与环境匹配分为需求—供给匹配（组织供给满足个体需求）以及要求—能力匹配（个体能力满足组织要求）。

综合前人的研究，克里斯托弗（Kristof，1996）构建了一个整合的人与组织匹配概念化框架（见图2-1），并认为人与组织匹配包括一致性匹

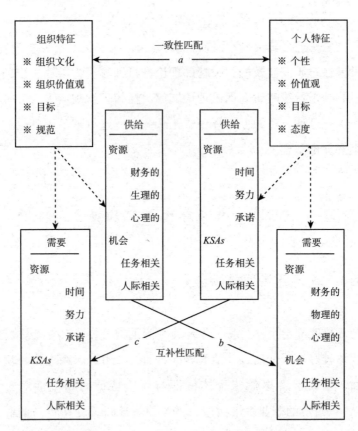

图2-1　人—组织匹配概念化整合框架

资料来源：克里斯托弗（Kristof，1996）。

配与互补性匹配，而互补性匹配又可分为需求—供给匹配以及要求—能力匹配。其中一致性匹配（箭头 a）表现为组织文化、氛围、价值观、目标等特征与个人性格、价值观、态度、目标等特征的相似性，需求—供给匹配（箭头 b）表现为组织所提供的财务、生理、心理资源以及任务、人际机会对个体相关需要的满足程度，要求—能力匹配（箭头 c）则表现为个体能提供的时间、努力、承诺以及所具备知识、技术、能力对组织相关要求的满足程度。

2.1.2　人与环境匹配的层次及其有效性

人与环境匹配理论的一个重要议题是对其有效性的研究。大量研究结果均发现，良好的匹配能够导致一系列积极结果，如更高的满意度和承诺、更多的公民与帮助行为、更少的压力与离职意愿以及卓越的绩效和职业生涯等（Verquer et al.，2003；Wang et al.，2020；Carstens et al.，2021；Chen et al.，2023），但研究也指出，人与环境匹配的有效性需关注匹配的层次性，即有意义的关系可能仅在特定层次的匹配形式和职业结果之间找到（Su et al.，2015）。

基于环境的层次，研究者将人与环境匹配细分为个体与个体匹配（同事或上级）、个体与工作匹配、个体与群体匹配、个体与组织匹配以及个体与职业匹配等类型，不同层次的个体—环境匹配，匹配的关键属性因素及匹配效果均存在差别，如表 2 - 1 所示。

表 2 - 1　　　　　　　人与环境匹配的层次、关键属性与预测变量

匹配的层次	匹配的主体与关键属性	匹配的预测变量	相关研究者
个体与个体匹配	上下级、导师与学员、同事之间的：个性相似、价值观一致、目标一致	工作满意度、员工—领导关系、组织承诺	克里斯托弗等（Kristof et al.，2005）、金和金（Kim and Kim，2013）、李等（Lee et al.，2023）

续表

匹配的层次	匹配的主体与关键属性	匹配的预测变量	相关研究者
个体与工作匹配	工作要求—员工能力匹配 员工需求—工作供给匹配	工作满意度、工作投入、工作效率、创新行为	张勇等（2013）、苏等（Su, 2015）、格茨和沃尔德（Goetz and Wald, 2021）
个体与群体匹配	个体与其团队以及团队成员的：个性相似、价值观一致、目标一致 个体与其团队成员的：知识、技能等方面的互补	群体冲突、知识共享行为、团队承诺、团队绩效	盛等（Seong et al., 2015）、蔡地等（2017）、李茹和赵曙明（2021）
个体与组织匹配	个体与其组织的：价值观一致、目标一致	组织公民行为、员工保留、组织承诺、组织绩效	曲庆和高昂（2013）、斯特拉特曼等（Straatmann et al., 2020）、陈等（Chen et al., 2021）
个体与职业匹配	个人兴趣和能力与其职业层面的技能和要求的一致性	工作满意度、角色表现、工作绩效	沃格尔和费尔德曼（Vogel and Feldman, 2009）、格洛森格等（Glosenberg et al., 2019）

资料来源：笔者自行整理。

个体与个体匹配被刻画为工作环境中上下级间、导师与学员以及同事之间的一致性二元关系，如个性相似（Schaubroeck and Lam, 2002）、价值观一致（Colbert, 2004）、目标一致（Witt, 1998）等，其与员工的工作满意度、员工—领导关系以及组织承诺等均有积极的关系（Kristof et al., 2005；Kim and Kim, 2013；Lee et al., 2023）。

个体与工作匹配指的是个体特征与其工作特征的兼容性，如员工的知识、技术、能力与工作要求相称（要求—能力匹配），或者员工的需求、偏好能够由他们的工作来满足（需求—供给匹配），它通常是工作满意度、工作投入、工作效率、工作压力、创新行为等工作态度与行为的重要预测指标（张勇和龙立荣，2013；Su et al., 2015；Tims et al., 2016；Boon and Biron, 2016；Goetz and Wald, 2021）。

个体与群体匹配侧重于个人与其工作团队间的人际兼容性，它可以表现为个体与其团队以及团队成员在个性、价值观、目标等方面的相似性，还可以表现为个体与其团队成员在知识、技能等方面的互补性（Kristof et al.，2005；李茹和赵曙明，2021）。个体与群体匹配通常与满意度、群体冲突、知识共享行为、团队承诺、团队绩效紧密相关（Werbel and Johnson，2001；Seong et al.，2015；蔡地等，2017）。

克里斯托弗（Kristof，1996）认为个体与组织匹配包括一致性匹配与互补性匹配，随后的研究将互补性匹配定义为个体与工作匹配，将一致性匹配定义为狭义的个体与组织匹配，即个人性格、价值观、态度、目标等特征与组织文化、氛围、价值观、目标等特征的相似性，通常预测组织公民行为、员工保留、组织承诺、组织绩效等结果（Hoffman and Woehr，2006；曲庆和高昂，2013；Straatmann et al.，2020；Chen et al.，2021）。

个体与职业匹配和个体与工作匹配较为相似，指的是个人兴趣和能力与其职业层面的技能和要求的一致性，不同的是，个体与工作匹配指的是特定工作中存在的一致性，因此，个人可以实现个体与职业匹配，但不一定能实现个体与工作匹配（Vogel and Feldman，2009）。个体与职业匹配也与工作满意度、角色表现、工作绩效相关（Nye et al.，2012；Glosenberg et al.，2019；Hoff et al.，2020）。

2.1.3 人与环境匹配的测量

对于人与环境匹配的测量通常有直接测量和间接测量两种方法。直接测量又称感知测量，即测量被试者所感知的人与环境的整体兼容性。间接测量则是通过对人与环境的单独评估来衡量人与环境匹配的程度。依据评估来源和评估方式，间接测量还可以分为主观测量、客观测量以及混合测量三种类型。主观测量指人和环境的评估都是基于个人自己的感知；客观测量指人和环境的评估都是基于客观实际或不同来源；混合测量则是指人和环境的评估分别基于个人感知以及其他来源或客观实际。尽管直接测量比间接测量具有更高的预测力，但研究者也指出，直接测量在概念上模糊不清，混淆了个人因素、环境因素以及个人—环境匹配的交互作用，可能具有更高的一致性偏差（Edwards，2002）。克里斯托弗（Kristof，1996）则认为，选择直接测量还是间接测量方式，应考虑具体的研究问题，如果研究问题聚焦于个体的知觉层面，直接测量或者主观测量的解释力更高。同时，针对间接测量得到的环境与个体数据的匹配拟合方法，研究者也提出了差分法、绝对值差分法、平方和差分法、Q 分类法、多项式回归等方法（Su et al.，2015）。

2.2　自我决定理论

自我决定理论是一种有关人格、发展和社会过程的动机理论，它通过研究社会环境和个体差异对不同类型的动机的促进作用，如自主动机和控制动机等，进而预测人们的认知、情感、行为和心理健康（Deci and Ryan，2004）。作为一种积极心理学，自我决定理论认为个体存在自我发展的内生动力，在其成长的过程中，环境可以为个体提供支持，也可以破坏和损害其发展进程。自我决定理论的核心是对自主动机和控制动机的区分。传统的动机理论将动机视为一个统一的概念，只关注动机的总量并以此来预测个体行为，而自我决定理论则认为，对动机类型的细分和评估，有助于更好地预测动机的质量和可持续性。因此，自我决定理论的研究大多围绕对动机的细分、各种类型动机的前因、结果及其关系的情境因素展开，并先后形成了六个子理论（Ryan and Deci，2017）。

2.2.1 子理论一：认知评价理论

自我决定理论认为，内在动机反映了人类发展、探索和操纵事物的自发倾向，它影响了人们的认知、情感、行为表现和心理健康，是人类进化的最重要的内在资源之一（Ryan and Deci，2017）。尽管人类的内在动机是固有的、普遍存在的，但它同时也受到环境的影响，而对社会情境如何影响内在动机的研究，便形成了自我决定理论的第一个子理论：认知评价理论。该理论认为，与行为的发起或规制相关的外部事件将影响人们对于行为因果关系的感知，影响个人对于自主需求和胜任需求的满足，进而影响个体的内在动机。同时，认知评价理论认为外部事件可分为信息性、控制性和无动机性三种类型。信息性外部事件如提供任务参与方面的选择、提供任务反馈等，能够促进个体因果关系的内部感知以及自主性和胜任力的感知，并增强内在动机；控制性外部事件如有形的外部奖励、截止日期、监督、评价、强制、惩罚等，提升了个体对于因果关系的外部感知，将阻碍个体自主性和胜任能力的感知并破坏内在动机；无动机性外部事件，意味着个体无能为力获得预期结果或者缺乏兴趣和价值，对个体的内外部动机均有负面影响（Ryan and Deci，2000；Gagné and Deci，2005）。此外，外部事件与个体内在动机的关系，还受到社会背景、人际氛围以及个人因素的影响，最能够促进个体内在动机的环境，是那些有利于个体自主性、胜任力和关系等基本心理需求得以满足的支持性环境，而个人的自我调节方式如内部控制风格、自我涉入等会对其内在动机产生破坏性影响（Ryan and Deci，2017）。

2.2.2 子理论二：有机整合理论

尽管内在动机是一种重要的现象，但其并不适用于所有的社会化生活，人们还需要从事很多没有内部动机的行为，如履行责任和义务等，这些都受到外部动机的驱使，而对外在动机的研究构成了自我决定理论的第二个子理论：有机整合理论。该理论认为，人们可以将外在规则和价值观转化为内在规则，从而实现外在动机的内化，而根据内化的程度，外在动机可分为外部调节、内摄调节、认同调节和整合调节四种形式。外部调节指行为仍然完全依赖于外部控制，如避免惩罚或获得外在奖励等，是一种最不自主的外部动机形式；内摄调节是一种部分内化的外在动机，但这种内化主要是因为偶然的内疚、自尊等突发因素所引起的，因此它的自主性相当有限；认同调节指个体认识到外部规则对自己的价值和重要性，从而接受并相对自主地调整自己的行为；整合调节是最自主的、完全内化的外部动机，它意味着个体将外部规则整合进自我意识中，并与自己的身份、价值观、需求相结合（Deci and Ryan，2004）。有机整合理论还指出，社会环境可以通过支持满足个人对胜任能力、关系和自主性的基本需求，促进外部动机的内化和整合。如果环境受到控制，或基本需求受到阻碍，则内部化，尤其是认同调节或整合调节的可能性就较小（Ryan and Deci，2017）。在某种程度上，人们的行为是通过更多的自主或整合的内在化形式，它们将在活动中表现出更大的行为持续性、更高的行为质量和更有效的表现，带来更多积极的经验和更大的心理健康和福祉（Ryan and Deci，2017）。

2.2.3　子理论三：因果定向理论

自我决定理论的第三个子理论是因果定向理论，它主要关注人们对于环境感知、动机及其行为因果关系的个体差异。德西和莱恩（Deci and Ryan，1985）将因果定向分为自主定向、受控定向和非个人定向三种类型。自主定向的个体倾向于根据其兴趣和自我认同的价值观行事，通常将外部事件解释为信息性事件，从而自主地调节个人行为，因此自主定向的个体具有较高的内在动机，其外部动机的内化程度也较高；受控定向的个体倾向于根据内外部的需求和压力行事，通常将外部事件解释为控制性事件，使其行为受到很大程度的控制，因此受控定向的个体具有较低的内在动机，其外部动机的内化程度也较低；非个人定向的情况下，人们倾向于认为自己的生活经历超出了个人的控制范围，他们认为发生在他们身上的任何事情都是运气或命运的结果，因此他们通常有较低的自我效能感、负面的自我评价和自卑感。因果定向理论有助于解释相同的社会环境中的个体差异。自主定向促进了人格的更大融合，增强了自我动机并表现出更加有效的行为和幸福感，受控定向表现出较低的自我调节和行为绩效，而非个人定向由于缺乏动力体验，从而导致了最低效的行为表现和福利结果（Deci et al.，2017；王水和袁勤俭，2023）。

2.2.4　子理论四：基本心理需求理论

如前所述，对个体基本心理需求的满足，能够促进内在动机和外在动机的内化程度，以及更自主的因果关系定向，而对于这些基本心理需求的研究，形成了自我决定理论的第四个子理论：基本心理需求理论。该理论认为个体基本心理需求有自主需求、胜任需求以及关系需求，随着时间、环境和社会交往的不同，人们的心理需求满足感和挫折感也各不相同。自主的环境能够促进三种心理需求的满足，而控制情境和事件则会破坏基本心理需求的满足，同时，三种类型基本需求的满足往往会彼此积极相关（Deci et al.，2017）。大量研究也聚焦于基本心理需求满足的前因和结果。研究发现，基本心理需求与相关人口统计学变量没有显示出一致的关系模式，但人格特质是导致基本心理需求差异的重要方面（Van den Broeck et al.，2016；Hlupic et al.，2022）。工作自主性、反馈、社会支持、组织支持、领导—成员交换、人与环境匹配等因素促进了三种基本心理需求，而角色压力源、工作家庭冲突和工作不安全感、不公平感知对基本心理需求的满足呈负面作用（Greguras and Diefendorff, 2009；Lian et al., 2012；Zhang et al., 2021）。在结果变量方面，基本心理需求与工作满意度、情感承诺、组织公民行为、创造力、任务绩效和幸福感等因素正相关，而与压力、情绪耗竭、离职意向等因素呈负相关（Van den Broeck et al., 2016；Kuźma et al., 2020；Hwang et al., 2022）。

2.2.5　子理论五：目标内容理论

自我决定理论的第五个子理论是目标内容理论，它涉及个体在生活中的目标和愿望及其与基本心理需求满足、动机和心理健康间的关系。该理论将个体目标分为内在目标和外在目标，内在目标指那些与追求内在价值最直接相关的目标，例如亲密关系、个人成长和对社会做出贡献。与此相反，外在目标是那些关注工具性结果的目标，如金钱、名望、权力或外在吸引力。一般而言，对于内在的目标追求更能满足个体基本的心理需求，而追求外在目标可能损害个体基本的心理需求（Kasser and Ryan, 1996）。

2.2.6　子理论六：关系动机理论

关系动机理论是自我决定理论最新发展的一个子理论，它聚焦于个体关系质量及其结果的研究。传统理论认为，自主性和关系是对立的，为了建立令人满意的亲密关系，人们需要放弃自主权。关系动机理论指出，自主性和关系本质上是互补的，只有自主支持的相互关系才是高质量的关系的关键特征。也就是说，只有个人真实的意愿参与到关系中，才有助于双方在该关系中获得高满意度和更大的心理健康。自主支持的相互关系程度越大，则关系质量越高，进而促进更高的满意度、依恋安全和幸福感（La Guardia et al., 2000；Deci et al., 2017）。

2.3　资源保存理论

资源保存理论源于对压力的相关研究。早期的压力研究认为，压力源于要求超出其应对资源时的状态。但霍布福尔（Hobfoll，1989）指出，这一论断是不准确的，他认为，个人有努力获取、保留、保护和培养他们认为有价值事物的基本动机。这些有价值的事物可以称为资源，它们包括物体类资源（如住房）、条件类资源（如工作稳定性）、个人特征类资源（如社交能力）以及能量类资源（如时间）（Halbesleben et al.，2014）。当个人资源受到净损失威胁时，或个人的资源实际丢失时，以及个人在重大资源投入后未能获得足够的资源回报时，心理压力就会发生。资源保存理论的内容主要由两个原则以及四个推论构成。

2.3.1　资源保存理论的原则

第一个原则：在影响程度和影响速度上，资源损失比资源收益更加突出（见图 2-2）。这个原则有两个重要含义：其一，它表明给定资源的损失将比获得等价资源的收益影响更大（例如，工资损失将比同样的工资收益更有害）；其二，它表明资源收益依赖于损失以获取其显著性，也就是说，在资源损失的背景下，资源收益变得更加重要（例如，长期失业后获得工作意义更高）。大量的实证也证明，资源损失可能对个体心理、情绪和行为产生更高的负面影响，而资源收益只在经历过资源损失的背景下才具有预测意义（Vinokur and Schul，2002；Hobfoll et al.，2006）。

资源保存理论的第二个原则：个体需要通过资源投入来获取资源，防止资源损失或从损失中恢复。这一原则说明了资源投资和资源损失的关系，即通过资源投入可以阻止、补偿或减少资源损失。资源损失可以由来

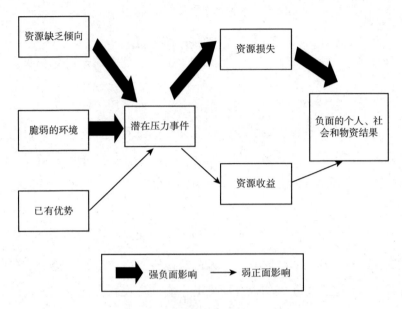

图 2 - 2   资源缺乏的不成比例的影响

资料来源：霍布福尔和施洛姆（Hobfoll and Shirom, 2001）。

自另一资源域的其他资源替换，以最小化资源损失的影响（Hobfoll and Shirom, 2001）。例如，相关研究发现，可以通过增加工作相关资源的投资来部分补偿家庭领域产生的资源损失，反之亦然（Halbesleben et al., 2009；Lu and Kao, 2013；马丽，2015）。

2.3.2   资源保存理论的推论

资源保存理论还从其两个原则引申出四个推论。第一个推论指出，那些拥有更多的资源的个体不易受到资源损失的影响，更有能力协调资源收益。反过来，资源较少的人更容易受到资源损失的影响，而且更难以获得资源。而且，那些没有足够的资源储备的人，他们不太可能有资源在资源初始损失之后就进行投资，因此最初的挫折将是毁灭性的，并且导致立即和快速的资源损失螺旋。相反，那些拥有更多资源的人，因为他们可以投入日常运作中不需要的资源，创造新的资源增益周期，使其受到资源损失的负面影响较小。

资源保存理论的第二、第三个推论与第一个推论密切相关，即资源的损失和增益螺旋。资源的损失螺旋指出，那些缺乏资源的人不仅更容易受到资源损失的影响，而且最初的损失会引发未来的损失。因为，人们需要依靠资源来应对损失，在资源缺乏的情况下，每次损失都使可利用和投入的资源越来越少，这导致进一步的资源枯竭，造成损失的动力和趋势不断增加，未来的挑战越来越不可能得到满足。资源的增益螺旋则表明，那些初始资源较高的个体不仅能够规避资源损失的影响，而且更有能力获得更多的资源，因为初始资源的收益可以进一步用于资源的投资，从而获得更多的资源收益。然而，因为资源损失比资源收益更有影响，因此损失周期将比增益周期速度更快、力量更强（Hobfoll and Ford，2007；Kauffeld and Spurk，2022）。

资源保存理论的最后一个推论认为，那些资源缺乏的个体通常选择消极应对的防御策略，以保护其资源储备。拥有强大资源的个体更有可能冒着资源损失的风险，寻找资源收益的机会以获得更多的资源，而那些缺乏资源的人可能会形成一种防御姿态，限制进一步资源损失的可能性，进而也排除了获得资源的机会。例如，研究发现，那些具有更高心理资本的员工具有更高的角色外行为，而心理资本缺乏的员工将采取限制性行动，更多地采用低风险的态度依从惯例行事（Luthans et al.，2007；王雁飞等，2019；Kraus et al.，2023）。

2.4　工作—家庭边界理论

工作与家庭边界理论是一种解释个人如何管理和协商工作和家庭领域以及它们之间的边界以实现平衡的理论。克拉克（Clark，2000）对工作与家庭边界的相关研究作出了系统的梳理与归纳，形成了工作—家庭边界理论。她认为，工作和家庭是两个相对独立的领域和系统，人们每天都在这两个空间中进行角色转换，履行不同的角色职责，进而可能会形成不同角色间的矛盾与冲突。根据她的观点，当某一场域的角色要求扩展时，二者的边界会出现位移或延展，矛盾冲突即会出现。因此，无论是工作干预家庭还是反之，当一个领域的角色要求不断提高，且与另一领域的角色要求相抵触时，就会产生角色冲突现象。

2.4.1 工作—家庭边界类型和特征

工作—家庭边界理论关注划分与工作和家庭角色相关的时间、空间、关系和心理的边界，这些边界的强度和特征确定了工作和家庭的分割或融合程度，从而决定了能否顺利实现不同角色的转换（Ammons，2008）。研究发现，工作—家庭边界具有灵活性和渗透性特征（Bulger et al.，2007）。灵活性是指空间边界和时间边界的灵活性。更灵活的边界允许在不同的空间和时间履行角色任务，而不太灵活的边界则对何时何地履行角色任务进行了限制。渗透性涉及一个领域的角色行为能够进入另一个领域的程度。灵活性和渗透性共同决定了工作与家庭的边界强度，不可渗透的和不灵活的边界使得工作与家庭完全分离，高度渗透的和灵活的边界使得工作与家庭相互整合。一般而言，工作与家庭的边界强度是完全分离与完全整合的连续统一体（Clark，2000）。

工作—家庭边界理论另外的一个重要特征是具有方向性（Allen et al.，2014）。在移动方向上，可以是对称的或不对称的。也就是说，工作领域可能比家庭领域更具渗透性，反之亦然。例如，有关工作—家庭冲突的研究表明，工作—家庭冲突比家庭—工作冲突更为普遍，即家庭领域比工作领域更具渗透性（Kossek and Lautsch，2012）。

阿什沃斯等（Ashforth et al.，2000）注意到角色身份的相似性在确定个人能够跨越边界的难易程度方面具有重要作用。个人在每个领域中以相似方式思考、行动和展示自己的程度越高、角色身份（例如，职业身份、父母身份）共享的共同特征越多，跨角色转换就越容易。

2.4.2　边界跨越者和边界维护者

工作家庭冲突是在边界跨越者和边界维护者的互动过程中发生的。那些每天穿梭于工作家庭边界的人们被称作边界跨越者，他们是工作和家庭两个领域角色的共同担当者。跨越工作家庭边界，进行角色转换是边界跨越者的主要活动。工作或家庭领域中不断提高的角色要求是工作家庭冲突形成的内在条件。工作家庭冲突意味着由于工作或家庭中某一个领域的角色要求扩张，导致彼此之间的边界发生了变化或移动。为了应对这种边界变化或移动，边界跨越者需要付出较多的认知、心理资源。因此，成功地进行边界跨越取决于员工是否具有一定的边界跨越能力（Matthews et al.，2010）。

不论是工作活动还是家庭活动，通常都需要与其他人共同完成，这些人对于边界的确定与维持有着重要意义，这些人被称为边界维持者。由于工作和家庭活动通常是与他人一起进行的，因此边界和领域的创建和管理成为一种主体间活动。工作中常见的边界维持者是主管；家庭中的边界维持者是配偶（Clark，2000）。主管和配偶等边界维持者定义了什么是"工作"和"家庭"，并提供不同程度的便利性，从而影响边界跨越者对边界的定义和管理，决定了其应对相互竞争的工作和家庭需求的难易程度（McNall et al.，2015；Bansal and Agarwal，2020）。

本章参考文献

［1］蔡地，王悦，马金鹏. 领导越包容，员工工作越主动？个人—团

队匹配和权力距离的作用 [J]. 预测, 2017, 36 (5): 1-7.

[2] 李茹, 赵曙明. 数字经济背景下人与环境匹配的新变化及应对策略 [J]. 南京社会科学, 2021 (9): 37-44.

[3] 马丽. 工作—家庭匹配与平衡研究: 基于个人—环境匹配的视角 [J]. 管理评论, 2015, 27 (2): 135-144.

[4] 曲庆, 高昂. 个人—组织价值观契合如何影响员工的态度与绩效——基于竞争价值观模型的实证研究 [J]. 南开管理评论, 2013, 16 (5): 4-15.

[5] 王水, 袁勤俭. 自我决定理论及其在信息系统研究领域的应用与展望 [J]. 现代情报, 2023, 43 (5): 146-155.

[6] 王雁飞, 王丽璇, 朱瑜. 基于资源保存理论视角的心理资本与员工创新行为关系研究 [J]. 商业经济与管理, 2019 (3): 40-49.

[7] 张勇, 龙立荣. 人—工作匹配、工作不安全感对雇员创造力的影响——一个有中介的调节效应模型检验 [J]. 南开管理评论, 2013, 16 (5): 16-25, 50.

[8] Allen T D, Cho E, Meier L L. Work-family boundary dynamics [J]. Annual Review of Organizational Psychology and Organizational Behavior, 2014, 1 (1): 99-121.

[9] Ammons S K. Boundaries at work: A study of work-family boundary stability within a large organization [M]. Minneapolis: University of Minnesota, 2008.

[10] Ashforth B E, Kreiner G E, Fugate M. All in a day's work: Boundaries and micro role transitions [J]. Academy of Management Review, 2000, 25 (3): 472-491.

[11] Bansal N, Agarwal U A. Direct and indirect effects of work-family enrichment: Role of gender role ideology [J]. International Journal of Productivity and Performance Management, 2020, 69 (5): 873-894.

［12］ Boon C, Biron M. Temporal issues in person-organization fit, person-job fit and turnover: The role of leader-member exchange ［J］. Human Relations, 2016, 69 (12): 2177 – 2200.

［13］ Bulger C A, Matthews R A, Hoffman M E. Work and personal life boundary management: Boundary strength, work/personal life balance, and the segmentation-integration continuum ［J］. Journal of Occupational Health Psychology, 2007, 12 (4): 365 – 375.

［14］ Caplan R D. Person-environment fit in organizations: Theories, facts, and values ［A］. In Riley A W, Zaccaro S J (Eds.), Occupational stress and organizational effectiveness ［C］ New York: Praeger, 1987: 103 – 140.

［15］ Carstens Z, Koekemoer E, Masenge A. Sustainable person-environment fit and subjective career success: The moderating role of resilience ［J］. Journal of Psychology in Africa, 2021, 31 (6): 572 – 579.

［16］ Chatman J A. Improving interactional organizational research: A model of person-organization fit ［J］. Academy of Management Review, 1989, 14 (3): 333 – 349.

［17］ Chen C, Tang N, Wang Y. Fit with both supervisorsand organizations: Examining the interactive effect of person-environment fit perceptions ［J］. Journal of Personnel Psychology, 2021, 20 (3): 136 – 145.

［18］ Chen Q, Li M, Fan H. How does the needs-supplies fit of developmental job experience affect employees' proactive behavior? ［J］. Asia Pacific Journal of Management, 2023.

［19］ Clark S C. Work/family border theory: A new theory of work/family balance ［J］. Human Relations, 2000, 53 (6): 747 – 770.

［20］ Colbert B A. The complex resource-based view: Implications for theory and practice in strategic human resource management ［J］. Academy of

Management Review, 2004, 29 (3): 341 –358.

[21] Deci E L, Olafsen A H, Ryan R M. Self-determination theoryin work organizations: The state of a science [J]. Annual Review of Organizational Psychology and Organizational Behavior, 2017, 4 (1): 19 –43.

[22] Deci E L, Ryan R M. Handbook of self-determination research [M]. New York: University Rochester Press, 2004.

[23] Deci E L, Ryan R M. The general causality orientations scale: Self-determination in personality [J]. Journal of Research in Personality, 1985, 19 (2): 109 –134.

[24] Edwards, J R. Alternatives to difference scores: Polynomial regression analysis and response surface methodology [A]. In Drasgow F N, Schmitt (Eds.), Measuring and analyzing behavior in organizations: Advances in measurement and data analysis [C]. San Francisco, CA: Jossey-Bass, 2002: 350 – 400.

[25] Gagné M, Deci E L. Self-determination theory and work motivation [J]. Journal of Organizational Behavior, 2005, 26 (4): 331 –362.

[26] Glosenberg A, Tracey T J G, Behrend T S, et al. Person-vocation fit across the world of work: Evaluating the generalizability of the circular model of vocational interests and social cognitive career theory across 74 countries [J]. Journal of Vocational Behavior, 2019, 112 (1): 92 –108.

[27] Goetz N, Wald A. Employee performance in temporary organizations: The effects of person-environment fit and temporariness on task performance and innovative performance [J]. European Management Review, 2021, 18 (2): 25 –41.

[28] Greguras G J, Diefendorff J M. Different fits satisfy different needs: Linking person-environment fitto employee commitment and performance using self-determination theory [J]. Journal of Applied Psychology, 2009, 94 (2):

465 – 477.

[29] Halbesleben J R B, Harvey J, Bolino M C. Too engaged? A conservation of resources view of the relationship between work engagement and work interference with family [J]. Journal of Applied Psychology, 2009, 94 (6): 1452 – 1465.

[30] Halbesleben J R B, Neveu J P, Paustian-Underdahl S C, et al. Getting to the "COR" understanding the role of resources in conservation of resources theory [J]. Journal of Management, 2014, 40 (5): 1334 – 1364.

[31] Hlupic T V, Butkovic A, Pocrnic M, et al. The relationship between three basic psychological needs and big five personality traits: A meta-analysis [J]. Current Psychology, 2022.

[32] Hobfoll S E, Ford J S. Conservation of resources theory [J]. Encyclopedia of Stress, 2007, 3 (3): 562 – 567.

[33] Hobfoll S E, Shirom, A. Conservation of resources theory: Applications to stress and management in the workplace [A]. Golembiewski R T (Ed.), Handbook of Organizational Behavior [C]. New York: Marcel Dekker, 2001: 57 – 80.

[34] Hobfoll S E, Tracy M, Galea S. The impact of resource loss and traumatic growth on probable PTSD and depression following terrorist attacks [J]. Journal of Traumatic Stress: Official Publication of The International Society for Traumatic Stress Studies, 2006, 19 (6): 867 – 878.

[35] Hobfoll S E. Conservation of resources: A new attempt at conceptualizing stress [J]. American Psychologist, 1989, 44 (3): 513 – 524.

[36] Hoff K A, Song Q C, Wee C J M, et al. Interest fit and job satisfaction: A systematic review and meta-analysis [J]. Journal of Vocational Behavior, 2020, 123: 103503.

[37] Hoffman B J, Woehr D J. A quantitative review of the relationship

between person-organization fit and behavioral outcomes [J]. Journal of Vocational Behavior, 2006, 68 (3): 389 – 399.

[38] Holland J L. A theory of vocational choice [J]. Journal of Counseling Psychology, 1959, 6 (1): 35 – 45.

[39] Hwang J, Song E K, Ko S. Relationships among basic psychological needs, organizational commitment, perceived authentic leadership and turnover intention in Korean nurses: A cross-sectional study [J]. Journal of Nursing Management, 2022, 30 (7): 2176 – 2184.

[40] Kasser T, Ryan R M. Further examining the American dream: Differential correlates of intrinsic and extrinsic goals [J]. Personality and Social Psychology Bulletin, 1996, 22 (3): 280 – 287.

[41] Kauffeld S, Spurk D. Why does psychological capital foster subjective and objective career success? The mediating role of career-specific resources [J]. Journal of Career Assessment, 2022, 30 (2): 285 – 308.

[42] Kim T Y, Kim M. Leaders' moral competence and employee outcomes: The effects of psychological empowerment and person-supervisor fit [J]. Journal of Business Ethics, 2013, 112 (1): 155 – 166.

[43] Kossek E E, Lautsch B A. Work-family boundary management styles in organizations: A cross-level model [J]. Organizational Psychology Review, 2012, 2 (2): 152 – 171.

[44] Kraus S A, Blake B D, Festing M, et al. Global employees and exogenous shocks: Considering positive psychological capital as a personal resource in international humanresource management [J]. Journal of World Business, 2023, 58 (3): 101444.

[45] Kristof A L, Zimmerman R D, Johnson E C. Consequences of individuals' fit at work: A meta-analysis of person-job, person-organization, person-group, and person-supervisor fit [J]. Personnel Psychology, 2005, 58

(2): 281 - 342.

[46] Kristof A L. Person-organization fit: An integrative review of its conceptualizations, measurement, and implications [J]. Personnel Psychology, 1996, 49 (1): 1 -49.

[47] Kuźma B, Szulawski M, Vansteenkiste M, et al. Polish adaptationof the basic psychological need satisfaction and frustration scale [J]. Frontiers in Psychology, 2020, 10: 3034.

[48] La Guardia J G, Ryan R M, Couchman C E, et al. Within-person variation in security of attachment: A self-determination theory perspective on attachment, need fulfillment, and well-being [J]. Journal of Personality and Social Psychology, 2000, 79 (3): 367 -384.

[49] Lee S, Kwon S, Jang D, et al. The effect of coach-athlete fit on the coach-athlete relationship in team sport: Role of trust in coach [J]. International Journal of Sports Science & Coaching, 2023: 17479541231164771.

[50] Lian H, Ferris D L, Brown D J. Does taking the good with the bad make things worse? How abusive supervision and leader-member exchange interact to impact need satisfaction and organizational deviance [J]. Organizational Behavior and Human Decision Processes, 2012, 117 (1): 41 -52.

[51] Lu L, Kao S F. The reciprocal relations of pressure, work/family interference, and role satisfaction: Evidence from a longitudinal study in Taiwan [J]. Human Resource Management, 2013, 52 (3): 353 -373.

[52] Luthans F, Avolio B J, Avey J B, et al. Positive psychological capital: Measurement and relationship with performance and satisfaction [J]. Personnel Psychology, 2007, 60 (3): 541 -572.

[53] Matthews R A, Barnes-Farrell J L, Bulger C A. Advancing measurement of work and family domain boundary characteristics [J]. Journal of Vocational Behavior, 2010, 77 (3): 447 -460.

[54] McNall L A, Scott L D, Nicklin J M. Do positive affectivity and boundary preferences matter for work-family enrichment? A study of human service workers [J]. Journal of Occupational Health Psychology, 2015, 20 (1): 93 – 104.

[55] Muchinsky P M, Monahan C J. What is person-environment congruence? Supplementary versus complementary models of fit [J]. Journal of Vocational Behavior, 1987, 31 (3): 268 – 277.

[56] Nye C D, Su R, Rounds J, et al. Vocational interestsand performance: A quantitative summary of over 60 years of research [J]. Perspectives on Psychological Science, 2012, 7 (4): 384 – 403.

[57] Parsons F. Choosing a vocation [M]. Boston, MA: Houghton Mifflin, 1909.

[58] Ryan R M, Deci E L. Self-determination theory and the facilitation of intrinsic motivation, social development, and well-being [J]. American Psychologist, 2000, 55 (1): 68 – 78.

[59] Ryan R M, Deci E L. Self-determination theory: Basic psychological needs in motivation, development, and wellness [M]. New York: Guilford Publications, 2017.

[60] Schaubroeck J, Lam S S K. Dispositional similarity, group homogeneity and organizational advancement in different cultures [J]. Academy of Management Journal, 2002, 45 (6): 1120 – 1136.

[61] Schneider B. The people make the place [J]. Personnel Psychology, 1987, 40 (3): 437 – 453.

[62] Seong J Y, Kristof A L, Park W W, et al. Person-group fit: Diversity antecedents, proximal outcomes, and performance at the group level [J]. Journal of Management, 2015, 41 (4): 1184 – 1213.

[63] Straatmann T, Königschulte S, Hattrup K, et al. Analysing media-

ting effects underlying the relationships between P-O fit, P-J fit, and organisational commitment [J]. The International Journal of Human Resource Management, 2020, 31 (12): 1533 – 1559.

[64] Su R, Murdock C D, Rounds J. Person-environment fit [J]. APA Handbook of Career Intervention, 2015, 1 (1): 81 – 98.

[65] Tims M, Derks D, Bakker A B. Job crafting and its relationships with person-job fit and meaningfulness: A three-wave study [J]. Journal of Vocational Behavior, 2016, 92 (1): 44 – 53.

[66] Van den Broeck A, Ferris D L, Chang C H, et al. A reviewof self-determination theory's basic psychological needs at work [J]. Journal of Management, 2016, 42 (5): 1195 – 1229.

[67] Verquer M L, Beehr T A, Wagner S H. A meta-analysis of relations between person-organization fit and work attitudes [J]. Journal of Vocational Behavior, 2003, 63 (3): 473 – 489.

[68] Vinokur A D, Schul Y. The web of coping resources and pathways to reemployment following a job loss [J]. Journal of Occupational Health Psychology, 2002, 7 (1): 68 – 83.

[69] Vogel R M, Feldman D C. Integrating the levels of person-environment fit: The roles of vocational fit and group fit [J]. Journal of Vocational Behavior, 2009, 75 (1): 68 – 81.

[70] Wang Y, Hu N, Zuo J, et al. Project management personnel turnoverin public sector construction organizations in China [J]. Journal of Management in Engineering, 2020, 36 (2): 05019009.

[71] Werbel J D, Johnson D J. The use of person-group fit for employment selection: A missing link in person-environment fit [J]. Human Resource Management, 2001, 40 (3): 227 – 240.

[72] Witt L A. Enhancing organizational goal congruence: A solution to

organizational politics ［J］. Journal of Applied Psychology, 1998, 83 (4):
666 – 674.

［73］ Zhang D, He J, Fu D. How can we improve teacher's work engage-
ment? Based on Chinese experiences ［J］. Frontiers in Psychology, 2021, 12:
721450.

第 3 章

文献综述

3.1 柔性工作的相关研究

本章对柔性工作、员工工作绩效等本书涉及的核心概念进行了文献梳理与研究回顾，厘清了柔性工作的概念与类型、动因与优劣、效果及其影响因素，解构了三类员工绩效领域：任务绩效、公民绩效以及反生产绩效，最后对柔性工作员工绩效研究进行了评述。

3.1.1 柔性工作的研究脉络

文献计量是指通过引文分析，主要包括施引文献和被引文献分析，得知一个研究领域的发展趋势、受关注度等，掌握一个学科或一个领域的发展现状。本节通过 VOSviewer 软件，对柔性工作的相关研究进行文献计量，以了解其主要研究内容、研究主题分布、研究热点等信息。

（1）关键词共现分析

由于柔性工作的相关理论、变量概念等都来源于西方理论界，我国学界对于柔性工作的研究尚处于发展阶段，可搜集到的数字化数据较少，还不能够完整地体现相关理论的发展进程。因而本研究只选择 SSCI 数据库文献，利用 VOSviewer 软件来进行柔性工作的文献计量研究。具体而言：
①数据库源选择 Web of Science 核心数据库中的 SSCI，检索时间为 2023 年
6 月 3 日；②通过阅读大量文献确定主题词英文表达，检索条件为：TL =
"alternative work" OR "flexible work" OR "telecommute" OR "telework"，时
间跨度为所有年份；③文献类型选择 Articles 和 Review Articles，对学科类
型和主题进行筛选，最终得到分析文献 625 篇。设置最低频次 5，得到 193
个关键词。

从图 3 - 1 可以发现，柔性工作研究领域出现频次最高的前十个关键词
分别是：telecome（电子通信）、flexibility（灵活性）、work（工作）、per-
formance（绩效）、home（家庭）、telecommuting（远程办公）、gender（性
别）、family conflict（家庭冲突）、flexible work arrangement（灵活的工作安

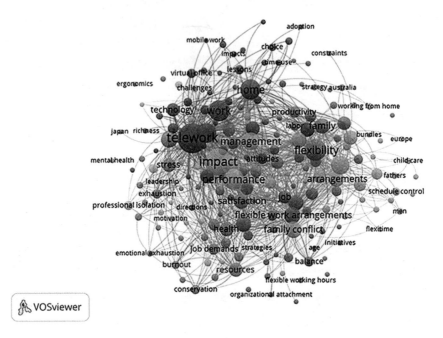

图 3 - 1　柔性工作关键词共现分析

资料来源：笔者自行绘制。

排）、job-satisfaction（工作满意度），它们共同构成了柔性工作的重点研究方向。

(2) 关键词聚类分析

对高频关键词进行聚类可以更清晰地呈现柔性工作领域研究的热点，聚类结果如图 3 – 2 所示。

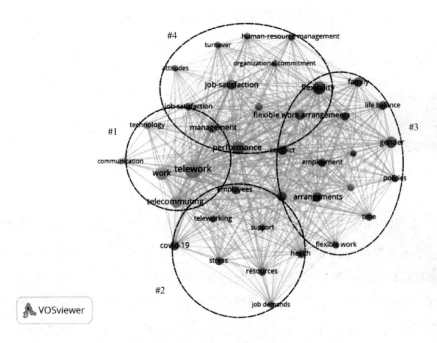

图 3 – 2　柔性工作聚类分析

资料来源：笔者自行绘制。

聚类#1：该聚类的关键词包括远程办公、家庭办公、科技等，主要关注的是柔性工作所具备的特征。具体而言，柔性工作具有三个主要的特征：工作时间更加灵活；工作地点选择多样；电子邮件、智能手机、视频会议等信息科技手段为柔性工作提供了保障。

聚类#2：该聚类的关键词包括工作要求、工作资源、压力、健康等，主要关注的是柔性工作的影响机制问题。研究主要是基于工作需求—资源模型等理论探讨了柔性工作对员工压力、健康的影响机制。

聚类#3：该聚类的关键词包括家庭、生活平衡、安排、性别等，关注的是柔性工作安排和工作生活平衡的关系问题，其中也涉及性别的差异化。然而，柔性工作安排与工作生活平衡的关系，存在大量混合结果；同时，性别的不同也会造成结果的差异。

聚类#4：该聚类的关键词包括工作满意度、绩效、离职意愿、组织承诺等，主要关注柔性工作的效果。学者们主要围绕柔性工作对员工工作态度、行为与绩效的影响展开了广泛的研究，并探索了相关的中介机制和情境条件。

3.1.2 柔性工作的内涵与类型

(1) 柔性工作的内涵

希尔等（Hill et al.，2008）指出，尽管柔性工作在学术文献中被广泛使用，但其仍是一个含糊不清的概念。他认为，柔性工作是以两种不同的方式概念化的。第一种概念化称为组织视角，它将柔性工作概念化为"组织特征包含一定程度的灵活性，使其能够适应环境变化"，这种观点体现在灵活的"及时"生产系统、全面质量管理、质量圈和工作轮换等实践中（Gittleman et al.，1998），并通过使用合同工或临时工而非永久性全职员工动态调整劳动力规模（Huang and Cullen，2001）。从这个角度来看，柔性工作是组织的一个属性，而其对员工的影响是次要的。柔性工作的第二种常见概念化称为员工视角，它将柔性工作概念化为员工能够选择安排其职业生活各方面的程度，特别是在工作的地点、时间和时长等方面。可以看出，柔性工作的组织和员工观点的功能、目的各不相同。从组织的角度来看，柔性工作安排的目标是使整个组织能够适应内外部环境变化的需求；从员工的角度来看，其目标是满足个体需求并使组织间接受益。鉴于两种截然不同观点的内在差异，希尔等（Hill et al.，2008）建议，柔性工作安排的研究必须明确使用哪种视角。基于本书的研究问题，我们从员工视角来概念化柔性工作，即在完成工作任务的前提下，给予员工在工作时间、地点、方式上更多的选择权，以允许他们将工作与生活角色相结合。

（2）柔性工作的类型

从员工视角的柔性工作的定义可以看出，它也是一个多维度的概念，包括对工作时间、地点、任务履行方式、工作进入退出等方面的自由裁量权；因此，柔性工作的类型多种多样。希尔等（Hill et al.，2008）认为柔性工作可分为柔性时间、柔性地点以及柔性时长三种类型。柔性时间允许员工在一系列可接受的选项中灵活安排日常工作时间，员工可以选择何时到达和离开工作场所，只要他们在某些核心时间出现。柔性时间的另一形式是压缩工作周，允许个人在保证每周工作时长的情况下，少于标准的五天工作周（Baltes et al.，1999）。柔性地点又称远程工作，允许工作人员自由选择最适合商业和个人、家庭需求的工作场所。柔性时长通常指提供兼职工作以及提供年假。与其类似，德·梅内塞斯和凯利赫（De Menezes and Kelliher，2011）将柔性工作划分为柔性时间、远程工作、压缩工作时间以及减少工时四种主要类型，并提出了不同柔性工作类型的定义和衡量标准。阿特金森和桑迪福德（Atkinson and Sandiford，2016）认为，柔性工作可以在正式或非正式的基础上提供，他们根据柔性工作涉及的内容（时间柔性、空间柔性、工作角色柔性）以及柔性工作政策的正式性程度（基于政策、基于特殊协议、临时性）两个维度，将柔性工作划分为弹性时间、压缩工作周、年工时合同、居家工作、远程工作、兼职工作、工作分享、特殊协议待遇、取消特定任务、临时性安排等。斯普雷策等（Spreitzer et al.，2017）综合了组织视角和员工视角的柔性工作定义，认为柔性工作灵活性包含就业关系的灵活性、工作时间的灵活性，以及工作完成地点的灵活性三个维度，各维度间并不总是彼此独立的，许多类型的柔性工作包含两个或更多个灵活性维度，基于不同灵活性维度及其的组合，认为柔性工作的类型包括弹性时间、弹性地点、兼职工作、合同制、代理制、平台中介制等。

3.1.3　柔性工作的成因与优劣势

（1）柔性工作的成因

柔性工作的成因可从社会、企业与个人三个层面进行考量。在社会层面，解决交通拥堵问题，这是国外提出柔性工作制的最初原因，柔性工作的成因还包括减少能源消耗和空气污染，解决结构性失业以及妇女和创业者的就业保障问题，应对重大社会危机（如新冠疫情）等（Avery and Zabel，2001；李浩等，2017；Chong et al.，2020）。在企业层面，一些研究认为，柔性工作源于雇主需要支持降低劳动力成本的战略，以应对经济或商业周期的波动（Stavrou and Kilaniotis，2010）。戈尔登（Golden，2008）也发现，组织采用柔性工作的决定更多的是由于感知到的成本效益。组织实施柔性工作主要是为了满足组织需求，例如提供人力资本符合基于客户需求、机器运行时间和投资资本最佳利用的时间要求、适应全球化的影响和不断变化的经济环境等（Ryan and Kossek，2008；Stavrou et al.，2015）。还有研究发现，随着劳动力市场供需关系的改变以及劳资关系的改善，出现了以满足员工需求为目的的柔性工作安排，称为家庭友好型或工作与生活平衡实践，以应对传统性别角色变化带来的劳动力需求变化，以及作为招募和保留关键员工的方法（Liddicoat，2003；Maxwell et al.，2007）。总之，实施柔性工作的企业动因包括组织导向如保持竞争力，降低单位劳动成本，增强运营的灵活性，缓解紧张的劳资关系等；以及员工导向，如保留和吸引优质员工，协助招聘工作，提高员工敬业度，推动业务成果，改善日程安排以及帮助员工管理工作和家庭生活等。

在个人层面，家庭需要是个体选择柔性工作的主要原因，因为家庭会从根本上改变个人的时间分配优先顺序，从而使其对柔性工作的态度更加积极（Kim and Gong，2017）。然而，2015年一项对于我国远程工作员工

的调查报告显示，我国远程工作者选择远程工作的原因最多是个人追求
（56.9%），包含追求更自由、更新潮的工作方式；其次是团队因素
（32.6%）及职业发展因素（31.5%），而家庭因素不足 30%。相关研究
还发现，通勤压力、经济利益、价值观偏好、自我发展等因素也是个体选
择柔性工作的原因（魏翔，2008；林彦梅和刘洪，2014；Vega，2015）。
还有一些研究认为，个体是否愿意进行柔性工作，并不单纯出自利益动
机，还需要考虑到社会因素和个体能力因素的影响（齐昕等，2016）。如
斯科特等（Scott et al.，2012）、拉格拉姆和方（Raghuram and Fang，
2014）指出，员工柔性工作决策取决于水平层面（同事）以及垂直层面
（主管）的态度，以及家庭成员、朋友以及邻居的影响，如果附近的很多
人在家工作，那么个人更有可能寻求这种灵活性。同时，员工对自我能力
的评判是其是否愿意变换工作情境、接受柔性工作的关键预测变量（Ra-
ghuram et al.，2003）。

（2）柔性工作的优劣势

尽管柔性工作对于组织、员工具有很多优势，但它也会产生一系列负
面的影响。例如，对于组织而言，柔性工作对传统组织制度和管理带来了
巨大的挑战，增加了组织控制、绩效评估与协调的难度，可能导致高成本
和潜在的生产力损失（Stavrou et al.，2015；Berkery et al.，2017）。对于
员工来说，因为柔性工作偏离了完全致力于工作的"理想工人"的形象，
员工在选择柔性工作时可能面临"灵活性耻辱"（Williams et al.，2013）；
柔性工作还可能产生诸如社会隔离感增加、管理层偏见、同事不满、职业
发展受损等负面结果（Bartel et al.，2012；Soga et al.，2022）。科塞克等
（Kossek et al.，2015）指出，柔性工作在实施过程中面临三个灵活性陷阱。
其一，灵活的工作安排可能会改变员工工作与生活的关系，带来意想不到
的后果，如社会互动减少，职业前景下降，并增加了工作和家庭的溢出效
应。其二，灵活的工作安排可能会引发组织内公平问题。其三，灵活的工
作安排可能会损害组织文化。因此，有一些学者认为，需要对柔性工作所

带来的优势、劣势进行相互比较权衡从而进行适宜的柔性工作抉择（Haddad et al.，2009；Kossek et al.，2015）。在综合前人研究的基础上，本书从时间、地点、数量及连续性三个维度，对柔性工作的类型进行了划分，并分析了各类型柔性工作的优劣势，如表3-1所示。

表3-1 柔性工作的类型与优劣势

划分依据	类型	优势		劣势	
		员工	组织	员工	组织
时间柔性	• 弹性时间 • 压缩工作周 • 灵活轮班 • 年度/季节工时制	• 更好地满足工作、非工作的义务 • 更多的休息日 • 根据个体特征选择高效工作时间	• 减少迟到早退和旷工 • 更多的员工可用性 • 提高员工效率 • 满足全天候客户需求	• 社会隔离感增加 • 管理层偏见 • 职业发展受损 • 疲劳与职业倦怠 • 工作—生活冲突	• 员工日程安排难协调、同步性降低 • 实施成本增加 • 监督难度高 • 分配公平问题
地点柔性	• 居家工作 • 远程工作	• 减少通勤压力 • 节省交通时间 • 避免受到打扰 • 根据个体特征选择高效工作时间	• 减少设施和房地产成本 • 保留和吸引优质员工 • 提高组织灵活性 • 提高生产力	• 社会互动减少，隔离感增加 • 同事不满 • 职业发展受损 • 工作—生活冲突	• 监督、激励、绩效评估困难 • 团队协调困难 • 组织承诺下降 • 分配公平问题
工作量、连续性柔性	• 工作分享 • 定制工作 • 兼职工作 • 长期休假 • 职业灵活性	• 降低角色超载和工作—生活冲突 • 减少职业倦怠 • 更好地满足工作、非工作的义务	• 保留优质员工 • 减低运营成本 • 减少缺勤率	• 社会隔离感增加 • 角色模糊 • 收益减少 • 职业发展受损	• 不利于长期、连续性的任务 • 团队协调困难 • 福利成本上升

资料来源：笔者自行绘制。

3.1.4 柔性工作的效果及其影响因素

柔性工作的效果涵盖个人、家庭、组织、社会等方面。希尔等（Hill，2008）基于生态系统理论，构建了一个柔性工作效果的概念模型，认为柔性工作能够促进个体活力（健康、生活满意度等）、家庭活力（婚姻满意度、家庭凝聚力等）、工作场所活力（员工保留、工作投入和工作满意度等）以及社区活力（社区参与、社区环境健康等）。其他一些学者的研究则聚焦于柔性工作与组织、员工产出的关系。

（1）柔性工作的组织效果

柔性工作的组织效果包括缺勤、员工吸引与保留、组织承诺等方面。柔性工作对组织缺勤影响的证据较为确凿，超过 60% 的研究报告说柔性工作与较低水平的组织缺勤相关（De Menezes and Kelliher, 2011）。一方面，根据社会交换理论，员工需要通过参与支持组织目标的行为来寻求与组织交换关系的平衡，以换取其对个人目标的支持和关注。如果柔性工作能够给予员工更高灵活性，系统地平衡工作和非工作承诺，那么这些利益会给员工带来义务感，从而使员工不太可能滥用病假来处理非工作承诺并降低缺勤率（Stavrou et al., 2005）。另一方面，许多研究表明，计划外的缺勤是因为员工需要处理源自个人、家庭问题，甚至是工作量过大造成的压力，而柔性工作能够有效地缓解这些压力，有助于员工心理和生理健康，从而降低缺勤率（Baltes et al., 1999）。在实践中，大多数关于缺勤的研究都集中在弹性工作时间上，压缩工作周则没有影响，还有研究认为，组织导向的柔性工作安排强调组织的灵活性，员工不太可能调整他们的工作时间和地点以满足其非工作责任的要求，可以说员工不会觉得他们会从柔性工作安排中受益，因此更有可能滥用病假来处理非工作承诺（Berkery et al., 2017）。

在员工吸引与保留方面，拉格拉姆和方（Raghuram and Fang, 2004）指出，世界各地的组织越来越多地使用柔性工作来吸引理想的劳动力资源并减少员工流失率。因为，员工导向的柔性工作安排，可以作为一种信号，表明他们关心员工的福祉，从而在招聘活动中获益（Thompson et al., 2015）。纳德勒等（Nadler et al., 2010）也指出，工作灵活性是改善工作与生活平衡的一个突出主题，越来越有价值，在工作合同谈判或在寻找新的潜在职位空缺时，员工发现这种灵活性很有吸引力。斯蒂奇（Stich，2021）指出，员工感知到的工作灵活性与自身的契合度越高，则求职意愿越强，越有可能接受工作。相关员工保留效果的研究一般基于社会交换的原则，认为获得满足个人需求的柔性工作员工会感知到更高的组织支持和工作满意度，不太可能会轻易离开组织（Stavrou，2005；Azar et al.，2018）。与无法获得这些政策的员工相比，获得柔性工作安排的员工其离职意愿显著降低（Maxwell et al.，2007）。关于特定柔性工作类型对员工保留影响的研究结果则参差不齐。一些研究发现，能够拥有灵活工作时间是员工保留的主要决定因素，拥有柔性工作时间的员工能够更好地平衡工作和非工作承诺，促进了员工对组织的忠诚度，从而有较低的离职意愿（Nadler et al.，2010；Kröll et al.，2021）。加金德拉和哈里森（Gajendran and Harrison，2007）通过元分析得出结论，远程工作与较低的离职率相关。穆蒂甘达等（Mutiganda et al.，2022）在研究中指出，当员工自愿远程办公时，会表现出更低的离开组织的意愿，实际的员工流动率也会更低。然而，还有一些研究发现，柔性工作并不能预测更低的离职率，所产生的污名化问题反而可能促进员工离职（Ferdous et al.，2022）。伯克里等（Berkery et al.，2017）也指出，组织导向的兼职、轮班工作和年度合同，为员工提供的灵活性很小，在某些情况下可能会对员工工作日程提出更多要求，从而导致员工流失。

柔性工作与组织承诺的关系，具有一定的争议。德·梅内塞斯和凯利赫（De Menezes and Kelliher，2011）对22项相关研究的分析发现，只有9项研究支持柔性工作能够促进组织承诺，而其余13项研究认为柔性工作与组织承诺没有联系。例如，格罗弗和克鲁克（Grover and Crooker，1995）利用1991年的一般社会调查来评估灵活的工作安排政策对组织承诺的影响，结果表明灵活的工作安排与组织承诺正相关。卡斯珀和哈里斯（Casper and Harris，2008）借鉴组织信号理论的研究发现，灵活的工作安排使得个体对公司的依恋感更强，组织承诺更高。甚至柔性工作的可获得性也可能影响组织承诺，无论他们是否参与柔性工作，那些认为自己拥有柔性工作权利的员工，其组织承诺水平也较高（Scandura and Lankau，1997）。也有研究发现，柔性工作致使员工社会互动减少，隔离感增加，难以促进组织承诺。如伊顿（Eaton，2003）利用生物制药公司463名专业技术人员的调查数据发现，正式或非正式的柔性工作安排政策都与组织承诺无关，王和瓦伦布瓦（Wang and Walumbwa，2007）的研究也没有发现柔性工作和组织承诺之间存在关系。德斯琴尼斯（Deschênes，2023）研究发现职业隔离会对远程办公体验的满意度产生负面影响，但不会对组织承诺造成影响。

（2）柔性工作的个体效果

柔性工作的个体效果主要集中在工作满意度、工作—生活冲突、工作压力等方面。柔性工作与工作满意度的联系引起了人们的极大兴趣，现有大多数研究基本支持其与柔性工作的积极联系。研究者认为，柔性工作能够赋予员工更多的自主性和灵活性，使员工能够兼顾自己的工作和生活，从而提高了工作满意度（Wheatley，2017）。例如，阿尔默和卡普兰（Almer and Kaplan，2002）比较了一家公共会计师事务所的柔性工作工人和非柔性工作工人，并得出结论，柔性工作与工作满意度正相关。柔性工作有助于使工人能够有效地协调来自不同生活领域的需求，因此，柔性工作的工人比非柔性工作的工人更有可能对自己的工作"非常满意"（Kattenbach et al.，2010）。加金德拉和哈里森（Gajendran and Harrison，2007）通过元分析发现，柔性工作能够提升员工的工作满意度，而感知自主性是关键的中介变量。迪尔马加尼（Dilmaghani，2021）也在研究中指出，有弹性工作时间的员工对工作的满意度显著更高。同时，他也发现弹性时间和弹性空间的组合具有协同作用，弹性工作制和弹性工作时间以及单独的弹性时间与其他结果（例如组织归属感和工作动机）的结合存在着显著的正相关。

持反对意见者则认为柔性工作，特别是远程工作造成员工与同事以及管理者面对面交流减少，社会隔离感、孤独感增加，减少了晋升机会，不利于工作满意度提升（Bailey and Kurland，2002）。组织导向背景下的柔性工作安排，员工被迫直接或间接地调整他们的工作时间以适应公司的需求，通常会损害员工的工作满意度（Dettmers et al.，2016）。程和张（Cheng and Zhang，2022）在研究中指出，远程办公的水平提高，导致个体与工作的心理脱离减少，从而导致满意度下降。戈尔登和维加（Golden and Veiga，2005）则整合了两种观点，认为柔性工作频率是影响员工工作满意度的关键因素，其与员工工作满意度间是倒"U"型的关系，他通过对 321 名远程工作者的实证调研验证了该观点。有趣的是，还有学者采取了不同的立场，考察了柔性工作者同事的满意度，研究发现，柔性工作者的柔性工作时间与同事满意度呈负相关（Golden，2007；Mesmer-Magnus and Viswesvaran，2009）。

降低员工的工作—生活冲突和工作压力被认为是柔性工作的主要优势之一。学者们通常基于角色冲突理论和工作要求—资源理论认为，个体时间和能量等资源是有限的，因此来自工作和生活领域的角色是相互不相容的，当一个角色的需求侵占个人需要满足其他角色需求的资源时，就会发生冲突和压力感知（Lapierre and Allen，2012）。通过柔性工作安排，员工能够更加灵活地调度资源，更好地平衡工作和非工作承诺，有助于员工降低工作—生活冲突和缓冲工作压力（Masuda et al.，2012；Dizaho et al.，2017；Azar et al.，2018）。例如，阿尔默和卡普兰（Almer and Kaplan，2002）研究指出，工作—生活冲突是一种主要的工作压力源，而从事柔性工作的员工这种冲突水平较低，他们的情绪衰竭程度也显著降低。哈尔彭（Halpern，2005）基于 3552 名受访者的数据，发现员工可用的柔性工作安排数量越多，报告的压力症状就越少。与此同时，大量研究也指出了柔性工作对工作—生活冲突和工作压力的双刃剑效应。员工将柔性工作视为避免或分散压力的一种方式，然而，它也可能是压力的来源，因为柔性工作也可以让工作侵入个人和家庭，引发工作—生活冲突（Kelliher and Anderson，2008；Butts et al.，2015）。例如，蒂姆斯等（Timms et al.，2015）通过调查发现，受访者并不相信使用柔性工作能够创造工作与生活的平衡，解决他们的工作生活问题。特别是远程工作者，由于工作和家庭的同时需求，他们可能遭受更大的角色冲突和角色超载（Gajendran and Harrison.，2007）。一些元分析也发现，柔性工作与工作—生活冲突、工作压力的关系不显著，或是呈负相关（Allen et al.，2013）。

（3）柔性工作效果的影响因素

柔性工作效果的影响因素也得到了学者的大量关注。相关研究聚焦于个体因素、组织因素对柔性工作产出的影响。个体因素方面，性别、年龄、地位、个性、对柔性工作的需求偏好、员工边界管理战略以及时间管理能力等是柔性工作个体有效性的重要权变因素。由于性别角色分工的刻板印象，与女性相比，男性员工选择柔性工作可能受到更多的偏见，表现出更高的工作—生活冲突和压力（Butler and Skattebo，2004）。从长远来看，女性似乎更能够从柔性工作中获益，她们的工作满意度和幸福感显著高于男性（Uglanova and Dettmers，2018）。阿特金森和桑迪福德（Atkinson and Sandiford，2016）比较研究了不同柔性工作类型和员工年龄的关系，研究发现，特殊的、个性化的柔性工作安排更适合老年员工。不同职业地位的员工在不同的柔性工作类型下会产生不同的结果，弹性时间可能会使较低级别的员工受益；而兼职工作会造成低级别员工收入和福利损失，但它们增强了高层职位员工的招聘和保留；对工作地点和连续性的控制有利于中高级员工，但较少适用于较低级别的工作（Kossek and Lautsch，2018）。

个性方面，拥有尽责性、开放性、宜人性个性特质以及自我激励、创新的员工适合进行柔性工作，而外向性、神经质个性以及集体主义感强、依赖性高的员工可能就不适合（Wayne et al.，2004；Shockley and Allen，2010；Clark et al.，2012）。齐昕等（2017）指出，具有高柔性工作的偏好的柔性工作员工，能够感知到更高的工作自主性和内部人身份，进而表现出较少的生产越轨行为。拉皮尔雷等（Lapierre et al.，2016）研究发现，非自愿性的柔性工作会导致工作—家庭冲突和压力，而员工边界管理战略和工作—家庭平衡自我效能感是关键的调节因素，那些拥有隔离性边界管理战略和高工作—家庭平衡自我效能感的员工，能够减少角色冲突并缓解非自愿性的柔性工作对工作—家庭冲突和压力的影响。阿扎尔等（Azar et al.，2018）指出，柔性工作员工需要有效地在工作和非工作角色之间分配时间，并决定如何在不同的工作时间内安排任务，因此，时间管理能力较高的员工，会在较小程度上遭遇工作—生活冲突，获得更高的工作满意度。工作超负荷会影响远程办公与情绪疲惫之间的关系，而员工的自我领导能够调节工作超负荷造成的影响（Silva et al.，2022）。

影响柔性工作有效性的组织因素主要包括工作特征、管理者态度与行为、组织文化等方面的因素。学者们总结出适宜柔性工作的几大任务特性：成果易评估、相互依存度低、复杂程度高、节奏可控制、结构化、重复性的任务，那些需要大量监督、协调、反馈和面对面互动的工作，其柔性工作的效果较差（Golden and Gajendran，2019；徐洪江等，2019）。管理者的态度直接关系到其对柔性工作员工的信任与支持程度、授权行为、监督与绩效评估方式，进而影响柔性工作的有效性。威克朗辛赫（Wickramasinghe，2012）研究发现，在主管支持程度高的情境下，柔性工作安排对员工压力的缓冲作用更强；莱斯利等（Leslie et al.，2012）也指出，那些被管理者归因为家庭原因的柔性工作员工，将缺乏主管支持并遭受职业生涯损失。在监督方式上，管理者通过共享信息而不是监控，与柔性工作员工保持密切联系，其下属经历较少工作—非工作冲突，并表现出更多的公民行为（Lautsch et al.，2009；Gerdenitsch et al.，2015）。与柔性工作匹配的组织文化氛围能够减少组织内其他个体对柔性工作员工的偏见和冲突，提升其自我效能感，从而提高柔性工作有效性（Timms et al.，2015；Erden Bayazit and Bayazit，2019）。

3.2　员工工作绩效的相关研究

遵循工作绩效的综合观点，认为员工工作绩效包括了工作行为及其工作结果（仲理峰和时勘，2002）。同时，基于工作绩效的三个维度：任务绩效、公民绩效和反生产绩效（Rotundo and Sackett，2002），对员工工作绩效的相关研究展开综述。其中，公民绩效选择员工创新行为，反生产绩效选择员工生产越轨行为。

3.2.1　员工工作绩效的研究脉络

本节通过对员工工作绩效的相关研究进行文献计量，以了解其主要研究内容、研究主题分布、研究热点等信息。

（1）关键词共现分析

研究使用 VOSviewer 软件作出关键词共被引网络图：①数据库源选择 Web of Science 核心数据库中的 SSCI，检索时间为 2023 年 5 月 5 日；②通过阅读大量文献确定主题词英文表达，检索条件为：TL ＝ "employee job performance" OR "employee performance" OR "individual performance"，时间跨度为所有年份；③文献类型选择 Articles 和 Review Articles，对学科类型和主题进行筛选，最终得到分析文献 1940 篇。设置最低频次 15，得到 227 个关键词。圆圈越大，代表关键词频次越高，即研究领域中较为热门的话题。关键词出现在图的中间部分，则说明关键词越重要，代表了研究领域中的重要概念。如图 3 - 3 所示。

出现频次最高的前十个关键词有：impact（影响）、model（模型）、satisfaction（满意度）、behavior（行为）、antecedents（前因）、human-resource management（人力资源管理）、management（管理）、mediating role

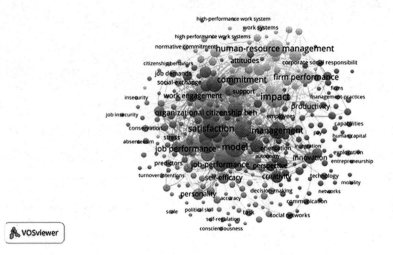

图 3 - 3   工作绩效研究关键词共现网络图谱

资料来源：笔者自行绘制。

（中介作用）、job performance（工作绩效）、job-satisfaction（工作满意度），它们共同构成了员工工作绩效的研究热点和研究方向。

（2）关键词聚类分析

对高频关键词进行聚类可以更清晰地呈现员工工作绩效领域研究的热点，聚类结果如图 3 - 4 所示。

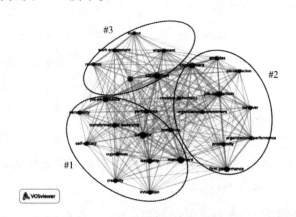

图 3 - 4   工作绩效关键词聚类图

资料来源：笔者自行绘制。

聚类#1：行为因素的影响。该聚类包含的主题词包括行为、管理、领导、创新等，主要关注行为因素对员工工作绩效的影响。大量研究发现，组织管理行为、领导行为、创新行为均影响员工工作绩效。

聚类#2：认知因素的影响。该聚类的主要关键词有工作满意度、认同、组织承诺等，主要是分析了员工的态度认知等因素对其工作绩效的影响。

聚类#3：工作特征的影响。该聚类的主要关键词有工作投入、工作倦怠、工作资源等，该聚类主要从员工的工作特征等因素出发，探讨了其对员工工作绩效的影响。

3.2.2　员工工作绩效的内涵与维度

（1）员工工作绩效的内涵

员工的工作绩效一直是人力资源领域的研究热点，但是对于工作绩效的定义学界并没有达成共识，目前学界对工作绩效的界定主要有行为观、结果观以及综合观三种观点。

行为观认为，绩效即行为。波雅齐斯（Boyatzis，1982）将工作绩效定义为员工完成既定工作任务的行为表现，随后坎贝尔（Campbell，1990）指出，工作绩效是个体为完成一项有益于工作目标所采取的行动。波曼和摩妥威德罗（Borman and Motowidlo，1997）则认为，工作绩效是一种可以被评估的、多维度的和间断的行为结构体，且与组织目标十分相关。罗顿和萨基特（Rotundo and Sackett，2002）借鉴前人的观点，将工作绩效定义为可以被个体所控制的有利于组织的行为或行动。可以看出，这些学者普遍认为个体的绩效是指为完成一项工作所采取的行动。但是绩效并不包括所有的行动，能够被称为绩效的行为是指有益于实现组织目标或完成任务的举动（Murphy and Kroeker，1989；Bergeron，2007）。这一观点从行为视角考察员工绩效，但并不意味着结果在工作绩效的界定中是没有意义的，行为和结果的区分通常并不十分明确，且行为的某些方面难以测量。

结果观认为，绩效即结果。舍默尔霍恩（Schermerhorn，1984）认为工作绩效代表了个人或群体完成工作的数量和质量，强调任务是否有效完成。罗斯韦尔（Rothwell，1996）将绩效定义为完成工作的结果，认为绩效就是一种量化的成果，绩效可以用产出、成果或成就来表达。持这一观点的学者强调用产出来描述员工绩效，绩效就是最后的结果（彭剑锋，2005）。然而，过于关注结果可能会导致过分关注产出而忽略了过程，个体的努力与投入被忽视，可能会打压员工的工作热情。

综合观不仅关注工作的行为过程，也关注产出的结果如何。阿姆斯特朗和巴伦（Armstrong and Baron，1998）较早地提出了应当将行为和结果共同纳入员工绩效的考量范围之内，他们认为，行为将工作任务付诸实际，不仅是结果的工具，其行为本身就是一种结果。而后，仲理峰和时勘（2002）指出，绩效包括行为和结果两方面，行为是达到结果的条件。付亚和和许玉林（2004）认为绩效是组织期望的结果，也是员工根据组织要求所承担的岗位职责。利维和威廉姆斯（Levy and Williams，2004）也认为，工作绩效包括了工作行为、工作结果和工作态度。从行为的角度来看，工作绩效是指员工在工作时做什么或表现如何；从结果的角度来看，绩效是指员工行为的结果。换句话说，绩效可以定义为对行为及其结果的评估。因此，绩效的行为和结果方面是联系在一起的（Rotundo and Sackett，2002；韩冀，2006）。

（2）员工工作绩效的维度

关于员工工作绩效的维度，存在着二维结构、三维结构及多维结构，主流的是二维结构和三维结构。

波曼和摩妥威德罗（Borman and Motowidlo，1997）认为个体可以做很多与主要任务无关但重要的事情来帮助或阻碍组织目标的实现，这些情境活动常常被忽视但同样重要，也应被纳入个人工作绩效。因此，他们认为，工作绩效可分为任务绩效和情景绩效两个维度。任务绩效是指员工执行被正式承认为其工作一部分的活动结果产出；但组织中还存在大量其他的活动不属于任务绩效的范畴，例如，自愿开展非正式工作的任务活动；在必要时以额外的热情或努力成功完成自己的任务活动；帮助他人并与他人合作；即使在个人不方便的情况下也要遵守组织规则和程序；支持和捍卫组织目标等，这类活动被称为情景活动，其结果产出即情景绩效。

罗顿和萨基特（Rotundo and Sackett，2002）通过对过去二十年工作绩效结构研究的回顾总结，将工作绩效的维度进一步拓展，提出员工的工作绩效由任务绩效、公民绩效和反生产绩效三个维度构成，不因职业的不同而改变。任务绩效，包括为组织商品生产或服务提供支持的相关行为与结果；公民绩效，是指通过对组织社会和心理环境做出贡献来推动组织目标的行动和行为，如组织公民行为、创新行为等；反生产绩效，指损害组织或其他成员利益的行动和行为，如反生产行为、越轨行为等。

3.2.3 员工任务绩效的相关研究

（1）员工任务绩效的概念

摩菲和克勒克尔（Murphy and Kroeker，1989）将任务绩效定义为完成与特定工作相关的职责，坎贝尔（Campbell，1990）认为任务绩效就是完成技术任务所采取的行动或行为，并使用"特定任务熟练度"和"非特定任务熟练度"两个术语进行描述。波曼和布拉什（Borman and Brush，1993）则指出任务绩效是指员工这一角色所应完成的有利于组织技术核心的规定活动。也有学者将员工的任务绩效称为"角色内绩效"，指的是那些被组织所要求的，直接服务于组织目标的结果和行为（Motowidlo and Van Scotter，1994）。员工的任务绩效反映了员工在多大程度上实现了直接服务于组织目标的结果和行为，对于组织来说，要想在复杂多变的社会环境中生存和发展，实现卓越的任务绩效是必不可少的（Zhang et al.，2021）。

（2）员工任务绩效的影响因素

总体来看，员工任务绩效的前因变量涵盖个体、领导、关系等方面。个体因素方面，研究发现，个体的认知、行为等因素会对员工的任务绩效产生影响。在个体的认知上，费斯曼等（Fischmann et al.，2018）认为工作不安全感与员工的任务绩效之间的关系是消极和双向的，并通过实证研究证明对于专业水平较高的员工，工作不安全感与任务绩效之间存在因果关系。也有学者基于资源保存理论研究指出，员工感知任务需求同时具有挑战压力源和阻碍压力源的特征。一方面，感知任务需求增强了员工的认知参与度，从而促进了任务绩效（资源获取路径）；另一方面，感知到的任务需求会增加员工的认知压力，从而增加工作疲劳并降低任务绩效（资源枯竭路径）（Lemonaki et al.，2021；Li et al.，2022）。在个体行为上，研究发现强制性不道德的亲组织行为与较低的员工任务绩效有关（Wang et al.，2022），研究还表明员工的学习行为调解了基于组织的自尊与任务绩效之间的关系（Hahn and Mathews，2022）。

领导因素方面，研究表明，当员工感知到道德型领导、伦理型领导、变革型领导、精神型领导等时，员工会提高他们的任务绩效（赵瑜等，2015）。例如，乌格乌等（Ugwu et al.，2016）研究发现变革型领导等能够积极预测员工的任务绩效，王明辉等（2016）研究探讨了精神型领导对员工任务绩效的影响，证明前者能够显著正向预测后者。同时，张等（Zhang et al.，2021）认为，悖论式领导者可以通过创造一个接受矛盾为自然和持久的环境来提高员工的任务绩效。悖论式领导允许他们的追随者观察如何建设性地处理矛盾的情况，通过观察和模仿领导者的行为，员工可以更自信、更有目的地工作。调查研究证明，悖论式领导促进了员工的适应能力，从而提高了追随者的绩效结果，因此，悖论式领导正向影响员工的任务绩效。

关系因素方面，包括人与环境匹配关系以及领导成员交换关系等。池和潘（Chi and Pan，2012）研究发现当员工的工作需求与组织的供给契合度提高时，员工的任务绩效会提高；工作要求与个人能力相匹配时，员工的任务绩效也会提高；同时，个人与组织相匹配也能提高员工的任务绩效。领导成员交换可以通过提高员工的社会认同，从而提高任务绩效（Tse et al.，2012）。布雷瓦亚特等（Breevaart et al.，2014）也证实，处于高水平领导成员交换关系中的员工在资源更丰富的环境中工作，能获得更多的发展机会和社会支持，促进了他们的工作参与和任务绩效。

3.2.4　员工创新行为的相关研究

（1）员工创新行为的概念界定

关于员工创新行为的研究可以追溯到坎特（Kanter，1988），他指出个体创造力是所有高阶创新的基础，"当员工创造性地表现时，他们会提出新颖有用的产品、想法和程序，为组织后续开发和实施提供重要的原材料"。他识别了与创新相关的四项主要任务：产生并激活创意、构建联盟获取实施创意的权力、创意实现（成果化）、转移或扩散（商业化）。随后，斯科特和布鲁斯（Scott and Bruce，1994）指出，有必要对创新行为和创造性行为进行区分。创造性行为指"在工作中由一个或多个人生成新的有用的想法或解决方案"，其与新颖和有用的想法产生有关；而创新行为始于问题认知、思想或解决方案的产生，无论其是新颖的还是已采用的，终于对以上创意的实施与扩散。从这个角度来看，创造性行为是创新行为的一部分。另外，创造力侧重于想法、创意的"绝对新颖性"，而创新行为则侧重于"相对新颖性"，不仅包括自己产生新颖的想法，还可能包括对已在其他地方使用的产品、程序或流程的引进与应用（Yuan and Wood-man，2010）。

尽管创新行为是一个多阶段的过程成为共识，但对创新行为的阶段划分存在差异。一些学者采用了较为简约的划分，认为创新过程可以描述为两个广泛的阶段：构思阶段和实施阶段。构思阶段指识别任务或问题并开发解决方案，实施阶段指评估和选择解决方案并在工作中的实际应用（Hammond et al.，2011）。詹森（Janssen，2000）将创新行为描述为一个三阶段的过程，认为工作中的个人创新行为包括"在工作角色、团体或组织中有意创造，引入和应用新想法，以使角色绩效，团队或组织受益"。卡拉莫尔等（Carmeli et al.，2006）遵循詹森（Janssen，2000）的研究把创新行为划分为：新想法和解决方案的产生、努力促进和寻求支持、应用并使组织收益三个阶段。创新行为主要集中于三个任务：创意产生、创意促进以及创意实现（Wang et al.，2015；Thurlings et al.，2015）。斯科特和布鲁斯（Scott and Bruce，1994）则将创新行为分为四个阶段，包括问题识别、创意生成、建立支持和创意实施。

（2）员工创新行为的测量

为了衡量个人的创新行为，斯科特和布鲁斯（Scott and Bruce，1994）基于坎特（Kanter，1988）的创新阶段研究，并通过访谈制定了一个包含六项目的创新行为量表。该测量要求，每位参与被测者的主管使用5点李克特式量表，对其下属在创意搜索、创意产生、创意推广、寻求实施资金、创意实施、总体创新感受六个方面做出评价。为了提高测量的有效性，他们还收集了每个被测者的公开发明数据，并将其作为创新的客观衡量标准。邦斯和韦斯特（Bunce and West，1995）的研究则要求被测者汇报他们在过去一年中的创新数量，并对这些创新的有效性按1~5的等级进行评级，利用创新数量和效果评级的乘积作为创新得分，以此衡量员工的创新行为。研究还检验了主管评价和自我评价的差异，结果表明，两者间具有显著的相关性，员工创新的自我评价与组织中真实发生的情况一致。

詹森（Janssen，2000）借鉴了斯科特和布鲁斯（Scott and Bruce，1994）、坎特（Kanter，1988）等的研究，开发了一个包含九项目的员工创新行为量表，其中创意产生、创意推广、创意实现三阶段各包含三个项目。研究也发现主管评价和自我评价高度相关。克莱森和斯特里特（Kleysen and Street，2001）通过文献调查，对 289 项创造性和创新相关行为进行编码和分类，将员工创新行为总结为 5 个维度和 17 个行为过程。机会探索维度包括了解机会来源、认识机会、寻找机会和收集机会信息；生成性维度包括生成创意和解决方案、机会表达与归类、创意与信息的联系与组合；形成性调查维度包括创意和解决方案的制定、试验和评估；倡议维度包括调动资源、说服和影响、推进和谈判、具有挑战性和冒险精神；应用维度包括实施、调适和常规化。他们针对每种行为编写了两个项目，通过分析最终得出包含 5 个维度 14 个项目的员工创新行为量表。梅斯曼和马尔德（Messmann and Mulder，2012）将创新行为划分为机会探索、创意产生、创意推广、创意实现和反思五个维度，通过分析最终得出包含 5 个维度 24 个项目的员工创新行为量表。

（3）员工创新行为的影响因素

探索员工创新行为的驱动与阻碍因素是员工创新行为研究的主要议题。对现有的研究分析发现，员工创新行为的影响因素大体可以分为个体影响因素、组织影响因素以及个体—组织的交互影响三个方面。

①个体影响因素。员工创新行为的个体影响因素包括人口统计学变量、人格特质、认知风格、动机与能力等。诸如性别、年龄、教育程度、工作年限等人口统计学变量经常作为创新研究中的控制变量，但也有研究发现，它们有可能影响创新。例如，蒂林斯等（Thurlings et al.，2015）研究发现，收入、受教育年限和年龄对创新行为产生显著的积极影响。萨里科斯等（Sarıköse et al.，2020）也在研究中指出，个体的受教育程度高、领导能力强等，会对创新能力产生正向影响。人格特质方面，研究主要基于大五人格理论，探讨了五种人格与创新行为的关系，研究发现，在五大人格中，对经验的开放性与创新行为联系最为明显，并且是最常被考察的人格因素。高度的开放性意味着较高的求知欲、想象力、独立性和对艺术的敏感性，因此不太可能回避新的经验和变革，这些都是创新的重要组成部分（Hammond et al.，2011）。宜人性和责任心已被证明与

创新行为负相关，而创新与外向性的研究结果并不一致（Woods et al.，2018；Mete，2020）。另外，有研究发现，主动型人格对个体的创新行为具有积极影响，员工的自我提升价值观与其创新行为呈正相关，而保护与自我超越价值观与创新行为呈负相关（Purc and Laguna，2019；Su and Zhang，2020）。

在认知风格方面，斯科特和布鲁斯（Scott and Bruce，1994）以个体解决问题的思维模式不同将个体分为直觉的问题解决者和系统的问题解决者。直觉的问题解决者倾向于同时处理来自不同渠道的信息，因此更有可能产生新的问题解决方案；而系统的问题解决者倾向于以既定方法或程序工作，更有可能会产生问题的常规解决方案。由此，预测直觉的问题解决者将与创新行为正相关，而系统的问题解决者与创新行为负相关。还有研究发现，员工对风险、不确定性的认知和容忍对于创新行为来说非常重要，因为创新过程中可能会遇到各种类型的风险和不确定性（Furnham and Marks，2013；Al-Ghazali and Afsar，2021）。内在动机也与创新行为呈现出积极的关系，而外在动机对创新行为影响较小，甚至可能会破坏内在动机进而与创新行为负相关（Siyal et al.，2021；Venketsamy and Lew，2022）。另外，个体自我效能、思维方式、对现状的不满、社会声誉、技能与专业知识等因素都与创新行为相关（Birdi et al.，2016；Uppathampracha and Liu，2022；Yu and Yang，2022；Liu and Tong，2022）。

②组织影响因素。坎特（Kanter，1988）较早地意识到组织对员工创新行为的影响。他指出，组织可以通过各种方式鼓励和支持创新，或者可以通过相同的方式消除个人的创新愿望或动力。随后的大量研究发现，工作特征、员工社会关系、领导风格、组织氛围和文化等是员工创新行为的主要影响因素。工作复杂性、自主性、角色要求和资源禀赋等工作特征被认为是创新行为的主要预测因素。复杂的工作更具挑战性，这可能促进创意产生；此外，复杂的工作会导致高水平的内在动机，而简单且常规的工

作可能导致员工缺乏动力去尝试新事物、承担风险并创造性地工作（Hammond et al.，2011）。工作自主性与创新性行为有关，而在工作完成的方式、时间或地点方面没有自由裁量权的工作可能会扼杀员工的创新能力（Axtell et al.，2000）。创新的工作角色要求代表了外部的需求和对创新的期望，这赋予了员工创新行为的合法性。当员工的职能背景或工作岗位将创新视为其工作要求的一部分时，员工将更愿意参与创新行为（Yuan and Woodman，2010；刘晔等，2018）。还有学者基于工作要求—控制模型、工作要求—资源模型，将工作特征分为相对具体的工作要求、工作控制或工作资源，研究发现，工作控制或工作资源对员工创新行为具有促进作用，而工作要求大多数情况下会对创新行为产生负面影响（杨皖苏和杨善林，2018；孙健敏等，2018；Zhao et al.，2022）。

大量研究发现，员工社会关系如员工与领导、员工与同事的关系会影响员工创新行为（Yuan and Woodman，2010；Hammond et al.，2011；韩翼和杨百寅，2011；赵斌等，2019）。他们基于领导—成员交换理论认为，高质量的领导—成员交换关系中，下属可以获得更多资源、更大的自主权和决策权，从而增加了创新行为成功的可能性。领导—成员交换还通过影响组织氛围间接地影响创新行为。同时，以相互信任和尊重为特征高质量的领导—成员交换关系，还构成了一种宝贵的政治资源，使员工在参与创新行为时会感到更加安全，因为无论创新成功还是失败，他们都会从领导的行为结果归因中受益（Ng and Lucianetti，2016；Schuh et al.，2018）。斯科特和布鲁斯（Scott and Bruce，1994）指出，虽然员工创新行为有时可能是一种单独的活动，但更常见的是团队成员和同事间的互动与合作。他认为，高质量的团队成员关系，不但能够深化成员间的交流，还能够促进创新氛围的形成，从而促进个体创新行为。此外，感知到的组织支持可以积极调节领导者与成员交流与自我效能之间的关系。领导风格方面，研究发现，授权式领导、变革式领导、魅力型领导等领导风格能够促进员工创新行为（Zhang and Bartol，2010；李永占，2018；吕霄等，2018；Bak et al. , 2022；Vermeulen et al. , 2022）。还有学者发现，服务型领导、包容型领导可以增强员工的心理安全感和工作繁荣从而促进员工创新行为（Javed et al. , 2019；Iqbal et al. , 2020）。

组织氛围一直被认为是员工创新行为的一个重要的影响因素（顾远东和彭纪生，2010）。袁和伍德曼（Yuan and Woodman, 2010）指出，从社会政治的角度来看，组织对创新的支持，可以表现为倾向于创新的氛围或文化。这一组织氛围传达了变革的需要，并表明了创新将使组织有效和成功的信念，这些价值观和信仰将通过组织的社会化过程传递给员工并使其内化，从而鼓励员工实施创新行为。支持创新的组织氛围还使员工的创新行为合法化，提高了员工的心理安全感，并降低了创新尝试所涉及的形象风险（Shanker et al. , 2017）。参与、开放的组织创新氛围与个体的创新行为有积极联系；同时，资源可用性，例如信息、技术支持和工具支持，可以为员工提供所需的帮助和资源，从而促进创新（Dai et al. , 2022；Kang et al. , 2016）。还有一些研究发现，对失败、冲突容忍的文化有利于员工创造力和创新行为（Shanker et al. , 2017；Khan et al. , 2020）。

③个体—组织的交互影响。鉴于创新行为是一个多阶段的过程，一些学者探讨了个体与组织两方面因素对创新行为各阶段影响的差异。研究发现，个体因素更强烈地预测了构思阶段或创新行为的早期阶段，而组织因素则更大程度上影响了创意的实施（Axtell et al. , 2000）。因为实施阶段可能充满障碍和挑战，互动和寻求支持是必要的，对于创新的成功实施而言，组织因素可能比个体差异更为重要（Hammond et al. , 2011）。还有一种观点认为，个体因素与组织因素对创新行为的影响并不是孤立的，需要关注这些因素对员工创新行为的交互影响。相关研究也从人与组织互动、人与环境匹配的视角进行了探索。如一些研究发现个性特质、认知风格、能力等个体因素和工作特征对员工创新行为存在交互作用（李懿等，2018）。例如，吴等（Wu et al. , 2014）在预测员工创新行为时，发现员工的认知需求与工作自主性之间存在负面的交互作用，高度自主性工作岗

位对员工创新活动的影响，只对那些缺乏认知探索倾向的员工有效。申等
（Shin et al.，2017）指出，员工对创新的内在兴趣削弱了创新工作要求对
员工创新行为的影响，对创新具有较低内在兴趣的员工，创新工作要求与
其创新行为具有更强的联系。

个人因素与领导风格、组织氛围等组织因素也存在交互关系。兰克等
（Rank et al.，2009）在分析变革型领导对员工创新行为的影响时，发现对
于低组织自尊的下属，变革型领导对其创新行为影响更大。朱和木（Zhu
and Mu，2016）发现，变革型领导通过影响员工知识分享进而对员工创新
行为产生影响时，员工的心理资本正向调节了他们之间的关系。纽曼等
（Newman et al.，2018）研究发现，员工的创新自我效能感对创新行为的
影响更可能受到领导者对其行为的展示程度的影响，而不是其他有效的领
导方法，如变革型领导和参与式领导。组织信任的增加以及和同事的尊重
可以促进个人自我效能的增长并促进其创新行为，但集体主义文化在其关
系中起负面的调节作用（Ng and Lucianetti，2016）。

3.2.5　员工反生产行为的相关研究

（1）员工反生产行为的概念界定

早在 20 世纪 50 年代初，社会学、心理学等领域的学者们就已经注意
到了组织中诸如迟到早退、旷工、言语辱骂等消极现象的存在。但相关的
研究并不常见，且多为独立展开，彼此并不相关联。曼吉恩和奎恩（Man-
gione and Quinn，1975）首次正式提出了工作场所反生产行为这一概念，
并指出这是一种有损雇主利益，与员工积极工作相悖的行为。后来的学者
们多沿用这一概念。不同学者对于反生产行为概念的界定不同。罗宾逊和
班尼特（Robinson and Bennett，1995）将员工越轨行为定义为员工的一种
自愿的违反组织重要规范的行为，威胁到组织、成员或两者的利益。虽然
两位学者使用"越轨行为"这一称谓，但对它的界定就是学界所称的反生

产行为。这一界定也受到很多学者的认可和借鉴。如斯佩克特等（Spector et al., 2006）指出反生产行为是员工有意对组织及其利益相关者（如同事、顾客、上级等）造成伤害的一种个人行为。张建卫和刘玉新（2009）认为反生产行为是一种组织成员主动采取的有损于组织及其成员有形或无形的资产的显性或者隐性的行为。

可以看出，虽然学者们对反生产行为概念界定不同，但都包含三个典型的特征：该行为是消极的，客观上有损于组织或成员的利益；该行为是主观的，完全受员工的个人意愿支配；该行为是角色外行为，并非组织所规定（张永军等，2012；刘文彬等，2021）。

（2）员工反生产行为的维度与测量

关于反生产行为的研究，学者们区分并开发了不同的量表对不同维度进行测量。班尼特和罗宾逊（Bennett and Robinson, 2000）将反生产行为区分为组织越轨（即直接危害组织的越轨行为）和人际越轨（即对组织内其他个人造成直接危害的越轨行为），并开发了19题项量表，其中前12项用于测量组织越轨，后7项用于测量人际越轨。他们的量表被后来的很多研究证明具有良好的信效度，因此也被后来的很多学者所借鉴。还有学者开发了33题项量表用于测量反生产行为的五个维度：财务侵占、工作脱离、消极怠工、人际攻击和破坏行为（Spector et al., 2006）。我国学者肖友琴和程刚（2012）基于中国情境，开发了23题项反生产行为问卷，并确认员工反生产行为由主动越轨（指员工主动做出对组织具有破坏性的降低组织效能行为）、消极怠工（指员工有意或无意地减少对组织的投入，影响组织效能的发挥）以及人际攻击（指员工有意识地对组织内其他人进行的具有攻击性的行为、破坏组织内氛围、影响组织效能发挥）三个维度构成。

（3）员工反生产行为的影响因素

已有的研究表明，影响员工反生产行为的主要因素可以分为个体因素和组织因素两个大类。

①个体因素。人口统计学变量。已有研究表明，性别、受教育水平等都会影响反生产行为的产生。例如鲍林和彭斯（Bowling and Burns，2015）研究发现男性通常比女性参与更高水平的反生产行为，且反生产行为的三个预测变量（工作满意度、人际冲突和组织约束）在男性员工中与反生产行为的关系比在女性员工中更为密切。

人格特质。索斯泰克等（Szostek et al.，2022）基于 454 名波兰员工的信息调查研究人格特质（外向性、神经质、责任心、宜人性和对经验的开放性）如何影响中欧社会经济环境中的反生产行为（人际攻击、盗窃、破坏、工作脱离）。研究发现，人格特质对于反生产行为存在显著影响。其中，对工作脱离影响最大的是宜人性，人际攻击主要受到外向性的影响，对破坏行为影响最大的是对经验的开放性。还有研究表明，主动性人格可以预测学术环境中的反生产行为（Islam et al.，2018）。

认知风格。大量研究表明，员工的情绪认知、决策风格等都会影响反生产行为的产生。朱和张（Zhu and Zhang，2021）在探讨愤怒和离职意向对职场排斥与反生产行为的中介作用的研究中，发现工作场所排斥与愤怒、离职意向和反生产行为呈显著正相关。赵等（Zhao et al.，2022）研究发现，不合规任务造成员工的道德脱离感知上升，从而导致了员工的反工作行为。阿雷贝克等（Alaybek et al.，2022）基于三个独立样本的研究，发现识别社会规范、理性决策风格和不道德行为的感知风险相关的技能与反生产行为呈负相关，而回避型决策风格、自发决策风格和感知不道德行为的收益与反生产行为呈正相关。

②组织因素。组织公平。组织公平是学者研究反生产行为的重要前因变量之一，德夫尼什和格里尼奇（Devonish and Greenidge，2010）探究了组织公平的三个维度即分配公平、程序公平和互动公平对员工绩效的影响，研究表明，这三个维度都会对任务绩效、情境绩效、反生产行为产生直接的影响。西曼托夫—纳赫利利和班贝格（Simantov-Nachlieli and Bamberger，2021）基于不确定管理理论研究发现，过程薪酬透明度与以

组织为目标的反生产行为呈显著负相关。反之，员工感知到的组织不公平也会导致对组织的认同感下降，从而引发反生产行为（Zhao et al.，2022）。

组织文化。阿布杜拉等（Abdullah et al.，2021）研究表明，组织文化能在一定程度上调节反生产行为与企业绩效的关系。扎希德等（Zahid et al.，2019）研究发现在对组织政治的高度认知下，政治技能将与反生产工作行为具有显著的正相关关系。刘柳和王长峰（2022）指出，弹性工作制对员工越轨创新行为具有显著正向影响，员工的差错反感文化感知在其中起负向调节作用。还有学者考察了组织中工作氛围对反生产行为的影响，研究发现传达道德价值观并激励员工采取相应行动的管理控制系统，能够有效降低反生产行为（Bellora-Bienengräber et al.，2022）。

领导风格。领导风格是最重要的情境变量之一，大量研究已经证明领导风格对反生产行为存在显著的影响。黄等（Huang et al.，2021）通过收集大中华区 505 名金融科技企业员工在 6 个月内三波的经验数据进行调查研究，证明员工感知到更高的变革型领导、道德型领导和参与式领导，可能会正向影响员工敬业度，而负向影响反生产行为。胡等（Hu et al.，2022）基于情感事件理论，探讨了威权型领导对员工的目标反生产行为的影响，结果表明威权型领导正向预测员工对组织的反生产行为。金等（Jin et al.，2022）研究发现家庭支持型领导可以通过减少员工对工作与家庭的冲突来减少道德上的脱离，从而降低员工的反生产行为。

3.3　柔性工作绩效的相关研究

柔性工作的绩效研究一般涵盖柔性工作的组织绩效与柔性工作的员工绩效两个方面。

3.3.1 柔性工作的组织绩效研究

关于柔性工作与组织绩效之间的关系，研究设计较为多样。例如，组织绩效衡量指标就包括生产率、利润、投资回报率、总销售额和托宾 Q 值等多种形式。目前为止，也没有得出一致性的结论。那些认为柔性工作能够促进组织绩效的研究设计，一般都基于社会交换的原则，认为柔性工作会导致有利于员工的结果，使他们产生对组织的义务感，迫使他们回归有利组织的行为，如努力和合作，减少离职和缺勤，这些行为结果最终会导致生产力和组织绩效上升（Baltes et al.，1999；Mutiganda et al.，2022）。柔性工作可以通过吸引更高质量的员工和提高现有员工的边际生产力来增加组织收入，它还能提高组织的雇佣灵活性，使组织有更多的空间来调整其员工的相对规模，同时降低与过早雇用相关的成本或冗余（Konrad and Mangel，2000；Berkery et al.，2017）。

还有一些研究持相反的观点，认为柔性工作提高了组织控制与协调的难度，增加了管理成本，不利于组织总体绩效提升。例如，韦（Way，2002）的研究发现，尽管柔性工作导致组织的离职率下降和生产率提高，但其收益并不足以弥补使用这些实践的劳动力成本增加。塞雷斯等（Sels et al.，2006）综合考察了柔性工作对组织绩效和成本提升的影响，研究表明，当包括实施成本时，柔性工作不会为小型组织产生剩余的价值。柔性工作还可能引发组织内部的信息沟通与公平问题，即使能够促进短期生产率，但最终会损害组织的长期绩效（Kossek et al.，2015；Atkinson and Sandiford，2016）。在贾尔迪尼和卡布斯特（Giardini and Kabst，2008）的纵向研究中，他们发现实施柔性工作与五年后组织的财务绩效没有相关性。

3.3.2 柔性工作的个体绩效研究

大多数关于柔性工作个体绩效的研究基本集中于柔性工作与员工生产率的关系，但有些研究包括绩效评级或质量指标（例如客户投诉、员工的错误）等方面。虽然这一方面的研究是最多的，但柔性工作与员工绩效的关系，结论并不统一。大多数早期的研究似乎均不支持柔性工作对个体绩效的积极联系，如沙因等（Schein et al.，1977）调查了柔性工作对五个金融机构内 246 名文职人员生产率的影响，发现在引入柔性工作后，只有两个单位的生产率提高。哈里克等（Harrick et al.，1986）发现，在引入柔性工作后，在三个具体任务中员工效率增加，但在他们观察的另外三个具体任务中员工效率减少。

随后的研究中，柔性工作促进个体绩效的结论明显上升。伊顿（Eaton，2003）使用美国一家生物制药公司的 1030 名专业和技术工人的样本，发现柔性工作与员工生产力正相关；克兰菲尔德管理学院（Cranfield School of Management，2008）通过对英国七家公司的 3580 名员工的调查，发现大多数柔性工作员工及其经理报告了柔性工作对员工绩效的积极影响。使用诸如客户投诉数量和员工错误等指标的研究也发现，柔性工作与更高质量的工作或服务相关（Kauffeld et al.，2004）。柔性的工作时间和工作地点，能够使员工拥有更多人际互动机会，减少了工作疏离感，从而表现出更高的工作满意度和工作绩效（Kwon and Kim-Goh，2022）。也有研究发现，柔性办公对员工的公民绩效具有一定的促进作用，如研究发现柔性的工作安排能够激活员工的创新行为（Azeem and Kotey，2023；Jiang et al.，2023）。萨布（Sarbu，2022）基于 16151 名德国员工的个人层面数据分析研究表明，柔性工作员工更有可能在服务方面进行创新，且员工频繁的远程办公最有利于服务创新。

不同类型柔性工作与个体绩效的关系，似乎也呈现出随研究时间不同而分化的趋势。奥彭（Orpen，1981）未能发现弹性工作时间对生产率或绩效评级的影响；同样，金和坎帕格纳（Kim and Campagna，1981）使用美国福利机构四个部门的 353 名员工的样本，对弹性时间和固定时间进行了比较，并没有发现差异。随后的研究发现，弹性工作时间对员工生产力至关重要，影响高达 10%（Nadler et al.，2010；Rocereto et al.，2011）。压缩工作时间安排方面，科普莱曼（Kopleman，1986）的研究认为压缩工作时间安排对个体生产率没有影响，而海兰等（Hyland et al.，2005）分析指出，压缩工作时间对员工绩效有促进作用。

　　但远程工作与员工工作绩效的关系，产生了较多的混合结论。希尔等（Hill et al.，2003）比较了在传统办公室、虚拟办公室和居家工作的 5524 名 IBM 员工，生产力的记录表现没有显著差异。布鲁姆等（Bloom et al.，2015）对中国携程公司的远程工作者研究发现，他们的工作绩效提升了 13%。但阿克塞尔等（Aczel et al.，2021）抽样调查了 704 名居家工作的学者，发现近一半的研究人员降低了工作效率，只有大约 1/4 的研究人员具有更高的工作效率。刘等（Liu et al.，2021）通过对 1309 名中国员工进行两波调查，结果表明远程办公通过工作塑造对员工的工作绩效产生了积极影响。远程办公与工作超载负相关，它通过减少员工情绪疲惫并提高任务绩效（Silva et al.，2022）。胡玮玮等（2021）则发现了远程工作的悖论效应与非线性影响机制，认为远程工作强度与任务绩效呈倒"U"型关系。

　　在员工柔性工作绩效的影响因素方面，卡鲁扎和迪克（Kaluza and Dick，2022）认为，员工个人的自愿性可能会对柔性工作的效果产生影响。他们的研究表明，在选择柔性工作时，个人的自愿性越高，其感受到的柔性工作的缺点也就越少，则能获得更高的工作绩效。员工的适应性也会对柔性工作的效果产生影响，个体对柔性工作的任务适应性和工作场所的适应性越强，个体的工作绩效也就越高（Müller et al.，2022）。工作地点是影响员工柔性工作绩效的因素之一。那些被允许在任意地点工作的员工，生产率比只被允许在家工作的员工高 4.4%（Choudhury et al.，2021）。领导—员工关系也正向调节了柔性工作对员工任务绩效和关系绩效的正向影响（Gajendran et al.，2015）。帕克和赵（Park and Cho，2022）研究发现，管理者对柔性工作的管理支持、工作分配公平性、管理者经验和监督熟练程度都会对柔性工作的效果产生积极影响。王辉和肖宇婷（2022）也发现，上级响应性调节了远程工作对员工创新行为的影响。柔性工作政策的灵活性、多样性以及程序公平性，是确保柔性工作团队绩效和组织绩效的重要因素（Kossek et al.，2015；Berkery et al.，2017；Kim，2023）。

3.4 研究述评

现有研究在柔性工作、工作绩效以及柔性工作与工作绩效关系等领域取得了大量丰硕的研究成果，为本书研究工作提供很好的借鉴。但随着社会经济环境变化，相关研究也存在一些可推进之处。

3.4.1 柔性工作的本土化研究有待拓展

随着网络技术的发展与广泛应用，生产资料的信息化与智能化程度不断加深，弹性工作、远程工作等柔性化工作模式越来越成为发达国家和地区企业的重要工作范式之一，被认为是缓解员工工作与生活的冲突、培养良好雇佣关系、节省企业运营成本、优化人力资源配置的有力举措。从我国的现实情况来看，新生代员工已经成为职场的主力军，他们拥有更高的自我导向价值观，也面临着更多的工作—生活的冲突；对企业而言，劳动力紧缺尤其是高层次人才的缺失，已成为众多企业发展的瓶颈，需要探索一种新型的人才雇佣和管理模式，打破地域壁垒，实现人力资源优化配置；社会层面，应对重大突发社会事件、缓解能源危机和环境污染、交通堵塞等社会问题成为当务之急。仅仅从这些现状来看，中国企业推行工作方式的柔性化转型是适应时代发展、解决社会现实问题的有力举措。然而，目前中国柔性工作的推广应用及理论研究均处于起步阶段，现有关于柔性工作的研究成果、研究的对象与情境大都是西方的，并有政府支持和法律保障的背景。众所周知，我国企业所处的情境、员工的家庭结构、整体就业结构和文化传统等与西方有着很大的不同，因此，我们就有理由质疑已有研究成果对于中国企业组织的适用性，并认为需要根据中国企业组织的实际情况，对柔性工作有效实施的相关问题进行前瞻性研究。

3.4.2 柔性工作的有效性研究有待研判

企业柔性工作安排的有效性研究，特别是明确柔性工作安排与员工绩效产出的关系，是理论界与实践界关注的焦点问题，结论较为丰富。但随着网络经济、共享经济等新经济、新业态的形成，组织内外部环境、运营模式都出现了较大的改变，有必要探索新时期柔性工作的有效性规律。一方面，从现实来看，柔性工作大多应用于IT互联网、设计开发等高科技行业，毫无疑问，员工创新行为、创新绩效应该是员工工作绩效的重要组成部分之一。然而，意外的是，现有柔性工作的有效性研究，大多集中于对员工任务绩效的考量，柔性工作与员工创新行为、创新绩效的关系，相关研究鲜少，研究结论也并不统一。另一方面，大多数管理者直观认为，由于缺少面对面的监督，柔性工作可能会诱发员工的反生产行为，这也是他们不愿意推行柔性工作的重要原因之一，有必要探索柔性工作与员工反生产行为的关系，为柔性工作的有效推广提供相应的学理依据。因此，柔性工作的有效性研究，需要超越单一的任务绩效领域，加强不同柔性工作类型在任务绩效、公民绩效与反生产绩效这三种绩效领域的效应研究，全面、系统地研判柔性工作的有效性。

3.4.3 柔性工作的情境性研究有待厘清

已有研究得出，不是所有的企业都适合柔性工作，也不是所有员工都能胜任柔性工作。一些学者认为，通过实施柔性工作，赋予员工更多的自主权，能够显著提升员工内在动机，带来更高的工作产出；还有一些研究发现，柔性工作设计并不总是有益的，还可能产生诸如社会隔离感增加、管理层偏见、同事不满、职业发展受损、工作—生活冲突等负面结果。由此可见，柔性工作并不是对所有的组织、所有的员工均适用，其不适当的开展不仅不能发挥优势，反而可能对个人、组织等带来负面影响。因此，分析企业柔性工作有效性的情境条件显得至关重要。同时，尽管已有研究发现，柔性工作的绩效实现受到组织和个人等条件因素的影响，但相关研究较为零散，且对如何通过干预、调控手段实现相关情境条件等问题，理论研究缺失。因此，需要在厘清柔性工作有效性的实现机制及其情境条件的基础上，探索柔性工作有效性实现的相关组织与员工条件的干预策略。

本章参考文献

[1] 付亚和，许玉林. 绩效管理 [M]. 上海：复旦大学出版社，2004.

[2] 顾远东，彭纪生. 组织创新氛围对员工创新行为的影响：创新自我效能感的中介作用 [J]. 南开管理评论，2010，13 (1)：30-41.

[3] 韩翼，杨百寅. 真实型领导、心理资本与员工创新行为：领导成员交换的调节作用 [J]. 管理世界，2011 (12)：78-86，188.

[4] 韩翼. 雇员工作绩效结构模型构建与实证研究 [D]. 武汉：华中科技大学，2006.

[5] 胡玮玮，金杨华，王晓倩，等．自主—控制视角下远程工作的悖论效应研究 [J]．科研管理，2021，42（4）：103－112．

[6] 李浩，宁煦棋，刘兴．弹性工作制下出行在时间维度上的分布机理 [J]．同济大学学报（自然科学版），2017，45（12）：1791－1801．

[7] 李懿，李新建，刘翔宇．技能延展力与员工创新行为的关系研究——工作复杂性与心理安全感的调节作用 [J]．研究与发展管理，2018，30（5）：104－114．

[8] 李永占．变革型领导对员工创新行为的影响：心理授权与情感承诺的作用 [J]．科研管理，2018，39（7）：123－130．

[9] 林彦梅，刘洪．远程工作计划实施的影响因素与分析模型 [J]．南京社会科学，2014（9）：16－24．

[10] 刘柳，王长峰．弹性工作制对员工越轨创新行为的影响——一个被调节的中介模型 [J]．财经论丛，2022，290（10）：81－91．

[11] 刘文彬，蒋元媛，唐杰．中国企业新生代知识员工反生产行为的维度与分类研究 [J]．中国软科学，2021（3）：175－182．

[12] 刘晔，曲如杰，时勘，等．基于自我期待和自我实现视角的创新工作要求对员工创新行为的影响机制 [J]．管理评论，2018，30（7）：162－172．

[13] 吕霄，樊耘，张婕，等．授权型领导视角下个性化交易形成及对员工创新行为的影响 [J]．科学学与科学技术管理，2018，39（4）：139－149．

[14] 彭剑锋．内外兼修十大 HR 新模型 [J]．人力资源，2005（8）：32－35．

[15] 齐昕，刘洪，林彦梅．员工远程工作意愿形成机制及其干预研究 [J]．华东经济管理，2016，30（10）：131－137．

[16] 齐昕，刘洪，张晶晶．柔性工作、心理授权与员工创造力：基于"供给—需求匹配"视角 [J]．科学学与科学技术管理，2017，38

（12）：161 - 174.

　　[17] 孙健敏，陈乐妮，尹奎．挑战性压力源与员工创新行为：领导—成员交换与辱虐管理的作用 [J]．心理学报，2018，50（4）：436 - 449.

　　[18] 王辉，肖宇婷．远程工作对员工创新行为的"双刃剑"效应 [J]．软科学，2022，36（6）：98 - 105.

　　[19] 王明辉，郭腾飞，陈萍，等．精神型领导对员工任务绩效影响的多重中介效应 [J]．心理与行为研究，2016，14（5）：640 - 646.

　　[20] 魏翔．西方弹性工作制研究述评及其新进展探析 [J]．外国经济与管理，2008，30（12）：45 - 51.

　　[21] 肖友琴，程刚．企业员工反生产行为结构的实证研究 [J]．贵州师范学院学报，2012，28（05）：20 - 25.

　　[22] 徐洪江，刘洪，林彦梅．基于扎根理论的工作远程适宜性研究 [J]．中国科技论坛，2019（2）：150 - 159.

　　[23] 杨皖苏，杨善林．主动性—被动性员工创新行为：基于挑战性—阻断性压力源双路径分析 [J]．科学学与科学技术管理，2018，39（8）：130 - 144.

　　[24] 张建卫，刘玉新．企业反生产行为：概念与结构解析 [J]．心理科学进展，2009，17（5）：1059 - 1066.

　　[25] 张永军，廖建桥，赵君．国外反生产行为研究回顾与展望 [J]．管理评论，2012，24（7）：82 - 90.

　　[26] 赵斌，周倩倩，刘桂霞，等．主观规范与员工创新行为：印象管理动机的研究视角 [J]．管理评论，2019，31（3）：71 - 82.

　　[27] 赵瑜，莫申江，施俊琦．高压力工作情境下伦理型领导提升员工工作绩效和满意感的过程机制研究 [J]．管理世界，2015（8）：120 - 131.

　　[28] 仲理峰，时勘．绩效管理的几个基本问题 [J]．南开管理评论，2002，5（3）：15 - 19.

[29] Abdullah M I, Huang D, Sarfraz M, et al. Signifying the relationship between counterproductive work behavior and firm's performance: The mediating role of organizational culture [J]. Business Process Management Journal, 2021, 27 (6): 1892 –1911.

[30] Aczel B, Kovacs M, Van Der Lippe T, et al. Researchers working from home: Benefits and challenges [J]. Plos One, 2021, 16 (3): e0249127.

[31] Alaybek B, Dalal R S, Dade B. Individual differences in judgment and decision-making: Novel predictors of counterproductive work behavior [J]. Journal of Business and Psychology, 2022.

[32] Al-Ghazali B M, Afsar B. Investigating the mechanism linking task conflict with employees' innovative work behavior [J]. International Journal of Conflict Management, 2021, 32 (4): 599 –625.

[33] Allen T D, Johnson R C, Kiburz K M, et al. Work-family conflict and flexible work arrangements: Deconstructing flexibility [J]. Personnel Psychology, 2013, 66 (2): 345 –376.

[34] Almer E D, Kaplan S E. The effects of flexible work arrangements on stressors, burnout, and behavioral job outcomes in public accounting [J]. Behavioral Research in Accounting, 2002, 14 (1): 1 –34.

[35] Armstrong M , Baron A. Performance management: The new realities [M]. London: Institute of Personnel and Development, 1998.

[36] Atkinson C, Sandiford P. An exploration of older worker flexible working arrangements in smaller firms [J]. Human Resource Management Journal, 2016, 26 (1): 12 –28.

[37] Avery C, Zabel D. The flexible workplace: A sourcebook of information and research [M]. Westport: Greenwood Publishing Group, 2001.

[38] Axtell C M , Holman D J , Unsworth K L, et al. Shopfloor innovation: Facilitating the suggestion and implementation of ideas [J]. Journal of

Occupational and Organizational Psychology, 2000, 73 (3): 265 – 285.

[39] Azar S, Khan A, Van Eerde W. Modelling linkages between flexible work arrangements' use and organizational outcomes [J]. Journal of Business Research, 2018, 91 (1): 134 – 143.

[40] Azeem M M, Kotey B. Innovation in SMEs: The role of flexible work arrangements and market competition [J]. The International Journal of Human Resource Management, 2023, 34 (1): 92 – 127.

[41] Bailey D E, Kurland N B. A review of telework research: Findings, new directions, and lessons for the study of modern work [J]. Journal of Organizational Behavior, 2002, 23 (4): 383 – 400.

[42] Bak H U, Jin M H, McDonald M D. Unpacking the transformational leadership-innovative work behavior relationship: The mediating role of psychological capital [J]. Public Performance and Management Review, 2022, 45 (1): 80 – 105.

[43] Baltes B B, Briggs T E, Huff J W, et al. Flexible and compressed workweek schedules: A meta-analysis of their effects on work-related criteria [J]. Journal of Applied Psychology, 1999, 84 (4): 496 – 513.

[44] Bartel C A, Wrzesniewski A, Wiesenfeld B M. Knowing where you stand: Physical isolation, perceived respect, and organizational identification among virtual employees [J]. Organization Science, 2012, 23 (3): 743 – 757.

[45] Bellora-Bienengräber L, Radtke R R, Widener S K. Counterproductive work behaviors and work climate: The role of an ethically focused management control system and peers' self-focused behavior [J]. Accounting, Organizations and Society, 2022, 96: 101275.

[46] Bennett R J, Robinson S L. Development of a measure of workplace deviance [J]. Journal of Applied Psychology, 2000, 85 (3): 349 – 360.

[47] Bergeron D M . The potential paradox of organizational citizenship behavior: Good citizens at what cost? [J]. Academy of Management Review, 2007, 32 (4): 1078 – 1095.

[48] Berkery E, Morley M J, Tiernan S, et al. Onthe uptake of flexible working arrangements and the association with human resource and organizational performance outcomes [J]. European Management Review, 2017, 14 (2): 165 – 183.

[49] Birdi K, Leach D, Magadley W. The relationship of individual capabilities and environmental support with different facets of designers' innovative behavior [J]. Journal of Product Innovation Management, 2016, 33 (1): 19 – 35.

[50] Bloom N, Liang J, Roberts J, et al. Does working from home work? Evidence from a Chinese experiment [J]. The Quarterly Journal of Economics, 2015, 130 (1): 165 – 218.

[51] Borman W C , Brush D H . More progress toward a taxonomy of managerial performance requirements [J]. Human Performance, 1993, 6 (1): 1 – 21.

[52] Borman W C, Motowidlo S J. Task performance and contextual performance: The meaning for personnel selection research [J]. Human Performance, 1997, 10 (2): 99 – 109.

[53] Bowling N A, Burns G N. Sexas a moderator of the relationships between predictor variables and counterproductive work behavior [J]. Journal of Business and Psychology, 2015, 30 (1): 193 – 205.

[54] Boyatzis R E . The competent manager: A model for effective performance [M]. New York: Wiley, 1982.

[55] Breevaart K, Bakker A B, Demerouti E, et al. Uncovering the underlying relationship between transformational leaders and followers' task perform-

ance [J]. Journal of Personnel Psychology, 2014, 13 (4): 194 – 203.

[56] Bunce D, West M A. Self perceptions and perceptions of group climate as predictors of individual innovation at work [J]. Applied Psychology, 1995, 44 (3): 199 – 215.

[57] Butler A B, Skattebo A. What is acceptable for women may not be for men: The effect of family conflicts with work on job-performance ratings [J]. Journal of Occupational and Organizational Psychology, 2004, 77 (4): 553 – 564.

[58] Butts M M, Becker W J, Boswell W R. Hot buttonsand time sinks: The effects of electronic communication during nonwork time on emotions and work-nonwork conflict [J]. Academy of Management Journal, 2015, 58 (3): 763 – 788.

[59] Campbell J P. Modeling the performance prediction problem in industrial and organizational psychology [J]. Peraonnel Psychology, 1990, 43 (1): 313 – 333.

[60] Carmeli A, Meitar R, Weisberg J. Self-leadership skills and innovative behavior at work [J]. International Journal of Manpower, 2006, 27 (1): 75 – 90.

[61] Casper W J, Harris C M. Work-life benefits and organizational attachment: Self-interest utility and signaling theory models [J]. Journal of Vocational Behavior, 2008, 72 (1): 95 – 109.

[62] Cheng J, Zhang C. The depletingand buffering effects of telecommuting on wellbeing: Evidence from China during Covid-19 [J]. Frontiers in psychology, 2022, 13: 898405.

[63] Chi N W, Pan S Y. A multilevel investigationof missing links between transformational leadership and task performance: The mediating roles of perceived person-job fit and person-organization fit [J]. Journal of Business and

Psychology, 2012, 27 (1): 43 –56.

[64] Chong S H, Huang Y, Chang, C-H (D). Supporting interde-pendent telework employees: A moderated-mediation model linking daily Covid-19 task setbacks to next-day work withdrawal [J]. Journal of Applied Psychol-ogy, 2020, 105 (12): 1408 –1422.

[65] Choudhury P, Foroughi C, Larson B. Work-from-anywhere: The productivity effects of geographic flexibility [J]. Strategic Management Journal, 2021, 42 (4): 655 –683.

[66] Clark L A, Karau S J, Michalisin M D. Telecommuting attitudes and the "big five" personality dimensions [J]. Journal of Management Policy and Practice, 2012, 13 (3): 31 –46.

[67] Cranfield School of Management. Flexible working and performance: Summary of Research [M]. London: Working Families, 2008.

[68] Dai Q, Dai Y, Zhang C, et al. The influenceof personal motivation and innovative climate on innovative behavior: Evidence from university students in China [J]. Psychology Research and Behavior Management, 2022, 15 (1): 2343 –2355.

[69] De Menezes L M, Kelliher C. Flexible workingand performance: A systematic review of the evidence for a business case [J]. International Journal of Management Reviews, 2011, 13 (4): 452 –474.

[70] Deschênes A A. Professional isolation and pandemic teleworkers' sat-isfaction and commitment: The role of perceived organizational and supervisor support [J]. European Review of Applied Psychology, 2023, 73 (2): 100823.

[71] Dettmers J, Vahle-Hinz T, Bamberg E, et al. Extended work avail-abilityand its relation with start-of-day mood and cortisol [J]. Journal of Occu-pational Health Psychology, 2016, 21 (1): 105 –118.

［72］Devonish D, Greenidge D. The effectof organizational justice on con-textual performance, counterproductive work behaviors, and task performance: Investigating the moderating role of ability-based emotional intelligence ［J］. International Journal of Selection and Assessment, 2010, 18 (1): 75 – 86.

［73］Dilmaghani M. There is a time and a place for work: Comparative evaluation of flexible work arrangements in Canada ［J］. International Journal of Manpower, 2021, 42 (1): 167 – 192.

［74］Dizaho E K, Salleh R, Abdullah A. Achieveing work life balance through flexible work schedulesand arrangements ［J］. Global Business and Management Research, 2017, 9 (1): 455 – 465.

［75］Eaton S C. If you can use them: Flexibility policies, organizational commitment, and perceived performance ［J］. Industrial Relations: A Journal of Economy and Society, 2003, 42 (2): 145 – 167.

［76］Erden Bayazit Z, Bayazit M. How do flexible work arrangements alleviate work-family-conflict? The roles of flexibility i-deals and family-supportive cultures ［J］. The International Journal of Human Resource Management, 2019, 30 (3): 405 – 435.

［77］Ferdous T, Ali M, French E. Impact of flexibility stigma on outcomes: Role of flexible work practices usage ［J］. Asia Pacific Journal of Human Resources, 2022, 60 (3): 510 – 531.

［78］Fischmann G, De Witte H, Sulea C, et al. Qualitative job insecurity and in-role performance: A bidirectional longitudinal relationship? ［J］. European Journal of Work and Organizational Psychology, 2018, 27 (5): 603 – 615.

［79］Furnham A, Marks J. Tolerance of ambiguity: A review of the recent literature ［J］. Psychology, 2013, 4 (9): 717 – 728.

［80］Gajendran R S, Harrison D A, Delaney-Klinger K. Are telecommuters remotely good citizens? Unpacking telecommuting's effects on performance via I-deals and job resources [J]. Personnel Psychology, 2015, 68 (2): 353 - 393.

[81] Gajendran R S, Harrison D A. The good, the bad, and the unknown about telecommuting: Meta-analysis of psychological mediators and individual consequences [J]. Journal of Applied Psychology, 2007, 92 (6): 1524 - 1541.

[82] Gerdenitsch C, Kubicek B, Korunka C. Control in flexible working arrangements [J]. Journalof Personnel Psychology, 2015, 14 (1): 61 - 69.

[83] Giardini A, Kabst R. Effects of work-family human resource practices: A longitudinal perspective [J]. The International Journal of Human Resource Management, 2008, 19 (11): 2079 - 2094.

[84] Gittleman M, Horrigan M, Joyce M. "Flexible" workplace practices: Evidence from a nationally representative survey [J]. Industrial and Labor Relations Review, 1998, 52 (1): 99 - 115.

[85] Golden L. Limited access: Disparities in flexible work schedules and work-at-home [J]. Journal of Family and Economic Issues, 2008, 29 (1): 86 - 109.

[86] Golden T D, Gajendran R S. Unpacking the role of a telecommuter's job in their performance: Examining job complexity, problem solving, interdependence, and social support [J]. Journal of Business and Psychology, 2019, 34 (1): 55 - 69.

[87] Golden T D, Veiga J F. The impact of extent of telecommuting on job satisfaction: Resolving inconsistent findings [J]. Journal of Management, 2005, 31 (2): 301 - 318.

[88] Golden T D. Co-workers who telework and the impact on those in the office: Understanding the implications of virtual work for co-worker satisfaction

and turnover intentions [J]. Human Relations, 2007, 60 (11): 1641 – 1667.

[89] Grover S L, Crooker K J. Who appreciates family-responsive human resource policies: The impact of family-friendly policies on the organizational attachment of parents and non-parents [J]. Personnel Psychology, 1995, 48 (2): 271 – 288.

[90] Haddad H, Lyons G, Chatterjee K. An examination of determinants influencing the desire for and frequency of part-day and whole-day homeworking [J]. Journal of Transport Geography, 2009, 17 (2): 124 – 133.

[91] Hahn H J, Mathews M A. Learning behaviors as a linkage between organization-based self-esteem and in-role performance [J]. Journal of Management & Organization, 2022, 28 (5): 1100 – 1115.

[92] Halpern D F. How time-flexible work policies can reduce stress, improve health, and save money [J]. Stress and Health, 2005, 21 (3): 157 – 168.

[93] Hammond M M, Neff N L, Farr J L, et al. Predictors of individual-level innovation at work: A meta-analysis [J]. Psychology of Aesthetics, Creativity, and the Arts, 2011, 5 (1): 90 – 105.

[94] Harrick E J, Vanek G R, Michlitsch J F. Alternate work schedules, productivity, leave usage, and employee attitudes: A field study [J]. Public Personnel Management, 1986, 15 (2): 159 – 169.

[95] Hill E J, Ferris M, Märtinson V. Does it matter where you work? A comparison of how three work venues (traditional office, virtual office, and home office) influence aspects of work and personal/family life [J]. Journal of Vocational Behavior, 2003, 63 (2): 220 – 241.

[96] Hill E J, Grzywacz J G, Allen S, et al. Defining and conceptualizing workplace flexibility [J]. Community, Work and Family, 2008, 11

（2）：149 – 163.

[97] Hu X，Dong M，Li Y，et al. The cross-level influence of authoritarian leadership on counterproductive work behavior：A moderated mediation model [J]．Current Psychology，2022．

[98] Huang H J，Cullen J B. Labour flexibility and related HRM practices：A study of large Taiwanese manufacturers [J]．Canadian Journal of Administrative Sciences，2001，18（1）：33 – 39.

[99] Huang S Y B，Li M W，Chang T W. Transformational leadership，ethical leadership，and participative leadership in predicting counterproductive work behaviors：Evidence from financial technology firms [J]．Frontiers in Psychology，2021，12：658727.

[100] Hyland M A M，Rowsome C，Rowsome E. The integrative effects of flexible work arrangements and preferences for segmenting or integrating work and home roles [J]．Journal of Behavioral & Applied Management，2005，6（2）：141 – 160.

[101] Iqbal A，Latif K F，Ahmad M S. Servant leadership and employee innovative behaviour：Exploring psychological pathways [J]．Leadership & Organization Development Journal，2020，41（6）：813 – 827.

[102] Islam S，Permzadian V，Choudhury R J，et al. Proactive personality and the expanded criterion domain of performance：Predicting academic citizenship and counterproductive behaviors [J]．Learning and Individual Differences，2018，65：41 – 49.

[103] Janssen O. Job demands，perceptions of effort-reward fairness and innovative work behaviour [J]．Journal of Occupational and Organizational Psychology，2000，73（3）：287 – 302.

[104] Javed B，Naqvi S M M R，Khan A K，et al. Impact of inclusive leadership on innovative work behavior：The role of psychological safety [J]．

Journal of Management & Organization, 2019, 25 (1): 117 - 136.

[105] Jiang L, Pan Z, Luo Y, et al. More flexible and more innovative: The impact of flexible work arrangements on the innovation behavior of knowledge employees [J]. Frontiers in Psychology, 2023, 14: 1053242.

[106] Jin S, Zhu X, Fu X, et al. Family supportive leadership and counterproductive work behavior: The roles of work-family conflict, moral disengagement and personal life attribution [J]. Frontiers in Psychology, 2022, 13: 906877.

[107] Kaluza A J, Van Dick R. Telework at times of a pandemic: The role of voluntariness in the perception of disadvantages of telework [J]. Current Psychology, 2022.

[108] Kang J H, Matusik J G, Kim T Y, et al. Interactive effects of multiple organizational climates on employee innovative behavior in entrepreneurial firms: A cross-level investigation [J]. Journal of Business Venturing, 2016, 31 (6): 628 - 642.

[109] Kanter R M. When a thousand flowers bloom: Structural, collective, and social conditions for innovation in organizations [J]. Knowledge Management and Organisational Design, 1988, 10 (1): 93 - 131.

[110] Kattenbach R, Demerouti E, Nachreiner F. Flexible working times: Effects on employees' exhaustion, work-nonwork conflict and job performance [J]. Career Development International, 2010, 15 (3): 279 - 295.

[111] Kauffeld S, Jonas E, Frey D. Effects of a flexible work-time design on employee-and company-related aims [J]. European Journal of Work and Organizational Psychology, 2004, 13 (1): 79 - 100.

[112] Kelliher C, Anderson D. For better or for worse? An analysis of how flexible working practices influence employees' perceptions of job quality [J]. The International Journal of Human Resource Management, 2008, 19 (3):

419 – 431.

[113] Khan M A, Ismail F B, Hussain A, et al. The interplayof leadership styles, innovative work behavior, organizational culture, and organizational citizenship behavior [J]. Sage Open, 2020, 10 (1): 2158244019898264.

[114] Kim H, Gong Y. Effects of work-family and family-work conflicts on flexible work arrangements demand: A gender role perspective [J]. The International Journal of Human Resource Management, 2017, 28 (20): 2936 – 2956.

[115] Kim J S, Campagna A F. Effects of flexitime on employee attendance and performance: A field experiment [J]. Academy of Management Journal, 1981, 24 (4): 729 – 741.

[116] Kim J. Public management strategies for improving satisfaction with pandemic-induced telework among public employees [J]. International Journal of Manpower, 2023, 44 (3): 558 – 575.

[117] Kleysen R F, Street C T. Toward a multi-dimensional measure of individual innovative behavior [J]. Journal of Intellectual Capital, 2001, 2 (3): 284 – 296.

[118] Konrad A M, Mangel R. The impact of work-life programs on firm productivity [J]. Strategic Management Journal, 2000, 21 (12): 1225 – 1237.

[119] Kopelman R E. Alternative work schedules and productivity: A review of the evidence [J]. National Productivity Review, 1986, 5 (2): 150 – 165.

[120] Kossek E E, Lautsch B A. Work-life flexibility for whom? Occupational status and work-life inequality in upper, middle, and lower level jobs [J]. Academy of Management Annals, 2018, 12 (1): 5 – 36.

[121] Kossek E E, Thompson R J, Lautsch B A. Balanced workplace

flexibility：Avoidingthe traps ［J］. California Management Review, 2015, 57
（4）：5 –25.

　［122］Kröll C, Nüesch S, Foege J N. Flexible work practices and organi-
zational attractiveness in Germany：The mediating role of anticipated organiza-
tional support ［J］. The International Journal of Human Resource Management,
2021, 32 （3）：543 –572.

　［123］Kwon M, Kim-Goh M. The impactsof telework options on worker
outcomes in local government：Social exchange and social exclusion perspectives
［J］. Review of Public Personnel Administration, 2022：0734371X221121051.

　［124］Lapierre L M, Allen T D. Controlat work, control at home, and
planning behavior：Implications for work-family conflict ［J］. Journal of Man-
agement, 2012, 38 （5）：1500 –1516.

　［125］Lapierre L M, Steenbergen E F, Peeters M C W, et al. Juggling
work and family responsibilities when involuntarily working more from home：A
multiwave study of financial sales professionals ［J］. Journal of Organizational
Behavior, 2016, 37 （6）：804 –822.

　［126］Lautsch B A, Kossek E E, Eaton S C. Supervisory approaches and
paradoxes in managing telecommuting implementation ［J］. Human Relations,
2009, 62 （6）：795 –827.

　［127］Lemonaki R, Xanthopoulou D, Bardos A N, et al. Burnout and
job performance：A two-wave study on the mediating role of employee cognitive
functioning ［J］. European Journal of Work and Organizational Psychology,
2021, 30 （5）：692 –704.

　［128］Leslie L M, Manchester C F, Park T Y, et al. Flexible work prac-
tices：A source of career premiums or penalties? ［J］. Academy of Management
Journal, 2012, 55 （6）：1407 –1428.

　［129］Levy P E, Williams J R. The social context of performance appraisal: A review and framework for the future [J]. Journal of Management, 2004, 30 (6): 881 –905.

[130] Li Z, Zhang X, Zheng J, et al. Challenge or Hindrance? The dual path effect of perceived task demand on in-role performance and work fatigue [J]. International Journal of Environmental Research and Public Health, 2022, 19 (23): 15561.

[131] Liddicoat L. Stakeholder perceptions of family-friendly workplaces: An examination of six New Zealand organisations [J]. Asia Pacific Journal of Human Resources, 2003, 41 (3): 354 –370.

[132] Liu L, Wan W, Fan Q. How and when telework improves job performance during COVID-19? Job crafting as mediator and performance goal orientation as moderator [J]. Psychology Research and Behavior Management, 2021, 14 (1): 2181 –2195.

[133] Liu Q, Tong Y. Employee growth mindsetand innovative behavior: The roles of employee strengths use and strengths-based leadership [J]. Frontiers in Psychology, 2022, 13: 814154.

[134] Mangione T W, Quinn R P. Job satisfaction, counterproductive behavior, and drug use at work [J]. Journal of Applied Psychology, 1975, 60 (1): 114 –116.

[135] Masuda A D, Poelmans S A Y, Allen T D, et al. Flexible work arrangements availabilityand their relationship with work-to-family conflict, job satisfaction, and turnover intentions: A comparison of three country clusters [J]. Applied Psychology, 2012, 61 (1): 1 –29.

[136] Maxwell G, Rankine L, Bell S, et al. The incidence and impact of flexible working arrangements in smaller businesses [J]. Employee Relations, 2007, 29 (2): 138 –161.

[137] Mesmer-Magnus J, Viswesvaran C. The role of the coworker in re-

ducing work-family conflict: A review and directions for future research [J]. Pratiques Psychologiques, 2009, 15 (2): 213 – 224.

[138] Messmann G, Mulder R H. Development of a measurement instrument for innovative work behaviour as a dynamic and context-bound construct [J]. Human Resource Development International, 2012, 15 (1): 43 – 59.

[139] Mete E S. The personality traits in the defense industry: The mediating role of organizational citizenship behavior [J]. Sage Open, 2020, 10 (4): 2158244020982289.

[140] Motowidlo S J, Van Scotter J R. Evidence that task performance should be distinguished from contextual performance [J]. Journal of Applied Psychology, 1994, 79 (4): 475 – 480.

[141] Müller T, Schuberth F, Bergsiek M, et al. How can the transition from office to telework be managed? The impact of tasks and workplace suitability on collaboration and work performance [J]. Frontiers in psychology, 2022, 13: 987530.

[142] Murphy K R, Kroeker L P. Dimensions of job performance [J]. Testing: Applied and Theoretical Perspectives, 1989: 218 – 247.

[143] Mutiganda J C, Wiitavaara B, Heiden M, et al. A systematic review of the research on telework and organizational economic performance indicators [J]. Frontiers in Psychology, 2022, 13: 1035310.

[144] Nadler J T, Cundiff N L, Lowery M R, et al. Perceptions of organizational attractiveness: The differential relationships of various work schedule flexibility programs [J]. Management Research Review, 2010, 33 (9): 865 – 876.

[145] Newman A, Tse H H M, Schwarz G, et al. The effects of employees' creative self-efficacy on innovative behavior: The role of entrepreneurial leadership [J]. Journal of Business Research, 2018, 89 (8): 1 – 9.

[146] Ng T W H, Lucianetti L. Within-individual increases in innovative behavior and creative, persuasion, and change self-efficacy over time: A social-cognitive theory perspective [J]. Journal of Applied Psychology, 2016, 101 (1): 14 –34.

[147] Orpen C. Effect of flexible working hours on employee satisfaction and performance: A field experiment [J]. Journal of Applied Psychology, 1981, 66 (1): 113 –115.

[148] Park S, Cho Y J. Does telework status affect the behavior and perception of supervisors? Examining task behavior and perception in the telework context [J]. The International Journal of Human Resource Management, 2022, 33 (7): 1326 –1351.

[149] Purc E, Laguna M. Factorial structure and measurement invariance of the innovative behavior questionnaire [J]. Journal of Creative Behavior, 2019, 53 (3): 404 –410.

[150] Raghuram S, Fang D. Telecommuting and the role of supervisory power in China [J]. Asia Pacific Journal of Management, 2014, 31 (2): 523 –547.

[151] Raghuram S, Wiesenfeld B, Garud R. Technology enabled work: The role of self-efficacy in determining telecommuter adjustment and structuring behavior [J]. Journal of Vocational Behavior, 2003, 63 (2): 180 –198.

[152] Rank J, Nelson N E, Allen T D, et al. Leadership predictors of innovation and task performance: Subordinates'self-esteem and self-presentation as moderators [J]. Journal of Occupational and Organizational Psychology, 2009, 82 (3): 465 –489.

[153] Robinson S L, Bennett R J. A typology of deviant workplace behaviors: A multidimensional scaling study [J]. Academy of Management Journal, 1995, 38 (2): 555 –572.

[154] Rocereto J F, Gupta S F, Mosca J B. The role of flextime appeal on family and work outcomes among active and non-active flextime users: A between groups and within groupsanalysis [J]. Journal of Business & Economics Research, 2011, 9 (3): 57 - 66.

[155] Rothwell W J. Beyond training and development: State-of-the art strategies for enhancing human performance [M]. New York: AMACOM, 1996.

[156] Rotundo M, Sackett P R. The relative importance of task, citizenship, and counterproductive performance to global ratings of job performance: A policy-capturing approach [J]. Journal of Applied Psychology, 2002, 87 (1): 66 - 80.

[157] Ryan A M, Kossek E E. Work-life policy implementation: Breaking down or creating barriers to inclusiveness? [J]. Human Resource Management, 2008, 47 (2): 295 - 310.

[158] Sarbu M. Does telecommuting kill service innovation? [J]. Research in Transportation Economics, 2022, 95: 101206.

[159] Sarıköse S, Türkmen E. The relationship between demographic and occupational variables, transformational leadership perceptions and individual innovativeness in nurses [J]. Journal of Nursing Management, 2020, 28 (5): 1126 - 1133.

[160] Scandura T A, Lankau M J. Relationships of gender, family responsibility and flexible work hours to organizational commitment and job satisfaction [J]. Journal of Organizational Behavior, 1997, 18 (4): 377 - 391.

[161] Schein V E, Maurer E H, Novak J F. Impact of flexible working hours on productivity [J]. Journal of Applied Psychology, 1977, 62 (4): 463 - 465.

[162] Schermerhorn Jr J R . Management for productivity [M]. Hoboken: John Wiley & Sons, 1984.

[163] Schuh S C, Zhang X, Morgeson F P, et al. Are you really doing good things in your boss's eyes? Interactive effects of employee innovative work behavior and leader-member exchange on supervisory performance ratings [J]. Human Resource Management, 2018, 57 (1): 397 – 409.

[164] Scott D M, Dam I, Páez A, et al. Investigating the effects of social influence on the choice to telework [J]. Environment and Planning A: Economy and Space, 2012, 44 (5): 1016 – 1031.

[165] Scott S G, Bruce R A. Determinants of innovative behavior: A path model of individual innovation in the workplace [J]. Academy of Management Journal, 1994, 37 (3): 580 – 607.

[166] Sels L, De Winne S, Maes J, et al. Unravelling the HRM-Performance link: Value-creating and cost-increasing effects of small business HRM [J]. Journal of Management Studies, 2006, 43 (2): 319 – 342.

[167] Shanker R, Bhanugopan R, Van der Heijden B I J M, et al. Organizational climate for innovation and organizational performance: The mediating effect of innovative work behavior [J]. Journal of Vocational Behavior, 2017, 100 (1): 67 – 77.

[168] Shin S J, Yuan F, Zhou J. When perceived innovation job requirement increases employee innovative behavior: A sensemaking perspective [J]. Journal of Organizational Behavior, 2017, 38 (1): 68 – 86.

[169] Shockley K M, Allen T D. Investigating the missing link in flexible work arrangement utilization: An individual difference perspective [J]. Journal of Vocational Behavior, 2010, 76 (1): 131 – 142.

[170] Silva A J, Almeida A, Rebelo C. The effect of telework on emotional exhaustion and task performance via work overload: The moderating role of self-leadership [J]. International Journal of Manpower, 2022.

[171] Simantov-Nachlieli I, Bamberger P. Pay communication, justice,

and affect: The asymmetric effects of process and outcome pay transparency on counterproductive workplace behavior [J]. Journal of Applied Psychology, 2021, 106 (2): 230 –249.

[172] Siyal S, Xin C, Umrani W A, et al. How do leaders influence innovation and creativity in employees? The mediating role of intrinsic motivation [J]. Administration & Society, 2021, 53 (9): 1337 –1361.

[173] Soga L R, Bolade-Ogunfodun Y, Mariani M, et al. Unmasking the other face of flexible working practices: A systematic literature review [J]. Journal of Business Research, 2022, 142: 648 –662.

[174] Spector P E , Fox S, Penney L M , et al. The dimensionality of counterproductivity: Are all counterproductive behaviors created equal? [J]. Journal of Vocational Behavior, 2006, 68 (3): 446 –460.

[175] Spreitzer G M, Cameron L, Garrett L. Alternative work arrangements: Two imagesof the new world of work [J]. Annual Review of Organizational Psychology and Organizational Behavior, 2017, 4 (1): 473 –499.

[176] Stavrou E T, Parry E, Anderson D. Nonstandard work arrangements and configurations of firm and societal systems [J]. The International Journal of Human Resource Management, 2015, 26 (19): 2412 –2433.

[177] Stavrou E T. Flexible work bundles and organizational competitiveness: A cross-national study of the European work context [J]. Journal of Organizational Behavior: The International Journal of Industrial, Occupational and Organizational Psychology and Behavior, 2005, 26 (8): 923 –947.

[178] Stavrou E, Kilaniotis C. Flexible work and turnover: An empirical investigation across cultures [J]. British Journal of Management, 2010, 21 (2): 541 –554.

[179] Stich J F. Flexible working and applicant attraction: A person-job fit approach [J]. Personnel Review, 2021, 50 (1): 358 –378.

[180] Su F, Zhang J. Proactive personality and innovative behavior: A moderated mediation model [J]. Social Behavior and Personality: An International Journal, 2020, 48 (3): e8622.

[181] Szostek D, Balcerzak A P, Rogalska E. The impact of personality traits on subjective categories of counterproductive work behaviors in central european environment [J]. Transformations in Business & Economics, 2022, 21 (2): 163 – 180.

[182] Thompson R J, Payne S C, Taylor A B. Applicant attraction to flexible work arrangements: Separating the influence of flextime and flexplace [J]. Journal of Occupational and Organizational Psychology, 2015, 88 (4): 726 – 749.

[183] Thurlings M, Evers A T, Vermeulen M. Toward a model of explaining teachers' innovative behavior: A literature review [J]. Review of Educational Research, 2015, 85 (3): 430 – 471.

[184] Timms C, Brough P, O'Driscoll M, et al. Flexible work arrangements, work engagement, turnover intentions and psychological health [J]. Asia Pacific Journal of Human Resources, 2015, 53 (1): 83 – 103.

[185] Tse H H M, Ashkanasy N M, Dasborough M T. Relative leader-member exchange, negative affectivity and social identification: A moderated-mediation examination [J]. The Leadership Quarterly, 2012, 23 (3): 354 – 366.

[186] Uglanova E, Dettmers J. Sustained effectsof flexible working time arrangements on subjective well-being [J]. Journal of Happiness Studies, 2018, 19 (6): 1727 – 1748.

[187] Ugwu L I, Enwereuzor I K, Orji E U. Is trust in leadership a mediator between transformational leadership and in-role performance among small-scale factory workers? [J]. Review of Managerial Science, 2016, 10 (4): 629 – 648.

［188］ Uppathampracha R, Liu G. Leadingfor innovation: Self-efficacy and work engagement as sequential mediation relating ethical leadership and innovative work behavior ［J］. Behavioral Sciences, 2022, 12 (8): 266.

［189］ Vega R P. Why use flexible work arrangements? A policy capturing study examining the factors related to flexible work arrangement utilization ［D］. Fairfax, VA: George Mason University, 2015.

［190］ Venketsamy A, Lew C. Intrinsic and extrinsic reward synergies for innovative work behavior among South African knowledge workers ［J］. Personnel Review, 2022.

［191］ Vermeulen M, Kreijns K, Evers A T. Transformational leadership, leader-member exchange and school learning climate: Impact on teachers' innovative behaviour in the Netherlands ［J］. Educational Management Administration & Leadership, 2022, 50 (3): 491 –510.

［192］ Wang J, Wang G, Liu G, et al. Compulsory unethical pro-organisational behaviour and employees' in-role performance: A moderated mediation analysis ［J］. Journal of Psychology in Africa, 2022, 32 (6): 578 –583.

［193］ Wang P, Walumbwa F O. Family-friendly programs, organizational commitment, and work withdrawal: The moderating role of transformational leadership ［J］. Personnel Psychology, 2007, 60 (2): 397 –427.

［194］ Wang X H, Fang Y, Qureshi I, et al. Understanding employee innovative behavior: Integrating the social network and leader-member exchange perspectives ［J］. Journal of Organizational Behavior, 2015, 36 (3): 403 – 420.

［195］ Way S A. High performance work systems and intermediate indicators of firm performance within the US small business sector ［J］. Journal of Management, 2002, 28 (6): 765 –785.

［196］ Wayne J H, Musisca N, Fleeson W. Considering the role of personality in the work-family experience: Relationships of the big five to work-family conflict and facilitation [J]. Journal of Vocational Behavior, 2004, 64 (1): 108 - 130.

[197] Wheatley D. Employee satisfaction and use of flexible working arrangements [J]. Work, Employment and Society, 2017, 31 (4): 567 - 585.

[198] Wickramasinghe V. Supervisor support as a moderator between work schedule flexibility and job stress: Some empirical evidence from Sri Lanka [J]. International Journal of Workplace Health Management, 2012, 5 (1): 44 - 55.

[199] Williams J C, Blair-Loy M, Berdahl J L. Cultural schemas, social class, and the flexibility stigma [J]. Journal of Social Issues, 2013, 69 (2): 209 - 234.

[200] Woods S A, Mustafa M J, Anderson N, et al. Innovative work behavior and personality traits: Examining the moderating effects of organizational tenure [J]. Journal of Managerial Psychology, 2018, 33 (1): 29 - 42.

[201] Wu C H, Parker S K, De Jong J P J. Need for cognition as an antecedent of individual innovation behavior [J]. Journal of Management, 2014, 40 (6): 1511 - 1534.

[202] Yu Y, Yang G. Zhongyong thinking, leader-member exchange, and employee innovative behavior [J]. Social Behavior and Personality: An International Journal, 2022, 50 (2): e10986.

[203] Yuan F, Woodman R W. Innovative behavior in the workplace: The role of performance and image outcome expectations [J]. Academy of Management Journal, 2010, 53 (2): 323 - 342.

[204] Zahid F, Butt A N, Khan A K. Political skill and self-serving counterproductive work behaviors: Moderating role of perceptions of organizational poli-

tics [J]. Journal of Management & Organization, 2019, 28 (5): 993 – 1010.

[205] Zhang D, He J, Fu D. How can we improve teacher's work engagement? Based on Chinese experiences [J]. Frontiers in Psychology, 2021, 12: 721450.

[206] Zhang W, Liao S, Liao J, et al. Paradoxical leadershipand employee task performance: A sense-making perspective [J]. Frontiers in Psychology, 2021, 12: 753116.

[207] Zhang X, Bartol K M. Linking empowering leadership and employee creativity: The influence of psychological empowerment, intrinsic motivation, and creative process engagement [J]. Academy of Management Journal, 2010, 53 (1): 107 – 128.

[208] Zhao G, Luan Y, Ding H, et al. Job controland employee innovative behavior: A moderated mediation model [J]. Frontiers in Psychology, 2022, 13: 720654.

[209] Zhao L, Lam L W, Zhu J N Y, et al. Doing it purposely? Mediation of moral disengagement in the relationship between illegitimate tasks and counterproductive work behavior [J]. Journal of Business Ethics, 2022, 179 (3): 733 – 747.

[210] Zhu C, Mu R. Followers' innovative behavior in organizations: The role of transformational leadership, psychological capital and knowledge sharing [J]. Frontiers of Business Research in China, 2016, 10 (4): 636 – 663.

[211] Zhu Y , Zhang D . Workplace ostracismand counterproductive work behaviors: The chain mediating role of anger and turnover intention [J]. Frontiers in Psychology, 2021, 12: 761560.

第 4 章

柔性工作安排与员工任务绩效

越来越多企业实施柔性工作来提升工作与家庭之间的边界弹性，以期减少工作家庭冲突并进而保证员工的任务绩效。然而，有些企业却坚持认为坚持严明的工作与家庭边界并严加监管，防止家庭事务向工作领域的渗透，才能保证员工任务绩效。对此争议，本章基于工作—家庭边界理论，构建了心理渗透为中介变量、工作创造性为调节变量的研究模型，分析了柔性工作安排对员工任务绩效的影响机制。

4.1 研究问题与假设

4.1.1 研究问题

工作场所和家庭是员工日常生活的两个重要领域，在这两个领域中员工需要分别扮演不同的角色，以满足工作和家庭的不同需求。然而，家庭需求的发生具有不确定性，也不能与工作需求构成先后时序性，因而常常存在工作家庭冲突（Grandey and Cropanzano，1999）。随着企业市场竞争的加剧和员工家庭成员结构的变化，员工工作压力和家庭责任日益增加；同时，网络信息通信与文件处理工具的发达与广泛使用，许多工作也不再受工作场所、时间的限制，结果使得员工面临比以往更多的工作家庭冲突（林彦梅等，2019），这不仅导致员工个人的工作满意度、幸福感下降，工作绩效也会受到负面影响（Amstad et al.，2011）。因此，探讨帮助员工降低工作家庭冲突从而提升工作绩效的途径就成为管理者热切关注的问题，也吸引了大量学者的研究。

　　近年来比较流行的做法之一，就是实施柔性工作，即允许员工或团队成员灵活、自主地安排自己的工作，以期能缓解员工工作家庭冲突（Allen et al.，2013；Hill et al.，2008），从而达到保证工作绩效的目的（Byron，2005；Almer and Kaplan，2002）。特别是越来越多组织里，工作与非工作的边界模糊性、渗透性越来越高（Clark，2000），很多工作任务的完成也不依赖于工作计划，而取决于员工的工作自主性（Morgeson et al.，2005），这使得员工的工作或多或少都具备一定的弹性。例如，企业生态圈和定制化服务都对企业的响应速度提出了更高的要求，员工要及时处理其他企业的业务和消费者的需求，这些工作就可能发生在任何时间。因此，柔性工作的开展已经不再仅仅是解决工作家庭冲突的手段，而是时代发展的必然要求和发展趋势。由此，欧美、日本、韩国等在内的许多国家深入推动柔性工作的开展，美国已有超过77%的雇主提供柔性工作（Kossek et al.，2015）。

　　但柔性工作是否有利于员工工作绩效，也为一些学者和管理者所怀疑。比如相关研究就表明柔性工作与工作绩效的改善并无关联（Kattenbach et al.，2010），还可能会造成工作与家庭角色之间频繁转换，带来更为严重的工作家庭冲突，反而不利于员工完成工作任务（Rothbard et al.，2005；马红宇等，2014）。因此，有些管理者认为，不必追赶时髦，只要通过严格监管，防止家庭对工作的干扰，比如不容许员工在上班时间做与工作无关的事情，就能保证其工作绩效。针对这些矛盾结论，探讨为什么不同的组织或员工实行柔性工作导致的绩效结果不同，对于理论界和实践者来说具有十分重要的意义。

本章从工作—家庭边界理论出发，认为柔性工作对员工绩效的影响还可以通过对工作家庭边界的"心理渗透"而发生作用。因此，聚焦于员工工作与家庭边界的心理渗透，从心理层面的机制上探讨柔性工作实施的优势，并以工作绩效为结果变量分析什么样的工作更适合柔性工作。这一研究思路不同于已有将工作家庭冲突作为中介，进而影响工作绩效的研究路径，是对该领域研究的理论发展，所提出的工作家庭边界心理渗透概念①和柔性工作更有利于创造性员工绩效的结论，为企业权变的工作制度设计与管理提供了理论依据。

4.1.2 研究假设

（1）柔性工作与心理渗透

作为近年来兴起的一种新型的工作方式，柔性工作尚处于发展的初期阶段。其对于员工工作绩效影响的矛盾结论，使得很多企业不愿顺应时代发展，仍坚守固定工作时间制。一些企业认为，通过从时间（上班时间、下班时间）和空间（办公室、生产车间）上在员工工作与家庭间构建起严明的边界，使工作事务和家庭事务分隔开来，杜绝员工处理工作家庭冲突，可以保证员工工作绩效。其背后机理主要有二：一是基于资源保存理论，认为当员工遭受工作家庭冲突时，在解决冲突、维持工作家庭平衡的过程中，会损失资源，产生压力（Grandey and Cropanzano，1999），进而影响工作绩效；二是基于努力—恢复模型，认为员工在一个领域花费大量努力，当需要回到另一个领域中时，就需要从刚刚承担的角色中脱离并恢复到原来角色，这就会消耗资源。依据该模型，当员工遭受工作家庭冲突

---

① 本书简写成心理渗透，前后文及图表中也做此处理。

时，若去解决冲突，必然要在两个领域间进行角色转换，即要经历努力—恢复的过程，消耗大量的资源（Ashforth et al.，2000），进而影响其工作绩效。可以看出，上述两种路径有一个共同点就是员工在解决工作家庭冲突过程中都需要消耗资源，并因此而影响了其工作绩效。换言之，如果通过工作家庭边界隔离，不让员工解决工作家庭冲突，就不会消耗资源，也就不会因此而影响其工作绩效。

然而，工作—家庭边界理论指出，工作与家庭边界的渗透不仅包括在行为上的，还包括在心理上的（Clark，2000）。行为渗透是指员工身体处于一个领域，行为上却在处理另一领域的事务；心理渗透是指员工身体处于一个领域，心理上却在考虑另一个领域的事务。行为渗透可以构建严格的时间边界、地点边界并通过监控去控制，但心理边界由于是无形的，不易观察，更多地由员工自主控制。当员工面临工作家庭冲突时，意味着工作与家庭对员工的内在需求发生了矛盾，根据认知评估理论（Smith and Lazarus，1993），员工需要进行一系列的思想、心理活动，对需求和自身的资源做出认知评估，这就会导致员工从原来专心工作的状态中抽离出来，从而在工作与家庭边界产生了心理渗透。

为缓解员工面对家庭工作冲突时发生心理渗透给其工作绩效带来的负面影响，很多企业实施柔性工作制，赋予员工一定程度上自主决定工作的能力，使得传统以时间为导向的工作转变向以任务为导向（Spieler et al.，2016）。在柔性工作制下，当员工遇到家庭紧急事情与工作冲突时，由于其具有自主、灵活地安排工作时间的能力，即其可以实际在工作场所和原本工作时间内做出行为调整来解决该冲突，便不会长时间沉浸于心理上的想要去解决但行为上却不能解决的内心纠结状态，这会减少其寻找其他解决方案的内心活动，减少认知评估时间，也就减少了心理渗透。另外，员工根据自身需求以及家庭、工作需求的紧急程度，合理安排自己的日程，可以选择自己效率最高的时候进行工作，这也可以减少员工在工作与家庭边界发生心理渗透。基于此，本节提出以下假设：

H_{4-1}：柔性工作对员工工作家庭边界心理渗透具有显著负向影响；员工柔性工作程度越高，其工作家庭边界心理渗透越少。

（2）心理渗透与员工任务绩效

心理渗透的发生如行为渗透一样，也会影响员工的工作任务绩效。心理渗透意味着员工没有集中精力工作，要消耗资源进行自我管理、自我控制，要将心理活动从家庭事务上拉回到工作任务中来，不仅需要员工进行角色变换，也在客观上减少了本应用在工作上的时间与精力。比尔等（Beal et al.，2005）的研究指出：当员工将其所有的精力、资源运用到工作任务时，其表现是最好的；非工作任务上的精力、资源等的消耗会影响员工工作效果。因此，在员工无法避免工作家庭冲突的当下，员工难免会产生心理上的困扰，致使其在工作与家庭边界上发生心理渗透。而柔性工作可以缓解员工工作家庭冲突，减少心理渗透，进而削弱其对工作任务绩效的负面影响。基于此，本节提出以下假设：

H_{4-2}：员工工作家庭边界心理渗透在柔性工作程度与任务绩效关系中起中介作用。

（3）工作创造性的调节作用

工作需求—资源（job demands-resources）理论表明，不同的工作对资源有不同的要求，因此，相同资源供给对于不同工作的绩效影响的效果就可能存在差异。比如对从事专业、工艺类工作的员工要比对从事行政、服务、劳力类工作的员工有更多的工作要求，如需要更多的知识、更多的资源条件，因为前类工作比后类工作更具创造性（Schieman and Young，2010）。创造性工作往往指向产品或完成任务的多样的、具有挑战性的、非日常的参与活动（Mirowsky and Ross，2007）；越具有创造性的工作过程越复杂，越需要员工集中注意力去思考如何去解决问题。可见，创造性工作更需要员工注意力的投入，而从事创造性较低的工作，如机械性重复的工作，因其已经具有习惯性规范，不太需要员工投入过多的思考。所以，对于从事机械性重复类工作的员工来说，即使在工作与家庭边界发生了心理渗透，对其工作任务绩效的影响也不如对从事创造性工作的员工大。而对于那些创造性高的岗位，心理渗透对员工工作任务绩效的影响更高。这也在管理实践中得到了证实，如从目前柔性工作实施的情况来看，柔性工作多集中在研发、设计这样的部门和岗位（Spieler et al.，2016）。基于此，本节提出以下假设：

H_{4-3}：员工从事的工作创造性程度调节了心理渗透对任务绩效的影响；员工从事的工作越具有创造性，其心理渗透对任务绩效负向影响越大。

上述已论证了员工心理渗透在柔性工作程度对员工任务绩效的中介作用，以及员工的工作创造性程度在心理渗透和任务绩效二者关系中的调节效应。我们进一步分析认为，心理渗透在柔性工作程度和任务绩效间的中介作用大小依赖于员工的工作创造性程度。这是因为，柔性工作制的员工会能够实际做出行为渗透来解决冲突，其不需要像固定工作制员工那样，思考其他应对策略或处于一直无法解决冲突的纠结状态，这就降低了其产生心理渗透的程度，从而有利于工作任务绩效。特别是当员工从事较强的工作创造性程度时，越需要集中精力、投入工作，这时心理渗透的危害就越明显；而员工从事的工作创造性程度较弱时，像一些机械工作，心理渗透的负向作用就会减弱。也就是说，员工的工作创造性程度越高，柔性工作程度对工作绩效影响的优势作用越大，这种正向影响更多的是通过减少心理渗透的负向作用来传导。据此，本研究提出被调节的中介作用假设：

H_{4-4}：员工从事的工作创造性调节了心理渗透在柔性工作程度与任务绩效间的中介作用；员工从事的工作创造性程度越高，心理渗透在柔性工作程度与任务绩效间的中介作用越强，反之越弱。

基于以上分析，本章提出了柔性工作程度与工作家庭边界心理渗透、任务绩效的关系模型，如图 4-1 所示。

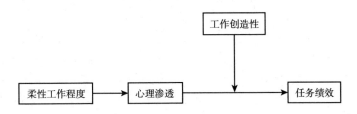

图 4 – 1　柔性工作与员工任务绩效研究模型

资料来源：林彦梅，刘洪，齐昕（2019）。

4.2　研究设计

4.2.1　样本收集

为了验证上述假设，在样本选择上要求尽量考虑保证员工柔性工作及工作创造性程度的差异性。通常来说，高科技类企业的员工能接触到更多的柔性工作，传统制造类企业的员工则较少接触到柔性工作；设计岗位、技术岗位等的工作创造性程度较高，行政岗位、生产岗位等工作的创造性程度较低（Schieman and Young，2010）。因此，在样本选择的时候，本研究结合资源的可获取性，并尽量扩大研究结果的外部效度，并根据上述对变量的要求，选择了高科技企业、制造企业两类共计 16 家企业中的不同岗位的员工进行了调研。调研共分两个时间进行，第一次调研收集了性别、年龄、学历、婚姻状况、工作年限、工作家庭冲突、柔性工作程度、心理渗透数据，共计发放问卷 700 份，回收有效问卷 608 份，第一次的回收率为 86.85%。对首次回收的 608 份有效问卷的回答者进行了第二次调研，收集了工作创造性程度、工作绩效数据，最终回收有效问卷 493 份，第二次的回收率为 81.09%，总回收率为 70.43%。其中，男性员工 264 人，占 53.54%；未婚 197 人，占 39.96%；工作年限在 10 年以上的员工占

29. 21%，5 ~ 10 年的员工占 19. 27%，3 ~ 5 年的员工占 17. 85%，1 ~ 3 年的员工占 17. 65%，剩余为工作 1 年以下的员工。

4.2.2 变量测量

为确保测量工具的信度及效度，本研究的所有变量测量均来源于现有文献中已开发的成熟量表。另外，针对来自英文文献中的量表，研究团队多人进行了翻译和回译，并邀请熟悉该领域的相关专家对量表进行审阅和修订，确保条目描述准确、易于理解。本研究最终使用量表如下：

柔性工作程度。柔性工作程度描述的是员工可以进行工作家庭边界跨越的程度，而柔性工作能力是对这种跨越程度的主观认知评估（Matthews and Barnes，2010），本研究采用员工自评的方式收集柔性工作程度的数据，因此选用柔性工作能力来测量柔性工作程度。量表来自马修斯和巴恩斯（Matthews and Barnes，2010）在研究中使用的量表，量表包含 4 个条目，示例问题如："公司能给我更多的时间上灵活性来完成工作"。量表采用李克特五点计分法，1 ~ 5 代表逐步递增的同意程度，1 代表了"非常不同意"，5 代表了"非常同意"。在本研究中，该量表的克隆巴赫系数值为 0. 79，说明其具有良好的信度。

工作家庭边界心理渗透。以往研究中测量工作家庭边界渗透的多关注于渗透的总体，未对行为渗透和心理渗透加以区分。实际上，二者并不一定同时发生，且二者对于员工产出结果的影响也存在差异。本研究选取心理渗透的量表来自马修斯等（Matthews et al.，2010）与金（Kim，2015）的研究，量表包含 3 个条目，示例问题如："工作的时候，我在想与家庭相关的事情"。量表采用李克特五点计分法，1 ~ 5 代表逐步递增的同意程度，1 代表了"非常不同意"，5 代表了"非常同意"。本研究量表的克隆巴赫系数值为 0. 77，说明其具有良好的信度。

工作创造性。本研究采用希曼和杨（Schieman and Young，2010）在研究中使用的量表。量表包含 4 个条目，示例问题如："你的工作经常要求你是具有创造性的?"量表采用李克特五点计分法，1~5 代表频率逐步递增，1 代表了"从不"，5 代表了"总是"。在本研究中，该量表的克隆巴赫系数值为 0.80，说明其具有良好的信度。

任务绩效。由于部分被调研企业不愿意提供员工客观的工作任务绩效数据，为了保证不同企业不同部分员工任务绩效数据有可比性，本研究采用施密特等 (Smit et al.，2016) 研究中使用的主观评价量表。量表包含 4 个条目，示例问题如："你感觉自己努力工作了吗?"量表采用 5 点量表，1~5 代表程度增加，1 代表了"一点没有"，5 代表了"非常"。在本研究中，该量表的克隆巴赫系数值为 0.82，说明其具有良好的信度。

控制变量。为了减少其他变量可能对工作绩效带来的影响，参照以往相关研究 (Witt and Carlson，2006；Golden et al.，2008)，本研究还收集了员工的性别、年龄、学历、婚姻状况、工作年限、工作家庭冲突数据进行控制分析。

4.3　实证分析

4.3.1　量表效度

本研究利用 MPLUS 软件来进行验证性因子分析，主要是检验四个变量的区分效度，结果如表 4-1 所示，四因子的测量模型拟合度最好，$\chi^2(84) = 221.364$，$p < 0.001$，$CFI = 0.943$，$TLI = 0.929$，$SRMR = 0.046$，$RMSEA = 0.058$，表明四个变量间有较好的区分效度。

表4-1   验证性因子分析结果

模型	χ^2	df	χ^2/df	CFI	TLI	SRMR	RMSEA
四因子模型	221.364	84	2.64	0.943	0.929	0.046	0.058
三因子模型	768.172	87	8.83	0.719	0.661	0.106	0.126
二因子模型	1359.941	89	15.28	0.477	0.382	0.151	0.170
单因子模型	1687.384	90	18.75	0.342	0.232	0.162	0.190

注：四因子模型：柔性工作程度、心理渗透、工作创造性、任务绩效；三因子模型：柔性工作程度+心理渗透、工作创造性、任务绩效；二因子模型：柔性工作程度+心理渗透+工作创造性、任务绩效；单因子模型：柔性工作程度+心理渗透+工作创造性+任务绩效。

资料来源：林彦梅，刘洪，齐昕（2019）。

4.3.2 描述性统计与相关分析

本研究首先对数据进行描述性统计分析。研究中主要变量的平均值、方差以及相关系数汇总见表4-2。从表4-2可以看到，员工的柔性工作程度与工作绩效之间显著正相关（$r = 0.171$，$p < 0.01$）；柔性工作时间制与工作家庭边界心理渗透之间显著负相关（$r = -0.156$，$p < 0.01$）；工作家庭边界心理渗透与工作绩效之间显著负相关（$r = -0.217$，$p < 0.01$）。

表4-2   研究变量的描述性统计和 Pearson 相关性

变量	M	SD	1	2	3	4	5	6	7	8	9	10
1. 性别	0.54	0.50	1									
2. 年龄	2.04	0.65	0.103*	1								
3. 学历	3.30	0.76	0.006	-0.072	1							
4. 婚姻状况	2.15	1.00	-0.039	0.425**	-0.244**	1						
5. 工作年限	3.28	1.45	0.090*	0.529**	-0.193**	0.686**	1					
6. 工作家庭冲突	2.55	0.80	0.155**	0.098*	0.265**	-0.144**	-0.044	1				
7. 柔性工作程度	3.03	0.81	0.038	0.037	0.057	-0.008	-0.014	0.007	1			

续表

变量	M	SD	1	2	3	4	5	6	7	8	9	10
8. 心理渗透	3.02	0.62	-0.015	-0.027	0.030	-0.084	-0.075	0.179**	-0.156**	1		
9. 工作创造性	3.16	0.66	0.004	0.024	0.161**	-0.051	-0.050	0.192**	0.011	0.004	1	
10. 任务绩效	3.69	0.62	-0.121**	0.099*	0.029	0.227**	0.198**	-0.218**	0.191**	-0.249**	0.067	1

注：$n = 493$；$**p < 0.01$，$*p < 0.05$，下同。

资料来源：林彦梅，刘洪，齐昕（2019）。

4.3.3 假设检验

为了验证假设，本研究首先利用 SPSS22.0 软件进行了层级回归，结果如表 4-3 所示。对于假设 H_{4-1} 的检验，采用直接的多元回归的方法，在控制了性别、年龄、学历等变量后，检验柔性工作程度对工作家庭边界心理渗透的影响。从表 4-3 模型 2 可以看出，柔性工作程度对工作家庭边界心理渗透有显著负向影响（$\beta = -0.155$，$p < 0.001$），假设 H_{4-1} 得到验证。

表 4-3 假设检验结果

变量	心理渗透		任务绩效			
	模型 1	模型 2	模型 3	模型 4	模型 5	模型 6
性别	-0.041	-0.035	-0.096*	-0.104*	-0.110*	-0.099*
年龄	-0.006	-0.003	0.018	0.007	0.007	0.008
学历	-0.037	-0.028	0.146**	0.134**	0.129**	0.128**
婚姻状态	-0.036	-0.034	0.134*	0.131*	0.125*	0.127*
工作年限	-0.042	-0.049	0.124	0.133*	0.125*	0.111
工作家庭冲突	0.188***	0.185***	-0.219***	-0.215***	-0.182***	-0.187***
自变量						
柔性工作程度		-0.155***		0.192***	0.164***	

续表

变量	心理渗透		任务绩效			
	模型 1	模型 2	模型 3	模型 4	模型 5	模型 6
心理渗透					-0.176^{***}	-0.168^{***}
工作创造性程度						0.103^{*}
心理渗透×工作创造性程度						-0.129^{**}
R^2	0.04	0.06	0.12	0.16	0.19	0.18
ΔR^2	0.04	0.02	0.12	0.04	0.03	0.06
ΔF	3.33^{**}	12.42^{***}	11.08^{***}	21.02^{***}	17.34^{***}	12.56^{***}

资料来源：林彦梅，刘洪，齐昕（2019）。

对于假设 H_{4-2} 的检验，参照表4-3模型4、模型2、模型5，首先，柔性工作程度对任务绩效有显著正向影响（$\beta = 0.192$，$p < 0.001$），当将柔性工作程度与工作家庭边界心理渗透一起放入方程检验其与工作任务绩效的关系，可以看到二者的系数（柔性工作程度系数 $\beta = 0.164$，$p < 0.001$，显著，工作家庭边界心理渗透的系数 $\beta = -0.176$，$p < 0.001$，显著；柔性工作程度系数减少），这说明工作家庭边界心理渗透的中介效应存在。进一步我们采用 Bootstrap 方法进行间接效应检验，经过 5000 次有放回的重复抽样后发现，在 95% 置信区间内，柔性工作程度通过工作家庭边界心理渗透作用于任务绩效的效应显著（95% CI[0.0074，0.0423]），假设 H_{4-2} 得到验证。对假设 H_{4-3} 的检验，本研究构建了工作家庭边界心理渗透×工作创造性程度乘积项，从模型6可以看出，乘积项系数显著（$\beta = -0.129$，$p < 0.01$），说明假设 H_{4-3} 得到了验证。

绘制调节图来描述在不同工作创造性程度下工作家庭边界心理渗透对员工工作任务绩效的变化，如图4-2所示。从图4-2可以看出：工作创造性程度增强了工作家庭边界心理渗透与工作任务绩效间的负向关系。

对假设 H_{4-4} 的被调节的中介模型的检验，我们采用 Bootstrap 方法经过

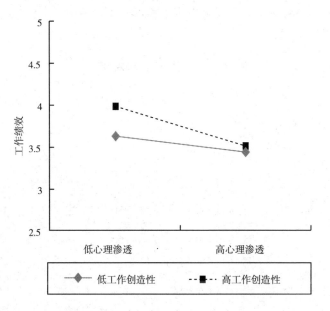

图 4 - 2　工作创造性程度对心理渗透与工作任务绩效关系的调节作用

资料来源：林彦梅，刘洪，齐昕（2019）。

5000 次有放回的抽样后，分析结果如表 4 - 4 所示。在低工作创造性程度下，在 95% 的置信区间内，员工的柔性工作程度经由心理渗透对工作绩效影响的间接效应不显著（0.007；95% CI [-0.007，0.028]），在高工作创造性程度下，在 95% 的置信区间内，员工的柔性工作程度经由心理渗透对工作绩效影响的间接效应显著（0.029；95% CI [0.009，0.059]），说明假设 H_{4-4} 成立。

表 4 - 4　　　　　　　　　　　被调节的中介效应分析

项目	系数	95% 置信区间
低工作创造性	0.007	[-0.007，0.028]
中工作创造性	0.018	[0.006，0.038]
高工作创新性	0.029	[0.009，0.061]

资料来源：林彦梅，刘洪，齐昕（2019）。

4.4　结论与启示

4.4.1　研究结论

本章从工作—家庭边界理论出发，区别于以往聚焦于工作家庭边界行为渗透的研究，从工作家庭边界心理渗透的中介角度，分析了柔性工作对员工任务绩效的影响路径以及工作创造性的调节作用，并通过调查的样本数据验证本研究提出的假设。得到的结论如下：（1）柔性工作对员工任务绩效具有显著的促进作用；（2）柔性工作对员工工作家庭边界心理渗透具有显著负向影响，而员工工作家庭边界心理渗透对员工任务绩效关系也存在负向影响，员工工作家庭边界心理渗透在柔性工作与员工任务绩效关系中起中介作用；（3）对于从事创造性工作的员工来说，工作家庭边界心理渗透对员工绩效负面影响更大，实施柔性工作越能够帮助这些员工保障任务绩效。

4.4.2　理论贡献

本章对企业实施柔性工作的优势和适用的工作类型展开探讨与验证，研究的理论贡献可以概括为以下几点：

第一，现有研究多关注柔性工作对于工作家庭冲突的影响，本质上是将柔性工作作为缓解工作家庭冲突的措施看待，忽略了柔性工作对于员工心理行为方面的改变，这导致理论界和实践界对柔性工作实施结果理解的不一致性。本研究将工作家庭冲突作为柔性工作发展的背景条件，为探讨柔性工作实施结果的研究提供了新视角。

第二，尽管工作家庭边界理论表明了工作家庭边界渗透不仅包括行为渗透，还包括心理渗透，但在已有相关工作家庭边界渗透的研究中，尚未明确区分行为渗透与心理渗透这两个维度，而是将二者融成整体进行测量。实际上，行为渗透和心理渗透发生的限制条件有所区别，行为渗透可以通过时空边界、严格监管等措施防范，但心理渗透"看不到，摸不着"，很难去管理，更多地靠员工自身。将二者融成整体测量，会忽略其不同前因变量的影响，也会忽略其可能对于结果的差异影响。研究实证检验了心理渗透的影响，这丰富了工作—家庭边界理论的内容，拓展了该理论运用的边界。

第三，目前，有关柔性工作的研究多以描述性和统计性研究为主，实证检验较为缺乏，导致很多研究结论的外部效度受到质疑，也阻碍了相关理论的发展。本章基于工作家庭边界理论，不仅检验了柔性工作程度对员工工作绩效的影响，还探寻了工作家庭边界心理渗透在其中的中介作用，这更清晰地展示出柔性工作对员工态度和行为产生作用的路径，是对柔性工作与工作绩效关系研究的有益拓展。

第四，柔性工作目前多集中在设计、研发等创造类工作的部门，现有研究直接从经验出发给出两种解释，一是因为这些部门的工作较容易离开办公室进行，二是因为柔性工作有助于留住这些员工。本研究首次从工作需求—资源理论出发，通过调研数据检验和证明了从事创造类工作的员工开展柔性工作更能保障工作绩效，从理论上为柔性工作多集中在创造类工作的部门提供了新的解释视角，并为企业开展柔性工作的岗位选择提供了理论依据。

4.4.3　管理启示

传统企业通过制定严明的工作与家庭边界，并加以严格监管来控制员工工作时进行行为渗透策略，被证明只是治标不治本的方法，因为这反而会使得员工进行更多的心理渗透，进而负面地影响员工工作绩效。本研究得到的结论，对现实企业管理有如下启示：

首先，赋予员工柔性工作权力，减少家庭给工作带来的冲突。当员工的家庭责任过多或是经常发生，家庭就会对工作产生冲突，而家庭责任对于每个员工来讲是无法逃避的。企业可以采用弹性的工作制度，让员工可以根据自身的实际情况，在工作时间、工作地点、完成形式方面选择适合自身的柔性工作类型，帮助员工更好地实现工作家庭平衡，减少员工工作时的后顾之忧，以达到提高工作绩效的目的。

其次，在化解家庭给工作带来冲突过程中，尽量减少心理渗透导致的资源损耗。企业越是设置过多的障碍去阻碍员工进行工作家庭边界行为渗透，员工就会进行越多的工作家庭边界心理渗透，消耗更多的资源，影响工作绩效。所以，对企业来讲可以通过组建工作团队，在团队内部采取柔性工作，允许员工个体时间上灵活地安排工作，在团队整体上保证固定工作时间制，即时刻有人在工作岗位处理事务，这样既解决员工工作家庭冲突，又保证了团队的工作绩效。

最后，对于可采取柔性工作的工作任务而言，优先选择从事创造性程度高的岗位员工，使得这类员工更大程度上自己选择合适的工作时间、场所和工作方式。当然，柔性工作作为一种新型的工作方式，其有效开展实施不是一蹴而就的，需要相关的配套资源，比如由企业出面建立邻里中心、远程工作站和家庭办公室等。

4.4.4　局限性与研究展望

本研究也存在一定的局限，有待后续研究的克服与完善。首先，研究中所有变量采用员工自评方式，客观上可能存在同源方差。虽然我们通过哈曼单因素方差检验，证明数据不存在严重的同源方差问题，但更严谨的做法是采用自评与他评相结合的方式来收集多源数据。其次，本研究相关变量如工作家庭冲突等在每天是具有波动性的，为了提高研究结论的可靠性，未来研究应朝日记调研法等纵向研究发展。此外，本研究仅控制了一些个人因素对员工工作绩效的影响，未来研究应该对可能影响员工绩效的组织因素和管理者因素进行控制。

　　未来研究还可以从下面几个方面进行拓展。首先，柔性工作可分为弹性工作、远程工作等多种形式，未来可以比较不同的柔性工作形式对员工任务绩效的影响情况。其次，本研究仅探讨了柔性工作对员工任务绩效影响的心理渗透机制，但从工作—家庭边界理论可知，员工的边界渗透既有行为渗透也有心理渗透，未来可以同时探究两种不同渗透机制及它们之间的相互影响。此外，本研究仅探究了员工的工作创造性在柔性工作与任务绩效间关系的调节作用，未来可以考虑个人特质的影响，如柔性工作偏好、工作家庭中心性等因素的影响作用，帮助企业制定出更加权变的管理措施。

本章参考文献

[1] 林彦梅，刘洪，齐昕. 工作家庭冲突背景下弹性工作的作用机制研究——基于工作—家庭边界理论 [J]. 商业经济与管理，2019 (12)：78 - 87.

[2] 林彦梅，刘洪. 远程工作计划实施的影响因素与分析模型 [J]. 南京社会科学，2014 (9)：16 - 24.

[3] 马红宇，申传刚，杨璟，等. 边界弹性与工作—家庭冲突、增益的关系：基于人—环境匹配的视角 [J]. 心理学报，2014 (4)：540 - 551.

[4] Allen T D, Johnson R C, Kiburz K M, et al. Work-family conflict and flexible work arrangements: Deconstructing flexibility [J]. Personnel Psychology, 2013, 66 (2): 345 - 376.

[5] Almer E D, Kaplan S E. The effects of flexible work arrangements on

stressors, burnout, and behavioral job outcomes in public accounting [J]. Behavioral Research in Accounting, 2002, 14 (1): 1 –34.

[6] Amstad F T, Meier L L, Fasel U, et al. A meta-analysis of work-family conflict and various outcomes with a special emphasis on cross-domain versus matching-domain relations [J]. Journal of Occupational Health Psychology, 2011, 16 (2): 151 –169.

[7] Ashforth B E, Kreiner G E, Fugate M. All in a day's work: Boundaries and micro role transitions [J]. Academy of Management Review, 2000, 25 (3): 472 –491.

[8] Beal D J, Weiss H M, Barros E, et al. An episodic process model of affective influences on performance [J]. Journalof Applied Psychology, 2005, 90 (6): 1054 –1068.

[9] Byron K. A meta-analytic review of work-family conflict and its antecedents [J]. Journal of Vocational Behavior, 2005, 67 (2): 169 –198.

[10] Clark S C. Work/family border theory: A new theory of work/family balance [J]. Human Relations, 2000, 53 (6): 747 –770.

[11] Golden T D, Veiga J F, Dino R N. The impactof professional isolation on teleworker job performance and turnover intentions: Does time spent teleworking, interacting face-to-face, or having access to communication-enhancing technology matter? [J]. Journal of Applied Psychology, 2008, 93 (6): 1412 –1421.

[12] Grandey A A, Cropanzano R. The conservation of resources model applied to work-family conflict and strain [J]. Journal of Vocational Behavior, 1999, 54 (2): 350 –370.

[13] Hill E J, Grzywacz J G, Allen S, et al. Defining and conceptualizing workplace flexibility [J]. Community, Work and Family, 2008, 11 (2): 149 –163.

［14］ Kattenbach R, Demerouti E, Nachreiner F. Flexible working times: Effects on employees' exhaustion, work-nonwork conflict and job performance ［J］. Career Development International, 2010, 15 (3): 279 - 295.

［15］ Kim S D. Investigating the antecedents and consequences of boundary permeability at work and home ［D］. Cincinnati: The Lindner College of Business of University of Cincinnati, 2015.

［16］ Kossek E E, Thompson R J, Lautsch B A. Balanced workplace flexibility: Avoidingthe traps ［J］. California Management Review, 2015, 57 (4): 5 - 25.

［17］ Matthews R A, Barnes J L. Developmentand initial evaluation of an enhanced measure of boundary flexibility for the work and family domains ［J］. Journal of Occupational Health Psychology, 2010, 15 (3): 330 - 346.

［18］ Matthews R A, Barnes-Farrell J L, Bulger C A. Advancing measurement of work and family domain boundary characteristics ［J］. Journal of Vocational Behavior, 2010, 77 (3): 447 - 460.

［19］ Mirowsky J, Ross C E. Creative work and health ［J］. Journal of Health and Social Behavior, 2007, 48 (4): 385 - 403.

［20］ Morgeson F P, Delaney-Klinger K, Hemingway M A. The importance of job autonomy, cognitive ability, and job-related skill for predicting role breadth and job performance ［J］. Journal of Applied Psychology, 2005, 90 (2): 399 - 406.

［21］ Rothbard N P, Phillips K W, Dumas T L. Managing multiple roles: work-family policies and individuals' desires for segmentation ［J］. Organization Science, 2005, 16 (3): 243 - 258.

［22］ Schieman S, Young M. The demands of creative work: Implications for stress in the work-family interface ［J］. Social Science Research, 2010, 39 (2): 246 - 259.

[23] Smit B W, Maloney P W, Maertz C P, et al. Out of sight, out of mind? How and when cognitive role transition episodes influence employee performance [J]. Human Relations, 2016, 69 (11): 2141 –2168.

[24] Smith C A, Lazarus R S. Appraisal components, core relational themes, and the emotions [J]. Cognitionand Emotion, 1993, 7 (3 – 4): 233 – 269.

[25] Spieler I, Scheibe S, Stamov-Roβnagel C, et al. Help or hindrance? Day-level relationships between flextime use, work-nonwork boundaries, and affective well-being [J]. Journal of Applied Psychology, 2016, 102 (1): 67 –87.

[26] Witt L A, Carlson D S. The work-family interface and job performance: Moderating effects of conscientiousness and perceived organizational support [J]. Journalof Occupational Health Psychology, 2006, 11 (4): 343 – 357.

第 5 章

柔性工作安排与员工公民绩效

实施柔性工作的组织大多具备科技型企业、智力型任务、知识型员工等特征；毫无疑问，在具备这些特征的组织中如何激发员工公民绩效，如提高员工的创新产出，应该成为柔性工作管理要考量的重要议题。在员工公民绩效的诸多行为领域中，本章选择员工创新行为作为结果变量，审视了组织柔性工作安排对员工创新行为的影响机制及其边界条件。

5.1 问题的提出

当前，我国企业正在实现由大变强的历史跨越，面临着由追赶者到领先者的角色转型。例如，以华为为代表的中国后发企业快速崛起，不仅占领了较高的市场份额，而且正在趋近国际技术前沿，成为行业的引领者。在我国企业由"追赶"到"超越追赶"的过程中，不但要面对越来越高的不确定性，更需要应对发达国家及其在位企业的技术封锁和价值链俘获（彭新敏等，2017；吴晓波等，2019）。所以，新形势下，企业唯有坚持创新驱动战略，不断自主创新，才能克服后发劣势、跨越"追赶陷阱"。员工是企业创新活动的行为主体，实施创新驱动发展战略，必须把人才开发作为战略基点，增强企业创新发展的内生动力（赵曙明，2016）。因此，如何激发员工的创新行为成为提高企业创新能力的关键，也成为理论界和实践界关注的热点问题。

已有员工创新行为的影响因素研究表明，在个人层面上人口统计学变量、人格特质、认知风格、动机与能力等因素对员工创新行为有显著作用（Hammond et al.，2011；Yuan and Woodman，2010；Birdi et al.，2016）；在组织层面上员工社会关系、领导风格、组织氛围、企业文化、制度环境等因素也影响员工创新行为的形成（Zhang and Bartol，2010；Shanker et al.，2017；Schuh et al.，2018）。显而易见，在这些因素中，很多是相对稳定且难以为管理当局所能改变；一些学者探讨工作设计这一组织干预手段对于员工创新行为的影响，以期找到提升员工创新行为的可操作途径。基于资源保存理论、工作要求—控制模型、工作要求—资源模型，研究者认为，通过合理的工作设计，降低工作要求，提升工作控制或工作资源，能够促进员工创新行为（Axtell et al.，2000；杨皖苏和杨善林，2018；孙健敏等，2018）。

也有学者指出，柔性工作不仅是增强运营的灵活性、保留和吸引优质员工、缓解员工的工作—生活冲突和工作压力，提升员工工作满意度与绩效的重要途径（Masuda et al.，2012；Berkery et al.，2017；Azar et al.，2018），也具备有利于创新的工作特征，如时间弹性和地点弹性赋予了员工更多的自主权，提升了工作控制和工作资源，从而促进了员工内在动机和创新行为的产生（Coenen and Kok，2014；Sripirabaa and Maheswari，2015）。然而，相关的研究结论并不统一。比如有研究认为，柔性工作在某些情况下产生了社会互动减少、知识分享意愿降低、创造力减弱等负面结果，反而损害了员工创新行为的产生（Raghuram，1996；Chang et al.，2012）。

　　针对柔性工作与员工创新行为关系的不确定性，本研究认为，需要重新审视柔性工作对员工创新行为的影响机制并探索其有效性的边界条件。影响机制方面，相关柔性工作与员工创新行为的研究，大多将组织的柔性工作安排作为一种授权行为，从工作场所授权的社会结构观点出发，探讨了其与员工创新行为的联系。然而，忽视个体对授权行为的感知与心理体验，孤立地判断授权行为的作用效果存在局限。员工只有在心理上意识到授权，授权才能够产生内在激励，进而导致态度和行为上的转变（Conger and Kanungo，1988；Spreitzer，1995）。因此，将心理授权概念化为一种关键作用机制，有助于解释柔性工作对员工创新行为的影响。边界条件上，人与环境匹配理论认为，个体的心理与行为受到工作特征与个体特征的共同影响（Kristof et al.，2005），换言之，柔性工作对员工创新行为的影响机制和影响程度，可能存在个体差异，研究需要考虑个体特征与工作特征的交互作用。

　　鉴于此，本章将组织的柔性工作安排视为一种社会结构式授权实践，遵循社会结构授权—心理授权—员工行为的逻辑，以心理授权作为柔性工作与员工创新行为关系间的中介变量，并聚焦于人—工作匹配视角，探讨柔性工作的供给—需求匹配、要求—能力匹配对员工创新行为的差异化影响，进而探索有利于员工创新行为的柔性工作相关匹配形态的促进机制，以期为旨在提高员工创新行为的柔性工作管理实践提供启示。

5.2　理论模型与假设

5.2.1　理论模型构建

　　长期以来，工作设计一直被认为是员工工作创造性表现的重要贡献要素，如自主的、复杂的、有挑战性的工作设计将会促进工作中的创造性成就

（Oldham and Cummings，1996；Langfred，2004；Hammond et al.，2011）。柔性工作作为给予员工更多自主权的一种工作方式（Kossek et al.，2015；Thompson et al.，2015），也被认为是提高员工创造力与创新行为的有效举措。相关研究大多基于工作要求—资源模型认为，柔性工作安排通过赋予员工更多的自主权，增加了工作资源；通过减少员工工作—家庭冲突、角色冲突，降低了工作要求，从而促进了员工创新行为（Vega，2015；Sripirabaa and Maheswari 2015；Coenen and Kok，2014）。工作要求—资源模型通过工作资源的动机促进过程以及工作要求的能量消耗过程，为分析柔性工作安排与员工创新行为的关系提供了良好的工具。然而，遗憾的是，基于这种观点的研究，也产生了不一致的结果。例如，已有研究也发现了工作自主性等工作资源的负面效应（Chang et al.，2012；Mazmanian et al.，2013；Wong and Giessner，2018）。类似地，工作要求也不总是与员工创新行为负相关，甚至会起到促进作用（Shalley and Gilson，2004；Unsworth and Clegg，2010；Shin et al.，2017）。

从以上可以发现，现有研究大多将柔性工作安排作为一种管理实践，从工作场所授权的社会结构观点出发，认为通过实施柔性工作可以创造一个赋权的组织、工作环境，并探讨了其与员工创新行为的关系。然而，一些研究者认为，社会结构授权只分析了员工授权所必需的社会结构特征，而没有涉及员工层面的心理感知，存在局限（Spreitzer，1995）。鉴于员工和管理人员之间对于授权的认知和期望往往存在分歧，这意味着授权的有效性不仅仅包括权力的分享措施，还应特别关注员工对于授权的情绪反应。大量组织行为学的研究也发现，组织的授权赋能行为能够促进员工创造力和创新行为，但他们也指出，决定组织授权行为效果的关键在于下属对这种授权行为的心理认知，即心理授权。只有员工在心理上意识到了这种授权，授权才能够产生内在激励，进而激发员工的创造力和创新行为（Spreitzer，1995；Zhang and Bartol，2010；李永占，2018）。从这个意义上出发，柔性工作安排作为一项社会结构授权行为，其对员工创新行为的影响,也取决于员工对柔性工作的感知以及由此获得的心理授权水平的高低,即柔性工作对员工创新行为影响机制的研究,需要将柔性工作这一社会结构授权形式,与员工心理授权联系起来,从结构授权与心理授权的综合视角展开研究。

另外,现有研究一直局限于工作特征的影响,员工个人特征的作用被忽视了,而这可能是他们适应工作环境的重要决定因素(Schaufeli and Taris,2014)。一些学者指出,柔性工作员工的创新产出存在个体差异,不同的员工对柔性工作的偏好是不同的,不同的员工成功实施柔性工作的能力也不尽相同,即不是所有的员工都能够从柔性工作中获益,相关研究需要考虑个体特征与工作特征的交互作用(Shockley and Allen,2010)。这一观点与人与环境匹配理论相吻合,该理论认为,个体的心理与行为受到个体与其工作环境之间的兼容性的影响,积极的结果在个体特征与工作特征能够较好地匹配时发生(Kristof et al.,2005)。例如,员工的需要、愿望以及偏好能够被其工作提供的资源和机会所满足(需求—供给匹配),或者员工的知识技术能力、努力程度、工作时间能够符合其所履行的工作的要求(要求—能力匹配)。因此,本研究旨在通过整合人与环境匹配理论与工作要求—资源(JD-R)模型,从个人特征和工作特征的交互视角来探讨柔性工作安排与员工创新行为的关系。我们认为,柔性工作供给作为一种工作资源,其对员工创新行为的动机促进机制受到员工需求的影响;柔性工作要求作为一种工作要求,其对员工创新行为的能量消耗机制受到员工能力的影响。依据供给—需求、要求—能力的不同组合,可以将其分别细分为四种不同形态,如图5-1所示。

从图5-1可以看出,供给—需求组合可分为高供给—高需求匹配、低供给—低需求匹配、供给过剩以及供给不足四种形态;而要求—能力组合可以分为高要求—高能力匹配、低要求—低能力匹配、要求过度以及要求不足四种形态,通过分析不同匹配形态下柔性工作对员工心理授权和创新行为的差异化作用,有助于厘清柔性工作与员工创新行为的复杂关系,更

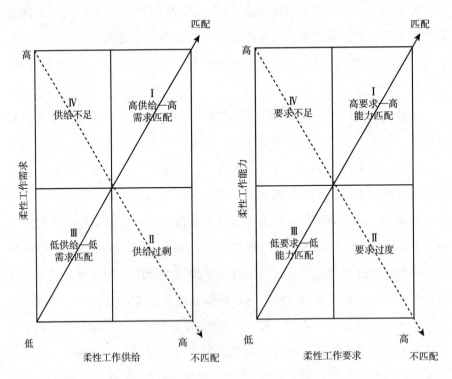

图 5 – 1 柔性工作的供给—需求、要求—能力匹配形态

资料来源：齐昕等（Qi et al.，2023）。

好地解释柔性工作对员工创新行为影响差异性的原因。综上所述，本章将社会结构授权形式与员工心理授权联系起来，以心理授权作为柔性工作与员工创新行为关系之间的中介变量，从人—工作匹配的两种形式：需求—供给匹配、要求—能力匹配出发，分析不同匹配形态下柔性工作对员工创新行为的影响，理论模型如图 5 – 2 所示。

5.2.2 研究假设发展

（1）柔性工作供给—需求匹配对员工创新行为的影响

自我决定理论认为，自主的环境能够满足个体基本的心理需求，促进

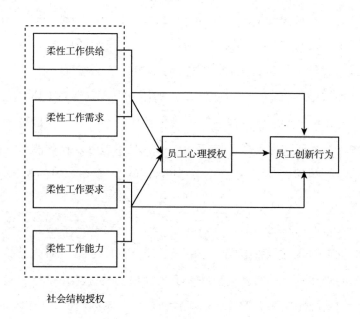

图 5 - 2　柔性工作人—工作匹配对员工创新行为的影响机制模型

资料来源：笔者自行绘制。

因果关系的内部感知以及外部动机的内化和整合，进而增强个体的内在动机（Deci et al. , 2017），而提升员工内在动机，是促进员工创新行为的重要手段之一（Amabile，1997；Hammond et al. , 2011）。因此，组织通过柔性工作供给，给予员工在工作时间、地点、方式上更多的选择权，能够显著提升内在动机，促进员工创新行为的形成。相关研究指出，一方面，柔性工作供给通过提高员工的工作自主性感知，使他们产生更高的工作责任感和更好完成任务的动机，有助于工作过程中的创意产生和创造性地解决问题；另一方面，实施柔性工作还提高了员工主动性和独立承担风险的意愿，使他们更加愿意尝试其他更为高效的工作方式与方法，并形成创造性的产出（Joo et al. , 2014；Vega, 2015；Sripirabaa and Maheswari, 2015），而那些缺乏工作自由裁量权的员工，则受限于工作程序和方法，创新能力受到扼杀（Volmer et al. , 2012；王永丽等，2012）。吕霄等（2018）则聚焦于特殊协议待遇这一柔性工作类型，发现特殊协议待遇能够培育员工的积极情绪、内在动机与工作主动性，进而在工作中表现出更多的适应环境变化和工作要求的创新行为。然而，还有一些研究认为，柔性工作供给并不总是对员工创新行为产生积极的影响，某些情况下还会产生负面的效应。如昌等（Chang et al.，2012）的研究发现，在高工作自主性的工作中，员工并不会产生更多的创新行为；相反，某些员工在低任务自主性的工作情境中，创造力更高。吴等（Wu et al.，2014）在预测员工创新行为时，发现有些情况下，灵活工作岗位对员工创新活动的影响效应不显著。

　　基于人—环境匹配理论，研究认为，综合供给和需求两方面来判断柔性工作对员工创新行为的影响，有助于解释上述不一致的研究结论。有关柔性工作的研究发现，如果不是基于员工导向的柔性工作供给，员工并不会觉得他们从柔性工作中受益，还经常会产生一系列负面效应（Berkery et al.，2017；Uglanova and Dettmers，2018）。同时，不同的工作—生活边界管理战略、自我效能感以及角色管理能力，决定了员工对于柔性工作的需求程度存在差异（Rau and Hyland，2002；Lapierre et al.，2016），进而产生了不同的柔性工作供给—需求的匹配感知。当柔性工作供给小于需求时（如图 5 - 1 左第 IV 象限），不足的柔性工作供给会造成员工需求得不到满足，导致紧张、冲突和消极情绪，心理资源的损耗使员工的创新潜能难以得到充分发挥（Chilton et al.，2010）。当柔性工作供给大于需求时（如图 5 - 1 左第 II 象限），过剩的柔性工作供给加剧了员工的角色冲突，使员工对工作产生"盲目感"，导致员工松懈和大量无效的探索行为（马红宇等，2014；胡进梅和沈勇，2014），或是感到"缺乏领导"与"不受重视"（Wong and Giessner，2018），也不利于员工创新行为的产生。只有在供给—需求匹配的情况下，柔性工作才能对员工创新行为发挥出最大的效用。可以提出以下假设：

　　H_{5-1}：相对于柔性工作供给与柔性工作需求的不匹配状态，供给—需求匹配的状态下，员工的创新行为更高。

柔性工作供给与柔性工作需求的匹配还存在高供给—高需求匹配（如图 5-1 左第Ⅰ象限）和低供给—低需求匹配（如图 5-1 左第Ⅲ象限）之分。依据自我决定理论，个体的动机是从缺乏动机到外部动机再到内部动机的连续体，无动机状态下，个体表现为一种"去动机行为"，行动无目标，循规蹈矩，缺乏创意；相反，拥有内部动机的员工往往拥有更为良好的情绪、认知和工作态度，能够主动、积极地适应环境和解决难题，表现出更高的创新行为（Ryan and Deci，2000；刘靖东等，2013）。同时，内部动机源自对个体基本需要的满足程度，因此，可以认为，在组织不提供柔性工作且员工也没有柔性工作需求的无动机状态，以及低度供给和低度需求的状态，即便是供给和需求达到了匹配，也不会对员工的创新行为形成较大的影响；而当员工有较高的柔性工作需求并被组织满足时，就会形成更高的内部动机并促进创新行为。综上所述，可以提出以下假设：

H_{5-2}：相对于柔性工作的低供给—低需求匹配状态，高供给—高需求匹配状态下，员工的创新行为更高。

（2）柔性工作要求—能力匹配对员工创新行为的影响

在工作要求与员工的创新行为的关系上，现有研究存在两种截然相反的观点。基于唤醒理论的观点认为，工作要求能够促进员工的创新行为，因为它能够产生对创造性解决方案的需求以及提供创造性思维所必须的认知刺激和激励唤醒，进而增强员工创新行为（Janssen，2000；Byron et al.，2010）。基于认知资源理论的研究则发现，工作要求提高了员工工作压力，如果将有限的资源投入压力应对中，那么便减少了可用于其他任务的认知资源，从而导致狭隘的注意力焦点，并产生了破坏创新的更加简单的认知策略和路径依赖（Eysenck，1995；Zhang et al.，2017）。

还有一些学者提出，工作要求与员工创新行为的关系，取决于工作要求的程度与性质。适度的工作要求能够促进员工创造力和创新行为的产生，而那些超负荷的工作要求则会产生过度的工作压力，不利于员工创新行为（Amabile，1996；朱苏丽和龙立荣，2010）。工作要求的性质也区别地影响员工创新行为，个体如果把工作要求评估为挑战性的工作要求，就会实施创新行为来积极应对问题；而那些被评估为障碍性的工作要求，则会引发负面情绪和消极应对的策略，不利于创新行为的产生（李新建和李懿等，2017；Ren and Zhang，2015）。

结合上述研究，可以推断，柔性工作要求与员工创新行为的关系，取决于柔性工作要求的程度与性质，而对于其程度与性质的评估，又受到员工柔性工作能力的影响，因为工作能力导致了个体对工作要求水平和性质的独特认知（Crawford，2010）。在柔性工作要求大于员工能力的情况下（如图 5 - 2 右第 Ⅱ 象限），过度的工作要求催生了工作压力，资源更多地被投入压力应对中，侵占了创新行为所需的认知资源，不利于员工的风险承担、替代性思考以及问题解决能力的培育（Choi，2004）。能力的不足也加剧了员工对于创新行为的风险感知，从而在工作中采取规避风险、依从惯例等被动的应对方式（Choi and Price，2005；Luthans et al.，2007；王雁飞等，2019），而对风险的倾向是影响个体追求创造性和创新行为的关键因素（Ford，1996）。当工作能力无法应对工作要求时，个人的努力或行为难以获得预期的积极结果，这种不可控的情境会减低员工的创新自我效能感和创新行为（Yuan and Woodman 2010；Byron et al.，2010；Shin et al.，2017）。而在柔性工作要求小于员工能力的情况下（如图 5 - 2 右第 Ⅳ 象限），不足的工作要求难以产生创造性思维所必须的认知刺激和动机唤醒，员工并不需要设计创造性解决方案就能轻松应对工作要求，从而不利于员工创新行为的产生（Choi，2004）。

只有当员工拥有与柔性工作要求相匹配的能力时，他们才不会将工作要求视为超负荷的或是障碍性的，反而会依据工作要求来调节创造性行为水平，通过创新活动来应对强化的任务要求情境（Bunce and West，1995；Choi，2004）。技能与岗位匹配的员工被认为具有足够的理解力和资源来满足其工作要求，并且具有更强的创新过程管理天赋并表现出更多的创新行为（Huang et al.，2019）。那些能力与工作要求相匹配的员工，能够在工作中产生积极的情绪体验和更高水平的内部动机，进而实施更多的创新行为（Afsar et al.，2015）。综上所述，可以提出以下假设：

H₅₋₃：相对于柔性工作要求与柔性工作能力的不匹配状态，要求—能力匹配的状态下，员工的创新行为更高。

同样，柔性工作要求与柔性工作能力的匹配还存在高要求—高能力匹配（如图 5 - 1 右第Ⅰ象限）和低要求—低能力匹配（如图 5 - 1 右第Ⅲ象限）状态。如前所述，个体需要一定程度的工作要求来刺激、唤醒内在动机，引发创新行为。依据激活理论，当激活处于中间水平时，个体被假定为"最佳刺激"，因为适度的激活水平与其"特征"激活水平相匹配，从而可以最大限度地利用认知资源并最具创造性（Gardner，1990）。个体在中等水平的工作要求下最具创造性，因为适度的激活水平会增加任务参与度，从而最大限度地利用认知资源，减少负面影响，并增加积极情感；相反，太少或太多的激活都可能导致参与缺乏和认知干扰，妨碍员工创新行为的产生（Baer and Oldham，2006；Byron et al.，2010）。因此，可以认为，较高或较低的要求—能力匹配均导致了次优刺激，中等程度的要求—高能力匹配状态下，员工创新行为更高。综上所述，可以提出以下假设：

H₅₋₄：相对于柔性工作的低要求—低能力的匹配状态以及高要求—高能力匹配状态，中等水平的要求—能力匹配状态下，员工的创新行为更高。

（3）柔性工作的供给—需求匹配、要求—能力匹配与心理授权

心理授权是个体对授权的一种认知状态，包括对意义、自我决定、胜任力和影响力四个方面的感知（Spreitzer，1995）。心理视角的授权理论认为，员工被赋予权力是不够的，他们必须意识到他们被赋予了权力，只有这种意识才能使他们在组织中发挥作用。同时，授权意识的产生需要考虑具体的情境，个体对授权的认知存在差异（Langfred，2004）。员工对授权的看法似乎不一定总是积极的，某些情况下，员工可能并不欢迎赋权倡

议，甚至可能会抵制这些举措（Labianca et al.，2000）。因此，组织的柔性工作安排作为一项授权行为，多大程度上能引发员工的心理授权，也需要结合员工的个体差异来考量。相关柔性工作的研究指出，不同的员工对柔性工作的偏好是不同的，不同的员工实施柔性工作的能力也不尽相同，由于员工对柔性工作的需求程度以及实施能力方面存在个体差异，可能使得不同的个体对组织的柔性工作安排认知程度存在差别，继而表现为不同的心理授权水平。

就供给—需求匹配而言，首先，柔性工作的供给—需求匹配能够使员工感觉到更多的工作意义，因为工作意义源自工作环境和员工需求、信念、价值观的一致性（Seibert et al.，2004），而柔性工作的供给—需求不匹配则会对员工的工作意义感知产生消极作用。其次，柔性工作供给—需求匹配还能够转化为员工对于工作环境的掌控感，使他们产生积极的影响力和胜任力认知（Gregory and Albritton，2010）。反之，过少的柔性工作供给使员工需求得不到满足，则会降低员工对工作资源、工作控制的感知，使其产生紧张、冲突等负面情绪，心理资源的损耗会引发影响力和胜任力水平显著下降（赵瑜等，2015）。而过度的柔性工作供给则会造成工作边界过弱，加剧了员工的角色间冲突，形成角色模糊、角色超载等结果，也不利于员工影响力和胜任力的产生（Rau and Hyland，2002；Fernet et al.，2013）。王和吉斯纳（Wong and Giessner，2018）研究也发现，当授权的程度超出员工的期望时，它可能被员工解释为"不受重视""自由放任"，从而降低员工的影响力感知。最后，自我决定意味着员工拥有对工作方式选择、工作过程安排的自由裁量权；因此，如果一个员工有需求进行柔性工作而不被允许，或者没有柔性工作需求而"被允许"柔性工作，都会降低其自我决定认知，只有员工的柔性工作需求和组织的柔性工作供给一致时，他才能感知到高度的自我决定。综上所述，可以提出以下假设：

H_{5-5}：相对于柔性工作供给与柔性工作需求的不匹配状态，供给—需求匹配的状态下，员工的心理授权更高。

同时，依据期望理论，员工对柔性工作不同的需求程度决定了组织柔性工作供给的效价存在差异，继而导致其认知进程、心理状态和行为表现的分化。因此，可以推断，当员工的柔性工作需求越高且被组织满足时，他们会感知到更高的工作意义、自我决定、胜任力和影响力，即其心理授权更高，假设如下：

H_{5-6}：相对于柔性工作的低供给—低需求匹配状态，高供给—高需求匹配状态下，员工的心理授权更高。

从要求—能力匹配来看，同样，员工只有在柔性工作的要求和能力匹配状态下才能感觉到更多的工作意义、自我决定、胜任力和影响力。如前所述，员工的柔性工作能力决定了其对柔性工作要求程度与性质的评价。一方面，当个体感知自己的工作能力不足以应对工作要求时，就会认为工作要求是超负荷的或是障碍性的，造成资源损失威胁并引发心理压力等一系列负面情绪，从而降低员工对于柔性工作的认可程度。例如，德容和肖费勒（De Jonge and Schaufeli，1998）通过维他命模型验证了工作要求与员工工作满意度、焦虑、情绪衰竭等心理状态的关系。研究发现，工作要求对个体心理健康的影响与维生素 A、维生素 D 作用于人体的方式相似，工作要求的存在最初对员工的心理健康有益，然而，当工作要求超过一定的水平，类似于过度的维生素 A、维生素 D 摄入量会产生毒性，它也会导致员工焦虑与情绪衰竭，不利于员工对于工作意义的感知以及胜任力和影响力的生成。同时，当工作能力无法应对工作要求时，个人的努力或行为难以明显地影响结果，这种不可控的情境会阻碍基本的心理需求，例如对自我决定和胜任力感知的需要（Byron et al.，2010）。工作要求高于工作能力，意味着资源的相对缺乏，个体易陷入资源的损失螺旋，导致进一步的资源枯竭，并随着时间的推移产生职业倦怠，降低对于工作意义的认知（Crawford et al.，2010）。另一方面，当个体感知自己的工作能力高于工作要求时，同样会降低对于柔性工作的心理认知。例如利文斯通等（Livingstone et al.，1997）指出，当员工的能力超过工作要求时，就会使一些重要的动机如自我利用的需要得不到满足，从而导致焦虑和紧张等负面结果，不利于胜任力的产生。如果工作要求过低，不能够完全展现自己的工作能力，那么员工会觉得工作不具有挑战性，从而损害了员工对于工作意义的感知和个人成就感的体验（Crawford et al.，2010）。综上所述，可以提出以下假设：

H_{5-7}：相对于柔性工作要求与柔性工作能力的不匹配状态，要求—能力匹配的状态下，员工的心理授权更高。

同时，如前所述，过多的或过少的工作要求都偏离了员工的特征激活水平，只有适度的工作要求才能形成"最佳刺激"，并取得更为积极的心理、情绪状态和行为效率（Gardner，1990）。尽管员工的工作能力能够在一定程度上缓冲过度工作要求的负面影响，但根据资源保存理论，资源损失在影响程度和影响速度上比资源收益更加突出，通过资源投入可以减少资源损失，但不能完全抵消资源损失的影响。换言之，即使员工的能力很高，也不能完全抵消过度的工作要求产生的负面作用（Hobfoll and Ford，2007）。可以推断，适度的柔性工作要求—能力匹配状态下，员工会感知到更高的工作意义、自我决定、胜任力和影响力，即其心理授权更高，假设如下：

H_{5-8}：相对于柔性工作的低要求—低能力匹配状态以及高要求—高能力匹配状态，中等水平的要求—能力匹配状态下，员工的心理授权更高。

（4）心理授权与员工创新行为

心理授权被认为是内部工作动机的直接诱因，而内部工作动机是员工创新行为的前提（Amabile，1997；李永占，2018），已有广泛的研究证明心理授权的四个维度对员工创新行为均具有积极的促进作用。首先，工作意义意味着员工对自己工作角色的认同，当他们感知到工作有意义时，便会倾向于花费更多的时间和精力，从多个视角理解问题，寻求各种可能性的解决办法，最终形成较优的工作方式与方法（Zhang and Bartol，2010）。对工作意义的感知还能够提升员工的自我实现感，使他们乐于主动地迎接挑战，积极探索。其次，自我决定是员工创新行为产生的必要条件。只有拥有高度的工作自主权，才能够使员工不受规则的约束，敢于打破惯例，尝试以新思路、途径完成任务（刘景江和邹慧敏，2013）。自我决定提高了员工对于工作的当责感，增加了工作积极性和学习能力，进而提升了员工创新行为（陈国权和陈子栋，2017）。作为一种工作资源，自我决定还能够缓解工作压力、倦怠等不利于创新行为产生的负面因素，形成有利于创新行为产生的工作情境（Singh and Sarkar，2012）。再次，影响力指个体对其在组织或其他员工中的重要性的感知，具有高影响力感知的员工能够主动地参与决策，能动性较高，从而会创造性地处理问题（Sun and Zhang，2012）。为了获得更多的价值体验并维持影响力，员工会寻求更加有效的方法去完成工作，从而促进了创意的产生、推广和应用（孙永磊等，2016）。最后，胜任力指员工对自己是否具备成功完成任务的能力的感知，它决定了员工行为的选择性和持续性。具有高胜任力感知的员工倾向于选择挑战性的工作任务，富有冒险精神，而低胜任力感知的员工往往观念保守，墨守成规，缺乏自信，不敢尝试。面对困难时，高胜任力感知的员工还能够更为持续地探索解决办法，这对新颖创意的产生和实施至关重要（Moulang，2015）。综上所述，可以提出以下假设：

H_{5-9}：员工的心理授权对员工创新行为有正向影响。

（5）心理授权的中介作用

大量组织行为学的研究发现，组织通过一系列的授权赋能行为和实践，强调与员工分享权力和责任，可以创造一个赋权的组织、工作环境，并取得特定的绩效。同时，研究也指出，在社会结构性授权和其绩效结果之间，还存在一个个体对授权行为的感知与体验的心理过程，即心理授权，其直接决定了授权行为的作用效果（Conger and Kanungo，1988；Spreitzer，1995）。越来越多的授权研究将心理授权概念化为一种关键机制，来解释社会结构赋权对相关态度、行为以及绩效的影响，研究结论显示出高度的一致性，心理授权被发现是社会结构赋权及其结果的一个重要的中介因素。相关的实证分析也指出，心理授权是组织授权行为与员工创造力、创新行为关系的关键中介机制（Knol and Van Linge，2009；Zhang and Bartol，2010）。如前文所述，组织通过一定的柔性工作供给，给予员工在工作时间、地点、方式上更多的选择权，可以满足其自主性、胜任力等基本需求，显著提升员工内在动机，从而促进员工创新行为的形成。组织还可以通过适当的柔性工作要求，营造挑战性的工作氛围，使员工达到最佳的唤醒和激活状态，进而引发创新的反应。在此过程中，员工对于柔性工作的供给—需求匹配、要求—能力匹配的认知决定了他们从心理上对柔性工作安排的接受和认可程度，继而决定了其在创新行为方面的表现。

一系列访谈和案例研究也提供了定性的证据。例如，龙等（Long et al，2013）通过对8名中国远程工作者的深度访谈得出，远程工作这一柔性工作安排契合了"80后"员工的需求和能力，让其体验到更多的工作意义、更高的工作自主性和胜任力感知，使他们愿意、能够学习并应用相关领域的最新知识，从而带来了创新行为的提升。为了提升员工的创造性活动，腾讯、华为、联想等科技型企业，均在工作设计中引入了柔性工作选项，认为柔性工作赋予了有需求、有能力的知识型员工自我决定的权力，能够满足其在工作成就感和影响力等方面的高层次要求，进而更充分地调动他们的工作激情和创新行为。因此，提出如下假设：

H_{5-10}：柔性工作的供给—需求匹配通过影响心理授权对员工创新行为产生间接效应。

H_{5-11}：柔性工作的要求—能力匹配通过影响心理授权对员工创新行为产生间接效应。

5.3　研究设计

5.3.1　变量测量

本章的量表均参考相关外文文献，为确保这些量表在中国情境下的有效性，研究通过并行及双盲的方式对量表进行中英文互译和语义修正，并邀请相关专家、MBA 学员进行审核与试测，最终确定了合适的中文测量条目。

（1）柔性工作需求—供给匹配、要求—能力匹配的测量

德·梅内塞斯和凯利赫（De Menezes and Kelliher，2011）认为，现有组织的柔性工作安排大多是非正式的，研究应关注柔性工作的可提供程度而非已提供程度，员工对柔性工作安排的感知是一个连续统一体，而不是安排、不安排的二分法（Hill et al.，2008）。因此，本研究对柔性工作需求—供给匹配、要求—能力匹配的测量采用主观间接测量的方法，即通过单独评估员工对柔性工作供给、需求、要求、能力的程度感知，来衡量员工柔性工作需求—供给匹配、要求—能力匹配的匹配程度。研究还通过直接测量的方法，测量员工所感知的柔性工作需求—供给匹配、要求—能力匹配的整体程度，进行研究的稳健性检验。

柔性工作需求—供给匹配、要求—能力匹配的直接测量，沿用凯布尔和德鲁埃（Cable and DeRue，2002）对于工作需求—供给匹配、要求—能力匹配的测量方法，分别采用三个题项衡量员工对于组织柔性工作需求—供给匹配、要求—能力匹配的整体感知程度。在间接测量方面，学者指出，采用多项式回归的方法评价人与环境的匹配关系，需要考虑个人、环境变量的量表结构和性质的相似性，如概念领域一致、量表题项数一致、测量尺度一致等（Edwards，2002；Shanock et al.，2010）。因此，本研究

参考盖尼和克莱尼（Gainey and Clenney, 2006）、罗森等（Rosen et al., 2013）的研究，并基于柔性工作的概念，对柔性工作供给、柔性工作需求各设计三个问项，评估员工对于组织柔性工作供给以及个人柔性工作需求的感知程度。参考布文杜夫（Bledow, 2010）、马修斯等（Matthews et al., 2010）的研究，对柔性工作要求、柔性工作能力各设计三个问项，评估员工对于组织柔性工作要求以及个人柔性工作能力的感知程度。问卷所有题项均采用李克特七点式记分，从1（非常不符合）到7（非常符合）。量表的具体内容如表5-1所示。

表5-1　　柔性工作需求—供给匹配、要求—能力匹配的间接与直接测量量表

量表名称	编码	测量条目
柔性工作供给（OS）	OS1	我能够对我工作的时间、地点、方式进行一定的控制
	OS2	我拥有一定的调整工作时间、地点、方式的权力
	OS3	组织在安排工作时间、地点、方式时会顾及我的需要
柔性工作需求（EN）	EN1	对于工作时间、地点、方式的控制对我很重要
	EN2	拥有调整工作时间、地点、方式的权力对我的工作—生活平衡很重要
	EN3	柔性工作安排是我寻求工作所考虑的重要因素
柔性工作要求（OD）	OD1	为了完成组织的柔性工作要求，我必须全力以赴
	OD2	为了达到我的柔性工作目标，我必须每天努力工作
	OD3	为了实现领导的柔性工作期望，我必须每天投入大量精力
柔性工作能力（EA）	EA1	我对自己处理柔性工作的能力评价很高
	EA2	我拥有很好完成柔性工作目标的知识、技术能力
	EA3	我能够胜任我现在的柔性工作安排
供给—需求匹配（NS）	NS1	柔性工作所能提供给我的和我在工作中所寻求的是一致的
	NS2	我在工作中所寻找的在柔性工作安排中得到了很好的满足
	NS3	柔性工作给了我希望从工作中得到的东西

续表

量表名称	编码	测量条目
要求—能力匹配 （DA）	DA1	柔性工作要求和我的个人技能非常匹配
	DA2	我的能力和训练与我的柔性工作要求非常适合
	DA3	我的个人能力和教育使我能够很好地适应柔性工作要求

资料来源：笔者自行绘制。

（2）心理授权的测量

心理授权的测量，应用最广泛的仍是斯普雷策（Spreitzer，1995）四因子 12 问项的量表。她把心理授权划分为意义、自我决定、胜任力和影响力四个维度，每个维度分别设计三个题项进行测量。崔（Choi，2007）对斯普雷策（Spreitzer，1995）的心理授权量表进行了简化，设计了三个问项的心理授权量表。但崔（Choi，2007）的量表只包括意义、自我决定、胜任力三个维度，并不全面。因此，研究在沿用崔（Choi，2007）的量表基础上，参考斯普雷策（Spreitzer，1995）、李超平等（2006）的研究，加入一项影响力维度的问项，设计四个题项对心理授权进行测量。这一量表已被证明在中国情境下具有良好的信效度（齐昕等，2017）。研究问卷所有题项均采用李克特七点式记分，从 1（非常不符合）到 7（非常符合），分值越高代表员工的心理授权程度越高。量表的具体内容如表 5 - 2 所示。

表 5 - 2　　　　　　　　　　　　心理授权量表

量表名称	编码	测量条目
心理授权 （PE）	PE1	我所做的工作对我来说非常有意义
	PE2	在决定如何完成我的工作上，我有很大的自主权
	PE3	我对自己完成工作的能力非常有信心
	PE4	我对发生在本部门的事情的影响很大

资料来源：笔者自行绘制。

（3）员工创新行为的测量

为了衡量个人的创新行为，斯科特和布鲁斯（Scott and Bruce，1994）基于坎特（Kanter，1988）的创新阶段研究，并通过访谈制定了一个包含六个项目的创新行为量表。该测量要求，每位参与被测者的主管，对其下属在创意搜索、创意产生、创意推广、寻求实施资源、创意实施、总体创新感受六个方面做出评价。从现有的相关文献来看，这一量表不管是在国外文献还是在国内文献中都表现出了较好的信度与效度水平（Yuan and Woodman，2010；王艳子，2018；王雁飞等，2019）。本章也选用这一量表，根据主管对其下属在六个问项上的评价来测量员工的创新行为。采用李克特七点式记分，从 1（非常不认同）到 7（非常认同），测量分值越高代表员工创新行为程度越高。量表的具体内容如表 5-3 所示。

表 5-3　　　　　　　　　　　员工创新行为量表

量表名称	编码	测量条目
员工创新行为 （IB）	IB1	该员工常常会寻找一些新的科技、工艺、技术或产品创意
	IB2	该员工经常会产生一些有创意的想法
	IB3	该员工经常会推销自己的创意以获得支持和认可
	IB4	该员工经常会想办法争取实现创意所需要的资源
	IB5	该员工经常会积极制定计划来实施新创意
	IB6	总体上，该员工是有创新精神的

资料来源：笔者自行绘制。

（4）控制变量

哈蒙德等（Hammond et al.，2011）、蒂林斯等（Thurlings et al.，2015）指出，诸如性别、年龄、教育程度、工作年限等人口统计学变量以及员工的工作强度有可能对创新行为产生显著的积极影响，因此，本研究拟将以上变量作为控制变量。其中，对员工的性别、教育程度进行虚拟变量处理，男性、专科以下为 0，女性、专科以上为 1。

5.3.2　数据收集与样本

本研究需要获取柔性工作供给、柔性工作需求、柔性工作要求、柔性工作能力、员工心理授权和员工创新行为等数据，而这些数据难以通过其他渠道如档案资料、工作记录中获取，因此采取问卷调研的方式获取相关数据。

（1）样本对象选择

作为中国改革开放的先行区，长三角地区是最发达的地区之一，该地区企业的管理实践和经验对中国其他地区的企业具有相对的代表性和参考价值。同时，由于工作的性质和人力资本的构成，IT 企业最有可能提供更大范围的灵活工作安排（Sweet et al.，2014）。2015 年一项对于我国远程工作员工的调查报告显示[1]，我国远程工作者行业分布中，软件开发（50.8%）及设计（25.4%）类工作者占据远程工作群体绝大多数，共同占据整个群体中 3/4 的比重。鉴于柔性工作的发展程度和员工创新行为在 IT 行业中的重要作用，本研究采用实地调查的方法，走访了江苏、安徽等长三角地区共 26 家 IT 企业。

（2）数据收集

在各参与企业人力资源经理的帮助下，我们邀请了 355 名柔性工作员工和 86 名主管来回答我们的问卷。向 86 名主管发放了 355 份主管问卷，以测量其下属员工的创新行为。通过事先联系，我们确保 355 份主管调查问卷全部返回。另外 355 份员工问卷被分发给 355 名柔性工作员工，用于测量他们的柔性工作需求、柔性工作供给、柔性工作要求、柔性工作能力以及心理授权和相关控制变量。由于部分员工缺勤、外出，有 323 名员工对我们的调查做出了回应。通过主管—员工问卷配对，并删除无效问卷

---

[1]　一早一晚，"远程工作元年 | 2015 国内远程工作群体报告"，http：// yizaoyiwan. com。

（如多项空白、连续相同打分等），最终得到 315 对数据。样本有效率为 88.7%。

样本中，男性有 154 人，占比 48.89%，女性有 161 人，占比 51.11%；年龄在 26～35 岁的员工 192 人，占比 60.95%，25 岁以下的员工 102 人，占比 32.38%，36～45 岁的员工 21 人，占比 6.67%，没有 46 岁以上的员工；教育程度上，89.52% 的员工具有大专或本科学历，硕士及以上的员工 26 人，占比 8.26%，高中（中专）及以下 7 人，占比 2.22%；工作年限上，有 165 名员工工作年限为 4～6 年，占比 52.38%，86 名员工工作年限为 7～9 年，占比 27.3%，64 名员工的工作年限处于 1～3 年，占比 20.32%，没有工作年限超过 10 年的员工；工作强度上，有 128 名员工每周工作时长为 41～45 小时，占比 40.64%，70 名员工每周工作时长为 46～50 小时，占比 22.22%，67 名员工每周工作时长在 50 个小时以上，占比 21.27%，每周工作时长在 36～40 小时、35 小时以下的员工分别占比 12.38%、3.49%。

5.3.3　研究方法

关于匹配性的研究中，针对间接测量得到的环境与个体数据的匹配拟合方法，以往最常采用的方法是差分法、绝对值差分法、平方和差分法等方法（Su et al.，2015）。也就是将评价环境因素和个体因素的同一属性量表的两个分数进行相减，取其差值或差值的绝对值以及平方项作为评判依据。然而这一方法存在较大缺陷，比如会降低结论的可靠性，混淆环境和个人的影响效应等（Shanock et al.，2010）。更为重要的是这种方法往往只能表现单调的线性关系差异和曲线关系差异，不能体现出个人与环境的不同组合及其结果三者之间的三维关系。因此，针对差值法的不足，学者们建议采用多项式回归方程的方式结合三维响应曲面来表征个体与环境的匹配对结果变量的影响。响应面分析是一种新兴技术，通过在三维空间中绘制多项式回归分析的结果，可以提供两个预测变量组合与结果变量之间关系的细微视图。这种技术比差异分数或传统的调节效应回归分析具有更多的解释潜力，并且适用于广泛的研究问题（Shanock et al.，2010）。

因此，本章采用多项式回归和三维响应面分析相结合的方法来反映组织柔性工作供给与员工柔性工作需求、组织柔性工作要求与员工柔性工作能力的不同匹配水平对其心理授权以及创新行为的影响。基本研究步骤如下：

构建包括自变量 X 与 Y、自变量的平方项 X^2 与 Y^2 以及它们的乘积项 $X \times Y$、因变量 Z 在内的多项式回归方程，如公式（5 - 1）所示：

$$Z = a_0 + a_1 X + a_2 Y + a_3 X^2 + a_4 X \times Y + a_5 Y^2 + e_z \qquad (5 - 1)$$

对变量进行中心化处理并进行多层回归分析，得出回归系数，然后借助三维响应面图，直观呈现出自变量与因变量之间的三维关系。通过分析 $X = Y$ 时的斜率和曲率来判断两个自变量匹配时因变量 Z 的变化趋势，当 $X = Y$ 时，公式（5 - 1）可转化为公式（5 - 2）：

$$Z = a_0 + (a_1 + a_2)X + (a_3 + a_4 + a_5)X^2 + e_+ \qquad (5 - 2)$$

根据公式（5 - 2）计算并检验匹配状态下的斜率 $m_1 = a_1 + a_2$ 和曲率 $m_2 = a_3 + a_4 + a_5$。如果斜率 m_1 显著，说明自变量 X 与 Y 的匹配与因变量 Z 之间是一种线性关系。其值大于 0，说明高水平匹配对因变量 Z 的影响大于低水平匹配对因变量 Z 的影响；其值小于 0，说明高水平匹配对因变量 Z 的影响小于低水平匹配对因变量 Z 的影响。如果曲率 m_2 显著，则说明自变量 X 与 Y 的匹配与因变量 Z 之间是一种曲线关系。其值大于 0，说明自变量 X 与 Y 的匹配与因变量 Z 之间是"U"型关系，即在中等匹配的情况下，其对因变量 Z 的影响最小。其值小于 0，说明自变量 X 与 Y 的匹配与因变量 Z 之间是倒"U"型关系，即在中等匹配的情况下，其对因变量 Z 的影响最大。

同理，通过分析 $X = -Y$ 时的斜率和曲率来判断两个自变量不匹配时因变量的变化趋势，当 $X = -Y$ 时，公式（5-1）可转化为公式（5-3）：

$$Z = a_0 + (a_1 - a_2)X + (a_3 - a_4 + a_5)X^2 + e_- \qquad (5-3)$$

根据公式（5-3）计算并检验不匹配状态下的斜率 $n_1 = a_1 - a_2$ 和曲率 $n_2 = a_3 - a_4 + a_5$。如果斜率 n_1 显著，说明自变量 X 与 Y 的不匹配与因变量 Z 之间是一种线性关系。其值大于 0，说明高 X—低 Y 的不匹配对因变量 Z 的影响大于低 X—高 Y 的不匹配对因变量 Z 的影响。其值小于 0，说明高 X—低 Y 的不匹配对因变量 Z 的影响小于低 X—高 Y 的不匹配对因变量 Z 的影响。如果曲率 n_2 显著，则说明自变量 X 与 Y 的不匹配与因变量 Z 之间是一种曲线关系。其值大于 0，说明自变量 X 与 Y 的不匹配与因变量 Z 之间是 U 形关系，即由高 X—低 Y 的不匹配转向低 X—高 Y 的不匹配过程中，X 与 Y 值接近时（即 X 与 Y 匹配时），其对因变量 Z 的影响最小。其值小于 0，说明自变量 X 与 Y 的不匹配与因变量 Z 之间是倒 "U" 型关系，即由高 X—低 Y 的不匹配转向由低 X—高 Y 的不匹配过程中，X 与 Y 值接近时（即 X 与 Y 匹配时），其对因变量 Z 的影响最大。

同时，爱德华兹（Edwards，2002）指出，如果自变量 X 与 Y 的匹配性被中介变量 M 所中介，则需要构建两个多项式回归方程，如公式（5-4）、公式（5-5）所示：

$$M = b_0 + b_1X + b_2Y + b_3X^2 + b_4X \times Y + b_5Y^2 + e_m \qquad (5-4)$$

$$Z = c_0 + c_1M + c_2X + c_3Y + c_4X^2 + c_5X \times Y + c_6Y^2 + e_z \qquad (5-5)$$

将公式（5-4）代入公式（5-5）可得公式（5-6）：

$$Z = (c_0 + b_0 \times c_1) + (c_2 + b_1 \times c_1)X + (c_3 + b_2 \times c_1)Y + (c_4 + b_3 \times c_1)X^2$$
$$+ (c_5 + b_4 \times c_1)X \times Y + (c_6 + b_5 \times c_1)Y^2 + e_z \qquad (5-6)$$

如前所述，通过公式（5-6）相关多项式回归系数，计算并检验 $X = Y$ 以及 $X = -Y$ 时的斜率和曲率，就可以检验自变量 X 与 Y 匹配与不匹配状态下对因变量 Z 的直接效应、间接效应与总效应，然后借助三维响应面图，呈现出自变量与中介变量、因变量之间的三维关系。

5.4　实 证 分 析

5.4.1　信 效 度 分 析

（1）信度分析

研究利用 SPSS20.0 计算本章涉及的各构念克隆巴赫系数以验证信度。从表 5-4 的信度分析结果可以看出，各构念克隆巴赫系数值均大于 0.7，表示量表具有较好的信度。

（2）内容效度

在内容效度的判断上通常是根据相关的文献和专家学者的访谈来对该量表所涵盖的层面和意义进行评估（陈晓萍等，2012）。本研究为了保证所用量表的内容效度，从两个方面进行了控制。首先，柔性工作供给、柔性工作需求、柔性工作要求、柔性工作能力、柔性工作供给—需求匹配、柔性工作要求—能力匹配、心理授权、员工创新行为量表均参考自现有成熟量表，部分量表已被证明在中国情境下具有良好的信效度（齐昕等，2017；王艳子，2018；王雁飞等，2019），这在一定程度上能够保证量表具有良好的内容效度。其次，在文献分析的基础上，为确保这些量表在中国情境下的有效性，研究对相关外文量表通过并行及双盲的方式进行中英文双向互译和语义修正，并邀请相关专家、MBA 学员进行审核与试测，最终确定了合适的中文测量条目。综合上述方式，本研究所用量表的内容效度在一定程度上得到了保证。

（3）收敛效度

收敛效度的高低可以利用平均方差萃取量 AVE 以及组合信度 CR 值来判断。从表 5-4 的结果可以发现，柔性工作供给、柔性工作需求、柔性工作要求、柔性工作能力、柔性工作供给—需求匹配、柔性工作要求—能力匹配、心理授权、员工创新行为的因子载荷基本处于 0.6 以上，AVE 值均大于 0.5，CR 值均大于 0.8，表示量表具备良好的收敛效度。

表 5 – 4 信效度分析结果

变量	题项	因子载荷	Cronbach's α	AVE	CR
柔性工作供给	OS1	0.802	0.705	0.630	0.836
	OS2	0.809			
	OS3	0.769			
柔性工作需求	EN1	0.808	0.704	0.628	0.835
	EN2	0.782			
	EN3	0.787			
柔性工作要求	OD1	0.778	0.719	0.605	0.821
	OD2	0.807			
	OD3	0.748			
柔性工作能力	EA1	0.826	0.708	0.639	0.840
	EA2	0.863			
	EA3	0.699			
供给—需求匹配	NS1	0.774	0.734	0.588	0.811
	NS2	0.776			
	NS3	0.751			
要求—能力匹配	DA1	0.768	0.717	0.619	0.829
	DA2	0.801			
	DA3	0.790			
心理授权	PE1	0.863	0.854	0.696	0.901
	PE2	0.853			
	PE3	0.830			
	PE4	0.789			

续表

变量	题项	因子载荷	*Cronbach's α*	*AVE*	*CR*
员工创新行为	IB1	0.756	0.777	0.577	0.889
	IB2	0.685			
	IB3	0.854			
	IB4	0.843			
	IB5	0.816			
	IB6	0.559			

资料来源：笔者自行绘制。

（4）区分效度

区分效度指利用不同的方法测量不同的构念时，它们之间应该能够加以区分。具体的判定方法是通过模型的验证性因子分析，比较基本模型与其竞争模型的拟合度，从而进行区分效度的检验。本研究包括间接测量匹配度的六因子模型（柔性工作供给、柔性工作需求、柔性工作要求、柔性工作能力、心理授权、员工创新行为）以及用于稳健性分析的直接测量匹配度的四因子模型（柔性工作供给—需求匹配、柔性工作要求—能力匹配、心理授权、员工创新行为），验证性因子分析结果分别见表 5-5、表 5-6。

从表 5-5 可以看出，六因子模型比其他竞争性因子模型具有更好的模型拟合度，且其 χ^2/df 为 1.410，小于 2 的标准；*CFI* 为 0.952、*TLI* 为 0.943，均大于 0.9 的标准；*SRMR* 为 0.054、*RMSEA* 为 0.060，小于 0.08 的标准，适配指标均达到了较好的水平，说明本研究所使用的各潜变量之间具有良好的区分效度。

表 5-5　　　　　　　间接测量匹配度的区分效度分析结果

模型	χ^2/df	*CFI*	*TLI*	*SRMR*	*RMSEA*
六因子模型	1.410	0.952	0.943	0.054	0.060
五因子模型 1	1.844	0.898	0.882	0.078	0.082
五因子模型 2	2.251	0.850	0.825	0.095	0.109
五因子模型 3	1.57	0.931	0.920	0.064	0.066

续表

模型	χ^2/df	CFI	TLI	SRMR	RMSEA
四因子模型	2.586	0.805	0.778	0.123	0.107
三因子模型	3.442	0.696	0.659	0.160	0.133
二因子模型	4.135	0.606	0.562	0.143	0.150
单因子模型	4.608	0.544	0.496	0.149	0.161

注：六因子模型指：柔性工作供给、柔性工作需求、柔性工作要求、柔性工作能力、心理授权、员工创新行为；五因子模型1指：柔性工作供给＋柔性工作需求、柔性工作要求、柔性工作能力、心理授权、员工创新行为；五因子模型2指：柔性工作供给、柔性工作需求、柔性工作要求＋柔性工作能力、心理授权、员工创新行为；五因子模型3指：柔性工作供给、柔性工作要求、柔性工作需求＋柔性工作能力、心理授权、员工创新行为；四因子模型指：柔性工作供给＋柔性工作需求、柔性工作要求＋柔性工作能力、心理授权、员工创新行为；三因子模型指：柔性工作供给＋柔性工作需求＋柔性工作要求＋柔性工作能力、心理授权、员工创新行为；二因子模型指：柔性工作供给＋柔性工作需求＋柔性工作要求＋柔性工作能力＋心理授权、员工创新行为；单因子模型指：柔性工作供给＋柔性工作需求＋柔性工作要求＋柔性工作能力＋心理授权＋员工创新行为。

资料来源：笔者自行绘制。

从表5-6可以看出，四因子模型比其他竞争性因子模型具有更好的模型拟合度，且其 χ^2/df 为 1.650，小于 2 的标准；CFI 为 0.967、TLI 为 0.960，均大于 0.9 的标准；SRMR 为 0.037、RMSEA 为 0.045，小于 0.08 的标准，适配指标均达到了较好的水平，说明本研究所使用的各潜变量之间具有良好的区分效度。

表5-6　　　　　　　直接测量匹配度的区分效度分析结果

模型	χ^2/df	CFI	TLI	SRMR	RMSEA
四因子模型	1.650	0.967	0.960	0.037	0.045
三因子模型1	1.732	0.962	0.955	0.039	0.048
三因子模型2	2.465	0.924	0.910	0.046	0.068
二因子模型	2.456	0.923	0.910	0.047	0.068
单因子模型	2.721	0.908	0.894	0.048	0.074

注：四因子模型指：柔性工作供给—需求匹配、柔性工作要求—能力匹配、心理授权、员工创新行为；三因子模型1指：柔性工作供给—需求匹配＋柔性工作要求—能力匹配、心理授权、员工创新行为；三因子模型2指：柔性工作供给—需求匹配、柔性工作要求—能力匹配、心理授权＋员工创新行为；二因子模型指：柔性工作供给—需求匹配＋柔性工作要求—能力匹配、心理授权＋员工创新行为；单因子模型指：柔性工作供给—需求匹配＋柔性工作要求—能力匹配＋心理授权＋员工创新行为。

资料来源：笔者自行绘制。

5.4.2　描述性统计分析和相关性分析

各变量的描述性统计与相关系数如表 5-7 所示。从相关性分析可以看出，员工性别、工作年限、工作强度与各构念没有显著的相关性，员工年龄与柔性工作的需求及供给负相关，表明新生代员工对柔性工作有更多的需求，员工年龄与其创新行为负相关，表明年轻员工表现出更多的创新行为。教育程度与员工能力、员工创新行为正相关，表明教育程度较高的员工感知到更多的自我效能感和表现出更多的创新行为。柔性工作的供给、需求、要求、能力、供给—需求匹配、要求—能力匹配分别与心理授权、员工创新行为正相关，心理授权也与员工创新行为正相关，相关性分析结论与研究假设基本一致。

5.4.3　假设检验

（1）柔性工作供给—需求匹配、心理授权与员工创新行为关系的假设检验

对变量中心化后，利用 SPSS20.0 进行多层回归分析，结果如表 5-8 所示。首先，检验柔性工作供给与心理授权以及员工创新行为的关系。由模型 1、模型 3 可以看出，柔性工作供给的一次方项和平方项均显著，且平方项均为负，表明柔性工作供给与心理授权以及员工创新行为存在倒 "U" 型曲线关系。其次，放入将柔性工作需求的一次方项、平方项以及其与柔性工作供给的乘积项，构建多项式回归方程。由模型 2、模型 4 可以看出，相较于模型 1 和模型 3，R^2 显著增加，柔性工作供给、柔性工作需求的平方项也均显著，表明柔性工作的供给—需求组合与心理授权以及员工创新行为可能存在非线性的曲面关系。最后，从模型 5 可以看出，心理授权对员工创新行为的回归系数显著（0.638，$P < 0.01$），H_{5-9} 成立；同时

表 5－7　描述统计与相关分析结果

变量	平均值	标准差	1	2	3	4	5	6	7	8	9	10	11	12	13
性别	0.511	0.501	1												
年龄	1.743	0.570	-0.0152**	1											
教育程度	0.978	0.148	0.083	-0.160**	1										
工作年限	2.070	0.688	-0.086	0.663**	-0.134*	1									
工作强度	3.454	1.065	-0.024	0.056	0.089	0.017	1								
柔性工作供给	5.543	0.904	0.032	-0.129*	0.099	-0.102	-0.020	1							
柔性工作需求	5.564	0.892	0.037	-0.136*	0.065	-0.080	-0.035	0.582**	1						
柔性工作要求	5.400	0.968	-0.011	-0.096	0.015	-0.103	-0.069	0.616**	0.673**	1					
柔性工作能力	5.557	0.947	0.038	-0.066	0.127*	0.023	-0.024	0.569**	0.564**	0.581**	1				
需求—供给匹配	5.553	0.912	0.043	-0.046	0.066	-0.043	-0.009	0.507**	0.522**	0.535**	0.539**	1			
要求—能力匹配	5.584	0.886	0.098	-0.078	0.079	-0.031	-0.020	0.608**	0.668**	0.641**	0.655**	0.619**	1		
心理授权	5.291	1.103	0.005	-0.084	0.096	-0.029	0.036	0.585**	0.609**	0.560**	0.620**	0.559**	0.597**	1	
员工创新行为	5.503	0.808	0.089	-0.119*	0.117*	-0.042	-0.023	0.693**	0.722**	0.686**	0.756**	0.614**	0.752**	0.712**	1

注：*、** 分别表示在 5%、1% 的水平上显著。

资料来源：笔者自行绘制。

由模型6看出，在模型4的基础上加入心理授权后，相关平方项的系数变为不显著，R^2显著增加，表明心理授权可能完全中介了柔性工作的供给—需求组合与员工创新行为的非线性关系。

进一步，按照爱德华兹（Edwards，2002）提出的方法，利用MPLUS7.0，采用Bootstrap的方法检验柔性工作供给、柔性工作需求匹配与不匹配状态下的间接效应、总效应的系数并求出相关斜率和曲率的显著性（见表5-9），并结合三维响应面图，来判断柔性工作供给、柔性工作需求的不同组合状态对心理授权以及员工创新行为的直接效应、间接效应与总效应。

表5-8　　　　柔性工作供给—需求匹配的多项式回归分析结果

变量	心理授权		员工创新行为			
	模型1	模型2	模型3	模型4	模型5	模型6
常数项	-0.576	-0.177	-0.719*	-0.499	-0.291	-0.449
性别	-0.024	-0.024	0.133*	0.128*	0.148	0.135*
年龄	-0.042	-0.008	-0.050	-0.033	-0.098	-0.031
教育程度	0.425	0.077	0.687**	0.423*	0.463	0.402*
工作年限	0.044	0.054	0.055	0.082	0.043	0.067
工作强度	0.061	0.038	0.003	-0.005	-0.045	-0.016
柔性工作供给	0.651**	0.484**	0.693**	0.497**		0.359**
柔性工作需求		0.308**		0.379**		0.291**
柔性工作供给²	-0.068*	-0.159**	-0.072*	-0.068*		-0.023
柔性工作供给×柔性工作需求		0.247**		0.063		-0.007
柔性工作需求²		-0.126**		-0.062*		-0.026
心理授权					0.638**	0.284**
R^2	0.385	0.485	0.545	0.652	0.523	0.703
F	27.465**	28.598**	52.480**	57.032**	56.303	65.148**

注：*、**分别表示在5%、1%的水平上显著。
资料来源：笔者自行绘制。

表 5 - 9   柔性工作供给—需求匹配效应分析结果

变量	第一阶段	第二阶段	间接效应	直接效应	总效应
常数项	-0.177	0.284 **	-0.050	-0.449	-0.499
柔性工作供给	0.484 **	0.284 **	0.137 **	0.359 **	0.497 **
柔性工作需求	0.308 **	0.284 **	0.088 **	0.291 **	0.379 **
柔性工作供给^2	-0.159 **	0.284 **	-0.045 *	-0.023	-0.068 *
柔性工作供给 × 柔性工作需求	0.247 **	0.284 **	0.07 *	-0.007	0.063
柔性工作需求^2	-0.126 **	0.284 **	-0.036 *	-0.026	-0.062 *
$X = Y$ 斜率检验（$\gamma_1 + \gamma_2$）	0.792 **		0.225 **	0.650 **	0.876 **
$X = Y$ 曲率检验（$\gamma_3 + \gamma_4 + \gamma_5$）	-0.038		-0.011	-0.056	-0.067
$X = -Y$ 斜率检验（$\gamma_1 - \gamma_2$）	0.176		0.049	0.068	0.118
$X = -Y$ 曲率检验（$\gamma_3 - \gamma_4 + \gamma_5$）	-0.532 **		-0.151 **	-0.042	-0.193 *

注：X、Y 分别代表柔性工作供给和柔性工作需求，γ_1 至 γ_5 依次代表各阶段柔性工作供给、柔性工作需求、柔性工作供给平方、柔性工作供给 × 柔性工作需求、柔性工作需求平方的回归系数。第一阶段指柔性工作供给与柔性工作需求的组合对心理授权的影响，第二阶段指心理授权对员工创新行为的影响，间接效应指柔性工作供给与柔性工作需求的组合通过心理授权对员工创新行为的影响，即第一阶段与第二阶段的乘积项。第一阶段、第二阶段以及直接效应的回归系数及显著性检验来自相关多项式回归结果，而间接效应与总效应的回归系数及显著性检验采用 Bootstrap 方法，*、** 分别表示在 95%、99% 的置信区间内显著。

资料来源：笔者自行绘制。

由表 5 - 9 第一阶段的相关斜率和曲率检验，结合其三维响应面图（见图 5 - 3）可以发现，不匹配状态下，曲率（-0.532，$P < 0.01$）显著且小于 0，表明柔性工作供给、柔性工作需求的不匹配与心理授权之间存在倒"U"型曲面关系，即由低需求—高供给的不匹配转向高需求—低供给的不匹配过程中（如从 A 点到 B 点），柔性工作供给与柔性工作需求的值接近时（匹配时，如 C 点、D 点），员工感知的心理授权最大，H$_{5-5}$ 成立。同时，从图 5 - 3 还可以发现，相比高需求—低供给的不匹配（如 B 点），低需求—高供给的不匹配（如 A 点）状态下，员工感知的心理授权更高。

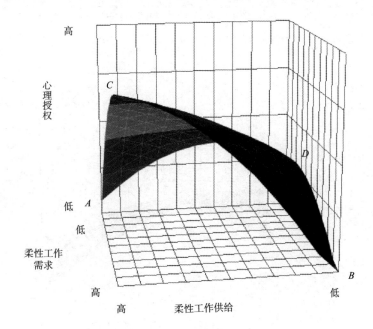

图 5 - 3 柔性工作供给、柔性工作需求与心理授权的三维响应面图

资料来源：笔者用 Excel 软件自行绘制。

匹配状态下，其斜率（0.792，$P < 0.01$）显著，曲率（$- 0.038$，$n.s$）不显著，说明柔性工作的供给—需求匹配与心理授权之间是一种线性关系，其值大于 0，表示相对于低供给—低需求的匹配（如 D 点），高供给—高需求的匹配（如 C 点）状态下，员工感知的心理授权更高，H_{5-6} 成立。

由表 5 - 9 间接效应的相关斜率和曲率检验及其三维响应面图（见图 5 - 4）可以发现，不匹配状态下，曲率（$- 0.151$，$P < 0.01$）显著且小于 0，表明柔性工作供给、柔性工作需求的不匹配经由心理授权对员工创新行为的间接影响存在倒 "U" 型的曲面关系，即由低需求—高供给的不匹配转向高需求—低供给的不匹配过程中（如从 E 点到 F 点），柔性工作供给与柔性工作需求的值接近时（匹配时，如 G 点、H 点），其对员工创新行为的间接效应最大。同时，从图 5 - 4 还可以发现，相比高需求—低

供给的不匹配（如 F 点）、低需求—高供给的不匹配（如 E 点）状态下，其对员工创新行为的间接效应更高。

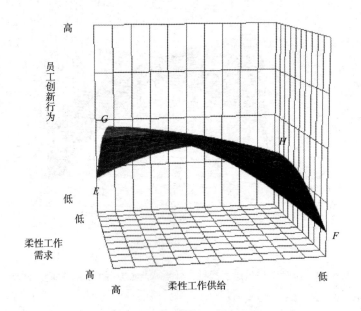

图 5-4　柔性工作供给、柔性工作需求

对员工创新行为间接效应三维响应面图

资料来源：笔者用 Excel 软件自行绘制。

匹配状态下，其斜率（0.225，$P < 0.01$）显著，曲率（-0.011，$n.s$）不显著，说明柔性工作的供给—需求匹配经由心理授权对员工创新行为的间接影响是一种线性关系，其值大于 0，表示相对于低供给—低需求的匹配（如 H 点），高供给—高需求的匹配（如 G 点）状态下，其对员工创新行为的间接效应更大。综上所述，H_{5-10} 成立。

由表 5-9 直接效应的相关斜率和曲率检验及其三维响应面图（如图 5-5）可以发现，匹配及不匹配状态下，其曲率均不显著（-0.056，$n.s$；-0.042，$n.s$），三维响应面近似为一个水平面，表明柔性工作供给和柔性工作需求在匹配或不匹配的状态下，其对员工创新行为的直接效应没有显著性差异。匹配状态下，其斜率（0.650，$P < 0.01$）显著，表示相

对于低供给—低需求的匹配，高供给—高需求匹配状态下，其对员工创新行为的直接效应更高。

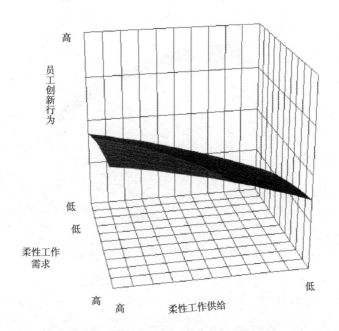

图 5 - 5　柔性工作供给、柔性工作需求对员工

创新行为直接效应三维响应面图

资料来源：笔者用 Excel 软件自行绘制。

由表 5 - 9 总效应的相关斜率和曲率检验，结合三维响应面图（如图 5 - 6）可以看出，不匹配状态下，曲率（ - 0.193，$P < 0.01$）显著且小于 0，表明柔性工作供给、柔性工作需求的不匹配与员工创新行为之间存在倒 "U" 型曲面关系，即由低需求—高供给的不匹配转向高需求—低供给的不匹配过程中（如从 I 点到 J 点），柔性工作供给与柔性工作需求的值接近时（匹配时，如 K 点、L 点），其对员工创新行为的总效应最大，H_{5-1} 成立。同时，从图 5 - 6 还可以发现，相比高需求—低供给的不匹配（如 J 点），低需求—高供给的不匹配（如 I 点）状态下，员工创新行为的总效应更高。

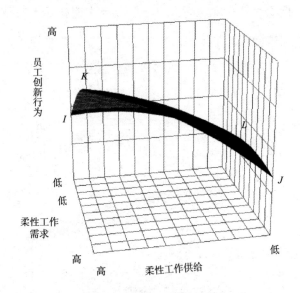

图 5 – 6   柔性工作供给、柔性工作需求对员工

创新行为总效应三维响应面图

资料来源：笔者用 Excel 软件自行绘制。

匹配状态下，其斜率（0.876，$P < 0.01$）显著，曲率（ – 0.067，$n. s$）不显著，说明柔性工作的供给—需求匹配与员工创新行为之间是一种线性关系，其值大于 0，表示相对于低供给—低需求的匹配（如 L 点），高供给—高需求的匹配（如 K 点）状态下，其对员工创新行为的总效应更高，H_{5-2} 成立。

（2）柔性工作要求—能力匹配、心理授权与员工创新行为关系的假设检验

柔性工作要求—能力匹配与心理授权、员工创新行为的多项式回归结果如表 5 – 10 所示。首先，检验柔性工作要求与心理授权以及员工创新行为的关系。由模型 7、模型 9 可以看出，柔性工作要求的一次方项和平方项均显著，且平方项均为负，表明柔性工作要求与心理授权以及员工创新行为存在倒 "U" 型曲线关系。其次，放入将柔性工作能力的一次方项、平方项以及其与柔性工作要求的乘积项，构建多项式回归方程。由模型 8、

模型 10 可以看出，相较于模型 7 和模型 9，R^2 显著增加，柔性工作要求的
平方项及其与柔性工作能力的乘积项也均显著，表明柔性工作的要求—能
力组合与心理授权以及员工创新行为可能存在非线性的曲面关系。最后，
由模型 11 可以看出，在模型 10 的基础上加入心理授权后，相关变量的系
数减小，R^2 显著增加；结合表 5-8 模型 5，心理授权对员工创新行为的回
归系数显著（0.638，$P < 0.01$），表明心理授权可能部分中介了柔性工作
的要求—能力组合与员工创新行为的非线性关系。

表 5-10　　柔性工作要求—能力匹配的多项式回归分析结果

变量	心理授权		员工创新行为		
	模型 7	模型 8	模型 9	模型 10	模型 11
常数项	-0.585	0.000	-0.740*	-0.127	-0.128
性别	0.026	-0.015	0.187*	0.155*	0.159**
年龄	-0.150	-0.068	-0.165	-0.077	-0.060
教育程度	0.387	-0.037	0.638*	0.204	0.213
工作年限	0.138	0.028	0.158*	0.035	0.028
工作强度	0.083	0.070	0.028	0.016	-0.002
柔性工作要求	0.505**	0.247**	0.573**	0.305**	0.244**
柔性工作能力		0.473**		0.483**	0.365**
柔性工作要求^2	-0.127*	-0.162**	-0.125**	-0.129*	-0.089*
柔性工作要求 × 柔性工作能力		0.136*		0.097*	0.064
柔性工作能力^2		-0.068		-0.084**	-0.067*
心理授权					0.249**
R^2	0.349	0.472	0.523	0.695	0.735
F	23.520**	27.215**	48.177**	69.389**	76.450**

注：*、** 分别表示在5%、1%的水平上显著。
资料来源：笔者自行绘制。

进一步，按照爱德华兹（Edwards，2002）提出的方法，利用 MPLUS7.0，采用 Bootstrap 的方法检验柔性工作要求、柔性工作能力匹配与不匹配状态下的间接效应、总效应的系数并求出相关斜率和曲率的显著性（见表5-11），并结合三维响应面图，来判断柔性工作要求、柔性工作能力的不同组合状态对心理授权以及员工创新行为的直接效应、间接效应与总效应。

表5-11　　　　　　　　柔性工作要求—能力匹配效应分析结果

变量	第一阶段	第二阶段	间接效应	直接效应	总效应
常数项	0.000	0.249 **	0.000	-0.128	-0.128
柔性工作要求	0.247 **	0.249 **	0.061 **	0.244 **	0.305 **
柔性工作能力	0.473 **	0.249 **	0.118 **	0.365 **	0.483 **
柔性工作要求^2	-0.162 **	0.249 **	-0.040 *	-0.089 **	-0.129 **
柔性工作要求×柔性工作能力	0.136 *	0.249 **	0.034	0.064	0.097 *
柔性工作能力^2	-0.068	0.249 **	-0.017	-0.067 *	-0.084 **
$X' = Y'$斜率检验（$a_1 + a_2$）	0.720 **		0.179 **	0.609 **	0.788 **
$X' = Y'$曲率检验（$a_3 + a_4 + a_5$）	-0.094 **		-0.023	-0.092 **	-0.116 **
$X' = -Y'$斜率检验（$a_1 - a_2$）	-0.226		-0.057	-0.121	-0.178 *
$X' = -Y'$曲率检验（$a_3 - a_4 + a_5$）	-0.366 **		-0.091	-0.220 *	-0.310 **

注：X'、Y'分别代表柔性工作要求和柔性工作能力，a_1至a_5依次代表各阶段柔性工作要求、柔性工作能力、柔性工作要求平方、柔性工作要求×柔性工作能力、柔性工作能力平方的回归系数。第一阶段指柔性工作要求与柔性工作能力的组合对心理授权的影响，第二阶段指心理授权对员工创新行为的影响，间接效应指柔性工作要求与柔性工作能力的组合通过心理授权对员工创新行为的影响，即第一阶段与第二阶段的乘积项。第一阶段、第二阶段以及直接效应的回归系数及显著性检验来自相关多项式回归结果，而间接效应与总效应的回归系数及显著性检验采用 Bootstrap 方法，*、** 分别表示在95%、99%的置信区间内显著。

资料来源：笔者自行绘制。

由表5-11第一阶段的相关斜率和曲率检验，结合三维响应面图（如图5-7）可以发现，不匹配状态下，曲率（-0.366，$P < 0.01$）显著且

小于 0，表明柔性工作要求、柔性工作能力的不匹配与心理授权之间存在倒"U"型曲面关系，即由低能力—高要求的不匹配转向高能力—低要求的不匹配过程中（如从 M 点到 N 点），柔性工作要求与柔性工作能力的值接近时（匹配时，如 O 点、P 点），员工感知的心理授权最大，H_{5-7} 成立。同时，从图 5-7 还可以发现，相比高能力—低要求的不匹配（如 N 点），低能力—高要求的不匹配（如 M 点）状态下，员工感知的心理授权更低。

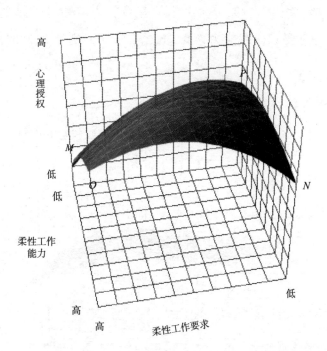

图 5-7　柔性工作要求、柔性工作能力与心理授权的三维响应面图

资料来源：笔者用 Excel 软件自行绘制。

匹配状态下，其斜率（0.720，$P < 0.01$）显著，曲率（-0.094，$P < 0.01$）也显著，且值小于 0，说明柔性工作的要求—能力匹配与心理授权之间是一种倒"U"型曲面关系，即表示相对于低要求—低能力的匹配（如 P 点），以及高要求—高能力的匹配（如 O 点），中等匹配的情况下，员工感知的心理授权更高，H_{5-8} 成立。

由表 5 - 11 间接效应的相关斜率和曲率检验及其三维响应面图（见图 5 - 8）可以发现，匹配及不匹配状态下，其曲率均不显著（ - 0.023，$n.s$；- 0.091，$n.s$），三维响应面近似为一个水平面，表明柔性工作要求和柔性工作能力在匹配或不匹配的状态下，其经由心理授权对员工创新行为的间接效应没有显著性差异，即心理授权并没有中介柔性工作要求、柔性工作能力对员工创新行为的匹配性关系，H_{5-11} 不成立。匹配状态下，其斜率（0.179，$P < 0.01$）显著，表示相对于低要求—低能力的匹配，高要求—高能力匹配时，其对员工创新行为的间接效应更高。

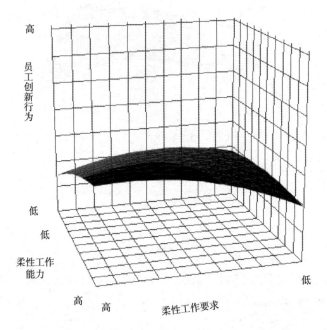

图 5 - 8　柔性工作要求、柔性工作能力对员工创新行为间接效应三维响应面图

资料来源：笔者用 Excel 软件自行绘制。

由表 5 - 11 直接效应的相关斜率和曲率检验及其三维响应面图（如图 5 - 9）可以发现，不匹配状态下，曲率（ - 0.220，$P < 0.05$）显著且小于 0，表明柔性工作要求、柔性工作能力的不匹配对员工创新行为的直

接影响存在倒"U"型的曲面关系，即由低能力—高要求的不匹配转向高能力—低要求的不匹配过程中（如从 Q 点到 R 点），柔性工作要求与柔性工作能力的值接近时（匹配时，如 S 点、T 点），其对员工创新行为的直接效应最大。同时，从图 5-9 还可以发现，相比高能力—低要求的不匹配（如 R 点），低能力—高要求的不匹配（如 Q 点）状态下，员工创新行为的直接效应更低。匹配状态下，其斜率（0.609，$P < 0.01$）显著，曲率（-0.092，$P < 0.01$）也显著，且值小于 0，说明柔性工作的要求—能力匹配对员工创新行为的直接影响存在倒"U"型的曲面关系，即表示相对于低要求—低能力的匹配（如 T 点），以及高要求—高能力的匹配（如 S 点），中等匹配的情况下，柔性工作的要求—能力匹配对员工创新行为的直接效应更高。

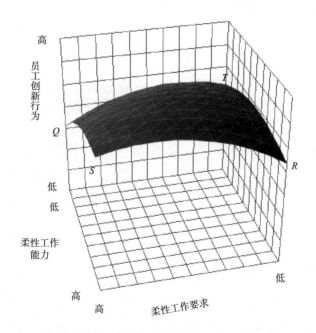

图 5-9　柔性工作要求、柔性工作能力对员工

创新行为直接效应三维响应面图

资料来源：笔者用 Excel 软件自行绘制。

　　由表5－11总效应的相关斜率和曲率检验及其三维响应面图（见图5－10）可以发现，不匹配状态下，曲率（－0.310，$P < 0.01$）显著且小于0，表明柔性工作要求、柔性工作能力的不匹配对员工创新行为的总效应存在倒"U"型的曲面关系，即由低能力—高要求的不匹配转向高能力—低要求的不匹配过程中（如从U点到V点），柔性工作要求与柔性工作能力的值接近时（匹配时，如W点、Z点），其对员工创新行为的总效应最大，H_{5-3}成立。同时，从不匹配状态下的斜率（－0.178，$P < 0.05$）显著且小于0，及图5－10还可以发现，相比高能力—低要求的不匹配（如V点），低能力—高要求的不匹配（如U点）时，员工创新行为的总效应更低。匹配状态下，其斜率（0.788，$P < 0.01$）显著，曲率（－0.116，$P < 0.01$）也显著，且值小于0，说明柔性工作的要求—能力匹

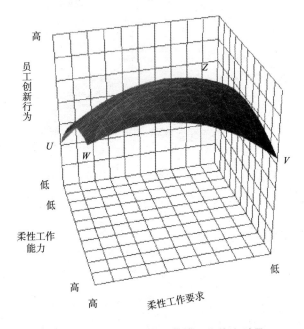

图5－10　柔性工作要求、柔性工作能力对员工

创新行为总效应三维响应面图

资料来源：笔者用Excel软件自行绘制。

配对员工创新行为的总效应存在倒"U"型的曲面关系，即表示相对于低要求—低能力的匹配（如 Z 点），以及高要求—高能力的匹配（如 W 点），中等匹配的情况下，柔性工作的要求—能力匹配对员工创新行为的总效应更高，H_{5-4} 成立。

5.4.4　稳健性检验

研究还通过直接测量的方法，测量员工所感知的柔性工作供给—需求匹配、要求—能力匹配的整体程度，分析其对心理授权、员工创新行为的影响，从而对间接测量的相关研究结果进行稳健性检验。层级回归结果如表 5-12 所示。

首先，由模型 12、模型 14 可以看出，供给—需求匹配对心理授权、员工创新行为的回归系数显著为正（0.645，$P < 0.01$；0.637，$P < 0.01$），而且平方项对心理授权、员工创新行为的回归系数不显著（-0.026，$n.s$；-0.023，$n.s$），表明供给—需求匹配对心理授权、员工创新行为只存在正向的线性关系，即供给—需求匹配越高，其对心理授权、员工创新行为的影响越大。由模型 16 可以看出，在模型 14 的基础上，加入心理授权变量后，模型 R^2 显著变大，心理授权对员工创新行为的回归系数显著为正（0.480，$P < 0.01$），供给—需求匹配的值减小，表明心理授权可能中介了供给—需求匹配与员工创新行为的关系。进一步，利用 MPLUS7.0 软件，采用 Bootstrap 方法进行供给—需求匹配对员工创新行为的间接效应检验。经过 2000 次反复抽样后发现，在 95% 置信区间内，供给—需求匹配通过心理授权作用于员工创新行为的间接效应显著（0.313；95% CI[0.212, 0.414]）。以上分析结果和前文间接测量的实证结果基本一致，表明本研究实证结论具有较强的稳健性。

表 5 - 12   稳健性检验分析结果

变量	心理授权		员工创新行为			
	模型 12	模型 13	模型 14	模型 15	模型 16	模型 17
常数项	− 0.249	− 0.084	− 0.386	− 0.172	− 0.267	− 0.142
性别	− 0.061	− 0.073	0.096	0.048	0.125	0.074
年龄	− 0.201	− 0.079	− 0.220 *	− 0.106	− 0.124	− 0.078
教育程度	0.291	0.163	0.563 *	0.357	0.423	0.299
工作年限	0.102	0.016	0.114	0.036	0.066	0.030
工作强度	0.046	0.061	− 0.014	0.000	− 0.035	− 0.022
供给—需求匹配	0.645 **		0.637 **		0.328 **	
供给—需求匹配^2	− 0.026		− 0.023		− 0.011	
要求—能力匹配		0.510 **		0.647 **		0.466 **
要求—能力匹配^2		− 0.144 **		− 0.091 **		− 0.040
心理授权					0.480 **	0.354 **
R^2	0.324	0.402	0.385	0.591	0.523	0.682
F	20.978 **	29.529 **	29.094 **	63.302 **	56.303	82.018 **

注: *、** 分别表示在 5%、1% 的水平上显著。
资料来源: 笔者自行绘制。

由模型 13、模型 15 可以看出，要求—能力匹配对心理授权、员工创新行为的回归系数显著为正 $(0.510, P < 0.01; 0.647, P < 0.01)$，且其平方项对心理授权、员工创新行为的回归系数也显著 $(− 0.144, P < 0.01; − 0.091, P < 0.01)$，表明要求—能力匹配匹配对心理授权、员工创新行为存在倒 "U" 型的曲线关系，即相对于低水平的要求—能力匹配以及高水平的要求—能力匹配，中等水平的要求—能力匹配对心理授权、员工创新行为的影响最大。由模型 17 可以看出，在模型 14 的基础上，加入心理授权变量后，模型 R^2 显著变大，心理授权对员工创新行为的回归系数显著为正 $(0.354, P < 0.01)$，要求—能力匹配的值减小，要求—能力

匹配的平方项变为不显著，表明心理授权可能在要求—能力匹配与员工创新行为的关系中起中介作用。进一步，借鉴罗胜强等（2014）的非线性中介作用的检验方法，利用 MPLUS7.0 软件，计算要求—能力匹配取平均值及其上下一个标准差时的间接效应，当要求—能力匹配取平均值（5.584）及其上下一个标准差（6.470，4.698）时，间接效应值（5.436；95% CI［5.300，5.557］；5.800；95% CI［5.695，5.901］；4.781；95% CI［4.617，4.946]），三种情况下间接效应95%的置信区间均不重叠，表明中介效应显著。但比较三个间接效应值的大小发现，并没有出现倒"U"型的曲线关系（取平均值时间接效应最大）。以上分析结果也与前文间接测量的实证结果基本一致，表明本研究实证结论具有较强的稳健性。

5.5 结论与启示

5.5.1 研究结论

本章基于人与环境匹配理论，聚焦于个体与工作匹配视角，构建了柔性工作人—工作匹配对员工创新行为的影响机制模型；通过分析柔性工作需求—供给匹配、要求—能力匹配与员工创新行为的关系，以及心理授权在其中的作用，厘清了柔性工作对员工创新行为的影响机制与边界条件。研究主要结论如下：

第一，在不考虑员工柔性工作需求的情况下，组织柔性工作供给与员工心理授权以及创新行为呈倒"U"型关系，即随着组织柔性工作供给程度的上升，员工心理授权以及创新行为呈现出上升趋势，但随着组织柔性工作供给提高到一定程度，员工心理授权以及创新行为便会下降。同时，组织柔性工作供给与员工心理授权以及创新行为的关系受到了员工柔性工作需求的匹配性调节，当组织柔性工作供给与员工柔性工作需求匹配时，能够比不匹配时产生更高的员工心理授权以及创新行为。这一结论表明，组织柔性工作供给对员工心理授权以及创新行为影响的阈值大小取决于员工柔性工作的需求程度。

第二，在不考虑员工柔性工作能力的情况下，组织柔性工作要求与员工心理授权以及创新行为也呈倒"U"型关系，即随着组织柔性工作要求程度的上升，员工心理授权以及创新行为呈现出上升趋势，但随着组织柔性工作要求提高到一定程度，员工心理授权以及创新行为便会下降。同时，组织柔性工作要求与员工心理授权以及创新行为的关系受到了员工柔性工作能力的匹配性调节，当组织的柔性工作要求与员工柔性工作能力匹配时，能够比不匹配时产生更高的员工心理授权以及创新行为。这一结论也表明，组织柔性工作要求对员工心理授权以及创新行为影响的阈值大小取决于员工柔性工作的能力高低。

第三，匹配状态下，柔性工作供给—需求匹配、要求—能力匹配对员工心理授权和创新行为的作用存在差异。供给—需求匹配方面，相对于柔性工作的低供给—低需求的匹配状态，高供给—高需求的匹配状态下，员工的心理授权以及创新行为更高；而对于要求—能力匹配，高水平或低水平的匹配均不是最优选择，中等匹配的情况下，员工感知的心理授权以及创新行为更高。不匹配状态下，高供给—低需求的不匹配状态要优于低供给—高需求的不匹配状态；高能力—低要求的不匹配状态要优于低能力—高要求的不匹配状态。

第四，在影响机制方面，心理授权在柔性工作供给、柔性工作需求与员工创新行为三者间的匹配性关系中起中介作用，即柔性工作的供给—需求匹配主要通过对员工心理授权的影响，继而对员工创新行为产生作用，而柔性工作供给和柔性工作需求在匹配或不匹配的状态下，其对员工创新行为的直接效应没有显著性差异。柔性工作要求和柔性工作能力在匹配或不匹配的状态下，其经由心理授权对员工创新行为的间接效应没有显著性差异，即心理授权并没有在柔性工作要求、柔性工作能力对员工创新行为的匹配性关系中起中介作用，这一关系主要体现在柔性工作的要求—能力匹配对员工创新行为的直接影响。

5.5.2　理论贡献

本章从以下几个方面对现有相关研究进行了有意义的拓展。首先，揭示了组织柔性工作供给、柔性工作要求与员工创新行为的曲线型关系。在柔性工作与员工创新行为的关系研究中，尚存在柔性工作能够促进员工创新行为以及阻碍员工创新行为两种对立的结论（Chang et al.，2012；Sripirabaa and Maheswari，2015）。不同于以往单一的线性关系发现，本研究得出，组织柔性工作供给与柔性工作要求对员工创新行为的影响存在倒"U"型的非线性关系，组织通过特定范围内的柔性工作供给和要求，能够促进员工创新行为，而超过了这一范围，柔性工作安排将会对员工创新行为产生负面影响。这一结论部分解释了以往不一致结论产生的可能原因，也印证了皮尔斯和阿吉尼斯（Pierce and Aguinis，2013）的论断，即很多矛盾的研究结论源自"过犹不及"（too much of a good thing）效应，相关研究需要超越单调线性作用的简单假定，这为未来类似问题的分析提供了启示。

其次，从个体特征与工作特征的交互作用视角考察了柔性工作的有效性。研究通过整合人与环境匹配理论与工作要求—资源（JD－R）模型，发展了柔性工作安排与员工创新行为关系的研究框架，呼应了该模型过于简约的观点（Crawford et al.，2010）。工作要求—资源模型（Demerouti et al.，2001）利用两个总体类别：要求和资源来表示大多数工作属性，为研究工作特征和员工创新行为的关系提供了良好的工具，但员工适应工作环境的重要决定因素：个人特征的作用被忽视了（Schaufeli and Taris，

2014)。本研究发现，在柔性工作供给以及柔性工作要求与员工创新行为的关系中，柔性工作需求、柔性工作能力分别存在匹配性的调节作用，证实了个体特征在工作特征与员工创新行为关系中的权变作用。这一结论响应了个体创新的互动观点（Shalley et al.，2004），揭示在运用工作要求—资源（JD－R）模型的相关研究中，需要关注工作特征对不同个体的影响差异。

再次，厘清了柔性工作的供给—需求、要求—能力的不同组合状态对员工创新行为的差异化影响。在现有探索个体特征与环境特征的交互作用研究中，研究通常聚焦于某一种个体因素与环境因素，希望通过对其调节效应的分析，探索柔性工作安排有效性的边界条件，往往显得不够全面（Shockley and Allen，2010）。同时，调节效应分析显然不能准确刻画人与环境的互动性，也不能反映个体因素与环境因素的不同组合状态对其结果的差异化影响（Kristof et al.，2005）。本研究将柔性工作的人—工作匹配划分为高供给—高需求匹配、低供给—低需求匹配、供给过剩以及供给不足，以及高要求—高能力匹配、低要求—低能力匹配、要求过度以及要求不足等形态，利用多项式回归和响应面分析的方法，通过考察柔性工作供给与柔性工作需求、柔性工作要求与柔性工作能力的匹配与不匹配、高水平匹配与低水平匹配以及不匹配状态下，其对员工创新行为影响效应的相对大小，突破了"人与环境匹配状态下最优"的简单论断，从而为柔性工作与员工创新行为的关系带来了更加全面和深入的认识。

最后，融合了授权的社会结构和心理视角，探究了柔性工作对员工创新行为的影响机制。既有柔性工作的相关研究大多将组织的柔性工作安排作为一种高参与式实践，从授权的社会结构观点强调与员工分享权力和责任，分析其对员工的态度、行为与绩效的影响。然而，这种以组织为中心的授权观点是不完整的，相关研究需要将授权视为一个动态过程，分析组织赋予权力的结构条件和管理活动，及其对员工授权认知状态的影响，并最终达成积极的结果（Mathieu et al.，2006）。为了呼应这一观点，本研究将柔性工作安排这一社会结构授权形式，与员工心理授权联系起来，通过探讨心理授权在柔性工作与员工创新行为关系中的中介作用，解析了柔性工作对员工创新行为的影响机制，更好地诠释了柔性工作与员工创新行为之间的关系。同时，研究将柔性工作的人—工作匹配划分为不同的组合状态，利用多项式回归和响应面分析的方法，分析了其对心理授权以及创新行为的差异化影响，从研究视角、研究方法上拓展了授权的相关研究。研究发现，授权活动并不总是遵循"社会结构授权—心理授权—授权结果"的路径，例如，在要求—能力匹配的情况下，授权更多地对授权结果产生直接的影响，而不是通过心理影响的间接效应。

5.5.3　管 理 启 示

本章对于组织的工作设计变革与管理以及旨在提高员工创新行为的相关人力资源管理实践均具有一定的启示价值。研究认为，组织通过促进高水平的柔性工作供给—需求匹配、营造适度的柔性工作要求—能力匹配并创新柔性工作管理模式，可以有效提升员工的创新行为。

（1）促进高水平的供给—需求匹配

首先，组织在制定柔性工作管理政策时，要更多地基于员工目标导向而不是组织目标导向，并遵循开放、自愿的原则。在实施柔性工作时，需要评估员工需求水平，力求做到柔性工作的组织供给与员工需求的一致，并通过满足个体需求从而最终实现组织和员工的双赢。其次，组织进行柔性工作安排时，还需要考虑到不同水平的柔性工作供给—需求匹配效用的差异。当企业发现柔性工作的供给与需求不匹配时，最佳选择是加强"弱项"而不是减少"强项"，从而促成较高水平匹配的产生。最后，组织还应该不断优化组织柔性工作的供给条件，给予员工真正的自我决定的权利，避免其陷入"自治—控制悖论"；强化管理者对柔性工作员工的信任与支持，降低柔性工作员工的社会隔离感和职业生涯威胁感知，提高员工的柔性工作需求，使需求—供给由低水平匹配向高水平的匹配发展。

（2）营造适度的要求—能力匹配

组织需要因人而异地进行柔性工作设计和安排。一方面，在自愿原则的基础上，强化组织的筛选，力求将具备柔性工作能力的员工选拔到柔性工作岗位。另一方面，对于高能力的员工，可以适当的提高工作要求，赋予工作以一定的挑战性，让员工的知识、技术和能力得以最大化的实现；而对于能力较低的员工，则需要降低工作要求并针对性地制定一系列支持措施，如降低柔性工作频率，指定直接联系人，加强信息沟通与反馈等，帮助其解决柔性工作过程中出现的困难。值得注意的是，适度的要求—能力匹配的状态下，员工的创新行为最高，启示出，无论员工的能力有多高，过度的工作要求可能都不是企业的最优选择，那些高时间压力、高工作量压力以及高角色压力的柔性工作安排，不但严重损害了员工福祉，最终也必然对组织绩效特别是创造性产出产生负面影响。

（3）创新柔性工作管理模式

员工柔性工作需求和能力是动态变化的，长期的柔性工作一方面可能造成社会隔离感、工作超载、工作生活冲突等消极结果的累积；另一方面经验的积累也会提升员工的柔性工作适应能力，其他外部环境的改变也会造成员工柔性工作需求和能力的变化。因此，企业需要注重柔性工作管理的动态性，完善柔性工作安排的进入—退出机制和动态调整机制。同时，柔性工作包含时间柔性、地点柔性、工作角色柔性等多种类型，企业应该在研判不同柔性工作类型的适用情况和实施要求的基础上，结合员工的实际需求和能力，精准地选择相应的柔性工作类型进行安排。

5.5.4 局限性与研究展望

（1）研究局限

首先，截面数据的实证分析结论可能无法真实反映柔性工作人—工作匹配与员工心理授权、创新行为的因果机制，未来研究需要考虑以追踪研究和案例研究的方法，分析柔性工作与员工心理授权、创新行为的关系。

其次，柔性工作在我国的发展还处于起步阶段，鉴于数据的可得性，本研究样本量不高，且研究对象基本来自长三角地区，后续研究可以考虑扩大样本区域和容量，进一步提升研究结论的代表性。

再次，研究采用多项式回归的方法需要考虑个人、环境变量的量表结构和性质的一致性，但目前还并没有发现柔性工作供给—需求匹配、要求—能力匹配的间接测量成熟量表，使得本研究相关变量的测量显得不够权威。

最后，在控制变量选取方面，研究仅仅对性别、年龄、教育程度、工作年限等人口统计学特征以及工作强度变量进行了控制，而没有对可能影响员工创新行为的相关组织因素如组织氛围、组织文化、领导风格进行控制；同时，由于人—工作匹配是一种选择性行为，本研究所得到的估计结果可能反映了其他遗漏变量的影响，一定程度上影响了研究结论的精准性。

（2）研究展望

第一，柔性工作可分为时间柔性、空间柔性、就业关系柔性等多种类型（Spreitzer et al.，2017），不同柔性工作类型的人—工作匹配及其与员工心理授权以及员工创新行为的关系也可能存在差异；因此，后续研究可以考虑增加样本容量，强化不同柔性工作类型的比较和细分研究。

第二，传统的激励理论认为，个体需求可以细分为不同的类型，自我决定理论也指出，个体基本心理需求有自主需求、胜任需求以及关系需求三种形式（Deci et al.，2017）。同时，在柔性工作要求方面，也可以分为发展的不确定性、工作中断增加、工作强化、角色模糊、时间压力、角色冲突等（Sardeshmukh et al.，2012；Ter Hoeven et al.，2015）。后续研究需要考察不同形式的柔性工作供给—需求匹配、要求—能力匹配对员工创新行为的效果差异。

第三，相关创新理论认为，员工的创新行为具有探索式和利用式的双元性特征，一些研究也从定性和定量的角度证实了柔性工作对双元性创新的影响可能存在差别（Raghuram，1996），后续研究需要探究柔性工作安排对不同创新类型的差异化影响机制和边界条件。

本章参考文献

[1] 陈国权，陈子栋. 领导授权行为对员工学习能力影响机制研究 [J]. 科研管理，2017，38（3）：114 - 127.

[2] 陈晓萍，徐淑英，樊景立. 组织管理研究的实证方法（第二版）[M]. 北京：北京大学出版社，2012.

[3] 胡进梅，沈勇. 工作自主性和研发人员的创新绩效：基于任务互依性的调节效应模型 [J]. 中国人力资源开发，2014（17）：30 - 35.

[4] 李超平，李晓轩，时勘，等. 授权的测量及其与员工工作态度的关系 [J]. 心理学报，2006，38（1）：99 - 106.

[5] 李新建，李懿. 双元工作要求与员工创新行为：技能延展力的中介作用 [J]. 科学学与科学技术管理，2017，38（11）：155 - 167.

[6] 李永占. 变革型领导对员工创新行为的影响：心理授权与情感承诺的作用 [J]. 科研管理，2018，39（7）：123 - 130.

[7] 刘景江，邹慧敏. 变革型领导和心理授权对员工创造力的影响 [J]. 科研管理，2013，34（3）：68 - 74.

[8] 刘靖东，钟伯光，姒刚彦. 自我决定理论在中国人人群的应用 [J]. 心理科学进展，2013，21（10）：1803 - 1813.

[9] 吕霄，樊耘，张婕，等. 授权型领导视角下个性化交易形成及对员工创新行为的影响 [J]. 科学学与科学技术管理，2018，39（4）：139 -

149.

[10] 马红宇, 申传刚, 杨璟, 等. 边界弹性与工作—家庭冲突、增益的关系: 基于人—环境匹配的视角 [J]. 心理学报, 2014 (4): 540 - 551.

[11] 彭新敏, 郑素丽, 吴晓波, 等. 后发企业如何从追赶到前沿? ——双元性学习的视角 [J]. 管理世界, 2017, 33 (2): 142 - 158.

[12] 齐昕, 刘洪, 林彦梅. 远程工作许可与员工生产越轨行为的关系研究: 影响机制与边界条件 [J]. 管理评论, 2017, 29 (10): 143 - 156.

[13] 齐昕, 刘洪, 张晶晶. 柔性工作、心理授权与员工创造力: 基于"供给—需求匹配"视角 [J]. 科学学与科学技术管理, 2017, 38 (12): 161 - 174.

[14] 孙健敏, 陈乐妮, 尹奎. 挑战性压力源与员工创新行为: 领导—成员交换与辱虐管理的作用 [J]. 心理学报, 2018, 50 (4): 436 - 449.

[15] 孙永磊, 宋晶, 陈劲. 差异化变革型领导、心理授权与组织创造力 [J]. 科学学与科学技术管理, 2016, 37 (4): 137 - 146.

[16] 王艳子. 教练型领导对员工创新行为的影响: 差错管理氛围的跨层次效应 [J]. 科学学与科学技术管理, 2018, 39 (8): 115 - 129.

[17] 王雁飞, 王丽璇, 朱瑜. 基于资源保存理论视角的心理资本与员工创新行为关系研究 [J]. 商业经济与管理, 2019 (3): 40 - 49.

[18] 王永丽, 张智宇, 何颖. 工作—家庭支持对员工创造力的影响探讨 [J]. 心理学报, 2012, 44 (12): 1651 - 1662.

[19] 吴晓波, 付亚男, 吴东, 等. 后发企业如何从追赶到超越? ——基于机会窗口视角的双案例纵向对比分析 [J]. 管理世界, 2019, 35 (2): 151 - 167, 200.

[20] 杨皖苏, 杨善林. 主动性—被动性员工创新行为: 基于挑战性—阻断性压力源双路径分析 [J]. 科学学与科学技术管理, 2018, 39 (8):

130 – 144.

[21] 赵曙明. 创新驱动要以人才开发为基点 [N]. 新华日报, 2016 – 07 – 26 (16).

[22] 赵瑜, 莫申江, 施俊琦. 高压力工作情境下伦理型领导提升员工工作绩效和满意感的过程机制研究 [J]. 管理世界, 2015 (8): 120 – 131.

[23] 朱苏丽, 龙立荣. 工作要求对研发人员创新行为影响的实证研究——以工作情感为中介变量 [J]. 武汉理工大学学报 (社会科学版), 2010, 23 (4): 507 – 511.

[24] Afsar B, Badir Y, Khan M M. Person-job fit, person-organization fit and innovative work behavior: The mediating role of innovation trust [J]. The Journal of High Technology Management Research, 2015, 26 (2): 105 – 116.

[25] Amabile T M, Conti R, Coon H, et al. Assessing the work environment for creativity [J]. Academy of Management Journal, 1996, 39 (5): 1154 – 1184.

[26] Amabile T M. Motivating creativity in organizations: On doing what you love and loving what you do [J]. California Management Review, 1997, 40 (1): 39 – 58.

[27] Axtell C M, Holman D J, Unsworth K L, et al. Shopfloor innovation: Facilitating the suggestion and implementation of ideas [J]. Journal of Occupational and Organizational Psychology, 2000, 73 (3): 265 – 285.

[28] Azar S, Khan A, Van Eerde W. Modelling linkages between flexible work arrangements' use and organizational outcomes [J]. Journal of Business Research, 2018, 91 (1): 134 – 143.

[29] Baer M, Oldham G R. The curvilinear relation between experienced creative time pressure and creativity: Moderating effects of openness to experience and support for creativity [J]. Journal of Applied Psychology, 2006, 91

(4): 963 - 970.

[30] Berkery E, Morley M J, Tiernan S, et al. On the uptake of flexible working arrangements and the association with human resource and organizational performance outcomes [J]. European Management Review, 2017, 14 (2): 165 - 183.

[31] Birdi K, Leach D, Magadley W. The relationship of individual capabilities and environmental support with different facets of designers' innovative behavior [J]. Journal of Product Innovation Management, 2016, 33 (1): 19 - 35.

[32] Bledow R. Managing innovation successfully: The value of contextual fit [D]. Hessen: Giessen University, 2010.

[33] Bunce D, West M A. Self perceptions and perceptions of group climate as predictors of individual innovation at work [J]. Applied Psychology, 1995, 44 (3): 199 - 215.

[34] Byron K, Khazanchi S, Nazarian D. The relationship between stressors and creativity: A meta-analysis examining competing theoretical models [J]. Journal of Applied Psychology, 2010, 95 (1): 201 - 212.

[35] Cable D M, DeRue D S. The convergent and discriminant validity of subjective fit perceptions [J]. Journal of Applied Psychology, 2002, 87 (5): 875 - 884.

[36] Chang J W, Huang D W, Choi J N. Is task autonomy beneficial for creativity? Prior task experience and self-control as boundary conditions [J]. Social Behavior and Personality: An International Journal, 2012, 40 (5): 705 - 724.

[37] Chilton M A, Hardgrave B C, Armstrong D J. Performanceand strain levels of it workers engaged in rapidly changing environments: A person-job fit perspective [J]. Data Base for Advances in Information Systems, 2010, 41

(1): 8 - 35.

[38] Choi J N, Price R H. The effects of person-innovation fit on individual responses to innovation [J]. Journal of Occupational and Organizational Psychology, 2005, 78 (1): 83 - 96.

[39] Choi J N. Change-oriented organizational citizenship behavior: Effects of work environment characteristics and intervening psychological processes [J]. Journal of Organizational Behavior, 2007, 28 (4): 467 - 484.

[40] Choi J N. Person-environment fit and creative behavior: Differential impacts of supplies-values and demands-abilities versions of fit [J]. Human Relations, 2004, 57 (5): 531 - 552.

[41] Coenen M, Kok R A W. Workplace flexibility and new product development performance: The role of telework and flexible work schedules [J]. European Management Journal, 2014, 32 (4): 564 - 576.

[42] Conger J A, Kanungo R N. The empowerment process: Integrating theory and practice [J]. Academy of Management Review, 1988, 13 (3): 471 - 482.

[43] Crawford E R, LePine J A, Rich B L. Linking job demandsand resources to employee engagement and burnout: A theoretical extension and meta-analytic test [J]. Journal of Applied Psychology, 2010, 95 (5): 834 - 848.

[44] De Jonge J, Schaufeli W B. Job characteristics and employee well-being: A test of Warr's Vitamin Model in health care workers using structural equation modelling [J]. Journal of Organizational Behavior, 1998, 19 (4): 387 - 407.

[45] De Menezes L M, Kelliher C. Flexible workingand performance: A systematic review of the evidence for a business case [J]. International Journal of Management Reviews, 2011, 13 (4): 452 - 474.

[46] Deci E L, Olafsen A H, Ryan R M. Self-determination theoryin work organizations: The state of a science [J]. Annual Review of Organizational Psychology and Organizational Behavior, 2017, 4 (1): 19 –43.

[47] Demerouti E, Bakker A B, Nachreiner F, et al. The job demands-resources model of burnout [J]. Journal of Applied psychology, 2001, 86 (3): 499 –512.

[48] Edwards, J R. Alternatives to difference scores: Polynomial regression analysis and response surface methodology [A]. In Drasgow F N, Schmitt (Eds.), Measuring and analyzing behavior in organizations: Advances in measurement and data analysis [C]. San Francisco, CA: Jossey-Bass, 2002: 350 – 400.

[49] Eysenck H J. Genius: The natural history of creativity [M]. Cambridge, MA: Cambridge University Press, 1995.

[50] Fernet C, Austin S, Trépanier S G, et al. How do job characteristics contribute to burnout? Exploring the distinct mediating roles of perceived autonomy, competence, and relatedness [J]. European Journal of Work and Organizational Psychology, 2013, 22 (2): 123 –137.

[51] Ford C M. Theory of individual creative action in multiple social domains [J]. Academy of Management Review, 1996, 21 (4): 1112 –1142.

[52] Gainey T W, Clenney B F. Flextime and telecommuting: Examining individual perceptions [J]. Southern Business Review, 2006, 32 (1): 13 – 21.

[53] Gardner D G. Task complexity effects on non-task-related movements: A test of activation theory [J]. Organizational Behavior and Human Decision Processes, 1990, 45 (2): 209 –231.

[54] Gregory B T, Albritton M D. The mediating role of psychological empowermenton the relationships between p-o fit, job satisfaction, and in-role per-

formance [J]. Journal of Business and Psychology, 2010, 25 (4): 639 –
647.

[55] Hammond M M, Neff N L, Farr J L, et al. Predictors of individual-
level innovation at work: A meta-analysis [J]. Psychology of Aesthetics, Cre-
ativity, and the Arts, 2011, 5 (1): 90 – 105.

[56] Hill E J, Grzywacz J G, Allen S, et al. Defining and conceptuali-
zing workplace flexibility [J]. Community, Work and Family, 2008, 11
(2): 149 – 163.

[57] Hobfoll S E, Ford J S. Conservation of resources theory [J]. Ency-
clopedia of Stress, 2007, 3 (3): 562 – 567.

[58] Huang W, Yuan C, Li M. Person-job fit and innovation behavior:
Roles of job involvement and career commitment [J]. Frontiers in Psychology,
2019, 10: 1134.

[59] Janssen O. Job demands, perceptions of effort-reward fairness and in-
novative work behaviour [J]. Journal of Occupational and Organizational Psy-
chology, 2000, 73 (3): 287 – 302.

[60] Joo B K, Yang B, McLean G N. Employee creativity: The effects of
perceived learning culture, leader-member exchange quality, job autonomy,
and proactivity [J]. Human Resource Development International, 2014, 17
(3): 297 – 317.

[61] Kanter R M. When a thousand flowers bloom: Structural, collective,
and social conditions for innovation in organizations [J]. Knowledge Manage-
ment and Organisational Design, 1988, 10 (1): 93 – 131.

[62] Knol J, Van Linge R. Innovative behaviour: The effect of structural
and psychological empowerment on nurses [J]. Journal of Advanced Nursing,
2009, 65 (2): 359 – 370.

[63] Kossek E E, Thompson R J, Lautsch B A. Balanced workplace flexi-

bility: Avoidingthe traps [J]. California Management Review, 2015, 57 (4): 5 – 25.

[64] Kristof A L, Zimmerman R D, Johnson E C. Consequences of individuals' fit at work: A meta-analysis of person-job, person-organization, person-group, and person-supervisor fit [J]. Personnel Psychology, 2005, 58 (2): 281 – 342.

[65] Kristof A L, Zimmerman R D, Johnson E C. Consequences of individuals' fit at work: A meta-analysis of person-job, person-organization, person-group, and person-supervisor fit [J]. Personnel Psychology, 2005, 58 (2): 281 – 342.

[66] Labianca G, Gray B, Brass D J. A grounded model of organizational schema change during empowerment [J]. Organization Science, 2000, 11 (2): 235 – 257.

[67] Langfred C W. Too much of a good thing? Negative effects of high trust and individual autonomy in self-managing teams [J]. Academy of Management Journal, 2004, 47 (3): 385 – 399.

[68] Lapierre L M, Steenbergen E F, Peeters M C W, et al. Juggling work and family responsibilities when involuntarily working more from home: A multiwave study of financial sales professionals [J]. Journal of Organizational Behavior, 2016, 37 (6): 804 – 822.

[69] Livingstone L P, Nelson D L, Barr S H. Person-environment fit and creativity: An examination of supply-value and demand-ability versions of fit [J]. Journal of Management, 1997, 23 (2): 119 – 146.

[70] Long Z, Kuang K, Buzzanell P M. Legitimizing and elevating telework: Chinese constructions of a nonstandard work arrangement [J]. Journal of Business and Technical Communication, 2013, 27 (3): 243 – 262.

[71] Luthans F, Avolio B J, Avey J B, et al. Positive psychological cap-

ital: Measurement and relationship with performance and satisfaction [J]. Personnel Psychology, 2007, 60 (3): 541 – 572.

[72] Masuda A D, Poelmans S A Y, Allen T D, et al. Flexible work arrangements availability and their relationship with work-to-family conflict, job satisfaction, and turnover intentions: A comparison of three country clusters [J]. Applied Psychology, 2012, 61 (1): 1 – 29.

[73] Mathieu J E, Gilson L L, Ruddy T M. Empowerment and team effectiveness: An empirical test of an integrated model [J]. Journal of Applied Psychology, 2006, 91 (1): 97 – 108.

[74] Matthews R A, Barnes-Farrell J L, Bulger C A. Advancing measurement of work and family domain boundary characteristics [J]. Journal of Vocational Behavior, 2010, 77 (3): 447 – 460.

[75] Mazmanian M, Orlikowski W J, Yates J. The autonomy paradox: The implications of mobile devices for knowledge professionals [J]. Organization Science, 2013, 24 (5): 1337 – 1357.

[76] Moulang C. Performance measurement system use in generating psychological empowerment and individual creativity [J]. Accounting & Finance, 2015, 55 (2): 519 – 544.

[77] Oldham G R, Cummings A. Employee creativity: Personal and contextual factors at work [J]. Academy of Management Journal, 1996, 39 (3): 607 – 634.

[78] Pierce J R, Aguinis H. The too-much-of-a-good-thing effect in management [J]. Journal of Management, 2013, 39 (2): 313 – 338.

[79] Raghuram S. Knowledge creation in the telework context [J]. International Journal of Technology Management, 1996, 11 (7 – 8): 859 – 870.

[80] Rau B L, Hyland M M. Role conflict and flexible work arrangements: The effects onapplicant attraction [J]. Personnel Psychology, 2002,

55 (1): 111 –136.

[81] Ren F, Zhang J. Job stressors, organizational innovation climate, and employees' innovative behavior [J]. Creativity Research Journal, 2015, 27 (1): 16 –23.

[82] Rosen C C, Slater D J, Johnson R E. Let's make a deal: Development and validation of the ex post i-deals scale [J]. Journal of Management, 2013, 39 (3): 709 –742.

[83] Ryan R M, Deci E L. Self-determination theory and the facilitation of intrinsic motivation, social development, and well-being [J]. American Psychologist, 2000, 55 (1): 68 –78.

[84] Sardeshmukh S R, Sharma D, Golden T D. Impact of telework on exhaustion and job engagement: A job demands and job resources model [J]. New Technology, Work and Employment, 2012, 27 (3): 193 –207.

[85] Schaufeli W B, Taris T W. A critical review of the job demands-resources model: Implications for improving work and health [J]. Bridging Occupational, Organizational and Public Health. Springer, Dordrecht, 2014, 4: 43 –68.

[86] Schuh S C, Zhang X, Morgeson F P, et al. Are you really doing good things in your boss's eyes? Interactive effects of employee innovative work behavior and leader-member exchange on supervisory performance ratings [J]. Human Resource Management, 2018, 57 (1): 397 –409.

[87] Scott S G, Bruce R A. Determinants of innovative behavior: A path model of individual innovation in the workplace [J]. Academy of Management Journal, 1994, 37 (3): 580 –607.

[88] Seibert S E, Silver S R, Randolph W A. Taking empowerment to the next level: A multiple-level model of empowerment, performance, and satisfaction [J]. Academy of Management Journal, 2004, 47 (3): 332 –349.

［89］ Shalley C E, Gilson L L. What leaders need to know: A review of social and contextual factors that can foster or hinder creativity ［J］. The Leadership Quarterly, 2004, 15 (1): 33-53.

［90］ Shanker R, Bhanugopan R, Van der Heijden B I J M, et al. Organizational climate for innovation and organizational performance: The mediating effect of innovative work behavior ［J］. Journal of Vocational Behavior, 2017, 100 (1): 67-77.

［91］ Shanock L R, Baran B E, Gentry W A, et al. Polynomial regression with response surface analysis: A powerful approach for examining moderation and overcoming limitations of difference scores ［J］. Journal of Business and Psychology, 2010, 25 (4): 543-554.

［92］ Shin S J, Yuan F, Zhou J. When perceived innovation job requirement increases employee innovative behavior: A sensemaking perspective ［J］. Journal of Organizational Behavior, 2017, 38 (1): 68-86.

［93］ Shockley K M, Allen T D. Investigating the missing link in flexible work arrangement utilization: An individual difference perspective ［J］. Journal of Vocational Behavior, 2010, 76 (1): 131-142.

［94］ Singh M, Sarkar A. The relationship between psychological empowerment and innovative behavior ［J］. Journal of Personnel Psychology, 2012, 11 (3): 127-137.

［95］ Spreitzer G M, Cameron L, Garrett L. Alternative work arrangements: Two images of the new world of work ［J］. Annual Review of Organizational Psychology and Organizational Behavior, 2017, 4 (1): 473-499.

［96］ Spreitzer G M. Psychological empowerment in the workplace: Dimensions, measurement, and validation ［J］. Academy of Management Journal, 1995, 38 (5), 1442-1465.

［97］ Sripirabaa B, Maheswari S T. Individual creativity: Influence of job autonomy and willingness to take risk [J]. SCMS Journal of Indian Management, 2015, 12 (4): 110 – 118.

[98] Su R, Murdock C D, Rounds J. Person-environment fit [J]. APA Handbook of Career Intervention, 2015, 1 (1): 81 – 98.

[99] Sun L Y, Zhang Z, Qi J, et al. Empowerment and creativity: A cross-level investigation [J]. The Leadership Quarterly, 2012, 23 (1): 55 – 65.

[100] Sweet S, Pitt-Catsouphes M, Besen E, et al. Explaining organizational variation in flexible work arrangements: Why the pattern and scale of availability matter [J]. Community, Work & Family, 2014, 17 (2): 115 – 141.

[101] Ter Hoeven C L, van Zoonen W. Flexible work designs and employee well-being: Examining the effects of resources and demands [J]. New Technology, Work and Employment, 2015, 30 (3): 237 – 255.

[102] Thompson R J, Payne S C, Taylor A B. Applicant attraction to flexible work arrangements: Separating the influence of flextime and flexplace [J]. Journal of Occupational and Organizational Psychology, 2015, 88 (4): 726 – 749.

[103] Thurlings M, Evers A T, Vermeulen M. Toward a model of explaining teachers' innovative behavior: A literature review [J]. Review of Educational Research, 2015, 85 (3): 430 – 471.

[104] Uglanova E, Dettmers J. Sustained effects of flexible working time arrangements on subjective well-being [J]. Journal of Happiness Studies, 2018, 19 (6): 1727 – 1748.

[105] Unsworth K L, Clegg C W. Why do employees undertake creative action? [J]. Journal of Occupational and Organizational Psychology, 2010, 83 (1): 77 – 99.

[106] Vega R P. Why use flexible work arrangements? A policy capturing

study examining the factors related to flexible work arrangement utilization [D].
Fairfax, VA: George Mason University, 2015.

[107] Volmer J, Spurk D, Niessen C. Leader-member exchange (LMX),
job autonomy, and creative work involvement [J]. The Leadership Quarterly,
2012, 23 (3): 456 −465.

[108] Wong S I, Giessner S R. The thin line between empoweringand lais-
sez-faire leadership: An expectancy-match perspective [J]. Journal of Manage-
ment, 2018, 44 (2): 757 −783.

[109] Wu C H, Parker S K, De Jong J P J. Need for cognition as an ante-
cedent of individual innovation behavior [J]. Journal of Management, 2014,
40 (6): 1511 −1534.

[110] Yuan F, Woodman R W. Innovative behavior in the workplace:
The role of performance and image outcome expectations [J]. Academy of Man-
agement Journal, 2010, 53 (2): 323 −342.

[111] Zhang W, Jex S M, Peng Y, et al. Exploring the effects of job au-
tonomy on engagement and creativity: The moderating role of performance pres-
sure and learning goal orientation [J]. Journal of Business and Psychology,
2017, 32 (3): 235 −251.

[112] Zhang X, Bartol K M. Linking empowering leadership and employee
creativity: The influence of psychological empowerment, intrinsic motivation,
and creative process engagement [J]. Academy of Management Journal, 2010,
53 (1): 107 −128.

第 6 章

柔性工作安排与员工反生产绩效

    远程工作作为柔性工作的一种方式，对社会、组织和个人具有巨大的潜在效益，被认为是未来企业的重要工作范式之一。但远程工作的推广实施面临着诸多困境，尤其是监督难度的增高，使得管理者对于远程工作是否会导致更高的员工反生产绩效存在疑虑。针对这一问题，本章构建了一个多重影响机制模型，实证分析了远程工作影响员工生产越轨行为的多重路径和边界条件，以期厘清远程工作与员工生产越轨行为的关系。

6.1 研究缘起

    组织之中，普遍存在一些诸如工作推诿、消极怠工、迟到早退等现象，即生产越轨行为（Robinson and Bennett，1995）。生产越轨行为不但增加了组织的生产和运营成本、降低了生产效率，还导致了产品质量下降、生产事故率上升，甚至给组织带来无法弥补的巨大损失（Hershcovis and Barling，2010），如何控制生产越轨行为，已成为理论界和实践界关注的热点问题之一。近年来，大量研究聚焦于生产越轨行为的影响因素，试图通过对生产越轨行为前因变量的挖掘，为组织生产越轨行为的干预提供启示。研究发现，员工性格特质、组织氛围、制度环境、领导风格等因素能够影响员工生产越轨行为，在此基础上，学者们从员工甄别与筛选、营造良好的企业文化、加强绩效考核与薪酬管理、转换领导风格等方面提出了组织生产越轨行为的控制方法（Kluemper et al.，2015；Restubog et al.，2015；Bollmann and Krings，2015；Michel et al.，2016；张永军，2014）。然而，从工作本身出发，研究通过工作设计、工作安排对生产越轨行为的影响，相关研究鲜少，一些结论的有效性也缺乏实证数据的检验。

作为一种家庭友好型工作安排，远程工作在欧美等发达国家已得到广泛的应用，由于其赋予员工灵活安排工作时间和工作地点的权力，提高了工作自主性，有利于员工更好地协调工作与生活的平衡，被认为是缓解员工工作、生活压力，提升工作满意度与绩效的重要途径（Gajendran and Harrison，2007）。然而，还有一些研究认为，由于缺乏直接监督，管理者无法对员工的远程工作行为进行干预，可能会导致员工工作越轨行为的增多，无法保证工作效率（Leslie et al.，2012）。理论的不确定使得管理者在决定是否实施远程工作时左右为难，造成远程工作实践近年来陷入停滞。因此，厘清远程工作许可对员工生产越轨行为的影响机制及其边界条件，不但能为员工生产越轨行为探寻可靠的解决方案，也能够为推行远程工作这一新兴的工作方式提供理论依据。

生产越轨行为的经典理论——因果推理理论（the causal reasoning theory，CRT）认为，相关情境因素及其诱发的员工感知不平衡是生产越轨行为的关键前因，而组织因素与工作因素是最为关键的两个情境因素（Martinko et al.，2002）。在组织因素方面，现有研究大多依据社会交换理论，认为生产越轨行为源自员工对于其与组织的不良交换关系的感知，如心理契约违背、低组织承诺、组织不公正感、不均衡的员工—组织关系等（Restubog et al.，2015；Bollmann and Krings，2015；Michel et al.，2016；

张永军，2014；Akremi et al.，2010）；从这个视角出发，远程工作作为一种"差异化""有价值"的资源（Vidyarthi et al.，2014），可能通过满足员工的需求和自我成就感，增强员工的组织支持感知，从而形成高质量的角色认知与雇佣关系并减少生产越轨行为的发生。在工作因素方面，斯佩克特和福克斯（Spector and Fox，2005）提出了压力—情绪模型，从工作压力角度解释了生产越轨行为的产生机制。他们认为工作负担、任务的困难性、时间压力等工作要求会给员工带来压力感，进而产生负性情绪并导致越轨行为。而根据工作要求—控制模型（job demand-control model，JD-C），员工对工作自主控制的感知能够降低工作要求带来的压力感（Karasek and Robert，1979）；因此，可以认为，远程工作许可也可以通过提高员工对于工作任务的自主性感知，进而减少员工的工作压力与生产越轨行为。同时，还有一些研究发现，组织通过灵活性工作安排，赋予员工一定的工作自主性，还能够形成良好的员工—组织关系和领导—成员交换关系（Mowday et al.，2013；Chen and Aryee，2007），即远程工作许可对员工生产越轨行为的两条影响机制之间还存在着密切的联系。

综上所述，本研究从诱发员工生产越轨行为的两个主要因素：组织因素与工作因素出发，从基于以组织为参照的关系感知以及基于以工作为参照的任务感知两个维度，构建一个双路径模型并分析它们之间的联系，探索远程工作对生产越轨行为的多重影响机制，希望能够为远程工作许可与员工生产越轨行为的复杂性关系提供更加深入的认识。

同时，还有一些学者指出，不是所有的员工都希望远程工作，远程工作也不总是带来积极的行为结果，员工是否愿意接受远程工作安排，是远程工作效果产生的重要边界条件（Lapierre et al.，2016；Tony，2014）。因此，员工远程工作意愿的差异可能是远程工作与员工生产越轨行为关系不确定的一个关键原因。基于此，本研究还构建了一个多重影响机制模型，运用社会交换理论与工作压力理论，分析内部人身份认知、工作自主性的中介效应以及员工远程工作意愿的调节效应，探究远程工作许可是否影响、如何影响、何时影响员工生产越轨行为。

6.2 研究假设

6.2.1 远程工作许可、内部人身份认知与生产越轨行为

斯坦普和马斯特森（Stamper and Masterson，2002）认为，内部人身份认知指"员工对自身作为组织成员所获得的个人空间以及被组织接受程度的感知"，它代表了员工与组织关系的一个新维度，即员工对于自己作为组织内团体成员的感知程度。他们认为，组织内之所以存在"内部人"与"外部人"，是因为组织对不同群体提供了差异化的奖励与诱因，这些差异化的福利、培训以及晋升机会生成了一种信号机制，即一些员工对于组织来说是更有价值的，而另外一些员工是不重要的。因此，那些得到组织认可的员工将感觉到自己是属于这个组织的，即产生了"内部人身份认知"。在中国文化情境中，企业领导者也普遍基于"差序格局"，按照"亲、忠、才"对员工进行自己人或外人归类，并据此赋予员工不同的信任、支持以及授权赋能等诱因，而员工也会依据自己与组织之间的交换和互动关系，进行自我归类，即形成"内部人身份认知"和"外部人身份认知"（郑伯埙，1995；尹俊等，2012）。

远程工作不但可以降低交通成本、节省交通时间，缓解工作—家庭冲突，更能够满足员工追求"自由""独立""个性化"等个性需求；对于组织而言，远程工作可以减少运营成本和员工离职率，提高组织绩效（Gajendran and Harrison，2007）。尽管其存在种种优势，但它也对传统组织制度和管理带来了巨大的挑战；实际上，大量研究显示，管理者对实施远程工作并不热衷，其更多的是作为一种非标准化的工作安排，而不是一

项针对所有员工的义务，即不是所有的员工都有权利享受这种待遇，远程工作许可取决于员工的组织地位、个体价值以及受信赖程度（Bailey and Kurland，2002；Donnelly，2006）。有关特殊协议待遇（I-deals）相关研究也发现，越来越多的管理者将远程工作作为一种有交换价值的资源，用来吸引和保留高价值员工，这就意味着，这种待遇只提供给那些表现突出的人员（Hornung et al.，2008；Rosen et al.，2013）。因此，获得远程工作许可的员工，能够感知到自己被组织所认可，从而增加对组织的归属感，即产生"内部人身份认知"。同时，研究还发现，即使形成了制度化的远程工作安排，在相关政策的实施方面，组织仍然依赖管理人员的自由裁量，进行远程工作员工的筛选；因为担心失去控制权，他们往往选择值得信赖的员工（Kelly and Kalev，2006；Lautsch et al.，2009）。而得到远程工作许可的员工，通过对领导的信任与支持的感知，进而形成高质量、差异化的领导成员交换关系，产生员工"内部人身份认知"（汪林等，2009；杨晓等，2015）。综上所述，可以发现，远程工作许可符合阿姆斯特朗·斯塔森和施洛瑟、许等（Armstrong-Stassen and Schlosser，2011；Hui et al.，2015）提出的促进高水平内部人身份认知的几种情况，即个人需求的满足、个人价值的认可以及感知领导的支持，因此，本节作出如下假设：

H_{6-1}：远程工作许可对员工的内部人身份认知具有正向影响。

组织心理学认为，员工的角色认知是解释和预测员工组织行为的关键变量；大量有关员工内部人身份认知的研究发现，员工内部人身份认知能够促进个人积极行为如组织公民行为、创新行为、建言行为的发生（Chen and Aryee，2007；汪林等，2009），而对于是否能够减少消极行为，相关研究较少。斯坦普和马斯特森（Stamper and Masterson，2002）研究发现，具有高内部人身份认知的员工倾向于把自己视为组织的公民，并接受公民应有的责任，从而愿意参加超出其工作职责需要的角色外行为，同时也会克制任何可能损害组织运营的活动，如工作越轨行为。同时，低内部人身份认知的员工更有可能进行一些降低组织生产效率的行为，因为他们认为自己不需要为组织的产出负责。还有一些研究者运用自我归类理论认为，具有"内部人身份认知"的员工会将自我定义为组织的一分子，会自觉地遵守组织规范、完成组织目标，以避免认知失调（Zhao et al.，2014）。在中国企业中，员工的集体主义感和角色服从性更高，对具有"内部人身份认知"的下属而言，不但愿意更加努力地工作，而且愿意将组织的利益置于个人利益之上（Chen and Aryee，2007）。综上所述，尽管"内部人身份认知"对生产越轨行为影响的相关研究较少，但正如斯坦普和马斯特森（Stamper and Masterson，2002）所言，员工组织公民行为和工作场所越轨行为是连续统一体的对立两端，内部人身份认知促进了组织公民行为，必然会导致工作越轨行为的降低。因此，本研究作出如下假设：

H_{6-2}：员工的内部人身份认知能够降低其生产越轨行为。

根据社会交换理论的互惠机制，当个体被他人优待时，个体往往通过积极的态度和行为做出回应，在这个过程中，个体的认知与情绪是尤为重要的中介因素（Chen and Aryee，2007）。大量实证研究已经证实组织支持、领导行为等会通过改变员工的角色认知间接地对员工的行为产生影响（汪林等，2009；杨晓等，2015；Armstrong-Stassen and Schlosser，2011；Hui et al.，2015）。因此，那些被组织许可进行远程工作的员工，就会感知组织对他们的支持、重视和认同（Vidyarthi et al.，2014；Gajendran et al.，2015），使这些员工产生内部人的角色认知并滋长出感恩戴德的情感，作为回报，他们不但会更加服从工作角色的要求，自觉地遵守组织规范，也愿意付出超出职责范围的努力，表现出高度的敬业行为。基于以上论述，可以提出如下假设：

H_{6-3}：远程工作许可通过对员工的内部人身份认知的正向影响降低员工生产越轨行为。

6.2.2　远程工作许可、工作自主性与生产越轨行为

相对与传统工作，提高工作自主性被认为是远程工作的核心优势之一，一些元分析结果也确认了组织远程工作许可对工作自主权的促进作用（Gajendran and Harrison，2007）。首先，根据哈克曼和奥尔德姆（Hackman and Oldham，1976）的工作特征理论，工作自主性指员工对其工作过程安排、工作方式选择的自由与权力大小，而远程工作许可意味着赋予了员工自由选择何种工作方式的权力，必然能带来员工工作自主性的提高。其次，远程工作的管理模式使得员工拥有更高的工作自由裁量权。劳奇等（Lautsch et al.，2009）通过对远程工作模式与传统工作模式的比较分析发现，尽管上司确切希望紧密接触远程工作的下属，他们只能利用一些非指令的方式而不是传统的监督行为对远程工作员工进行管理，如企业通常采用结果导向而非过程导向对远程工作员工进行考核，即使同样存在任务目标和截止日期，更多的工作弹性还是能够让员工产生自由与自主权感知。最后，远程工作还降低了传统工作场所中同事间的社会规范和意识形态对员工的控制，使得员工能够依据自己的意愿进行工作规划。在传统的工作环境下，员工在工作中会经常遭遇到领导和同事意外的干预，而远程工作者由于空间和心理上的隔离，能够更好地规避他人的影响，远离"办公室政治"，自由的安排工作时间与工作进度（Sewell and Taskin，2015；Chen and McDonald，2015）。基于以上论述，可以提出如下假设：

H_{6-4}：远程工作许可对员工的工作自主性具有正向影响。

工作要求—控制模型认为，要求与控制是影响员工工作心理和行为的主要因素。要求指工作负荷、冲突以及其他工作情境中的压力源，它激发了个体的工作动机并产生压力；控制指员工感知对自己工作的掌控程度，它对于要求的负面作用具有缓冲效应。按照要求和控制的高低水平组合，

可以将工作划分为高要求—高控制、高要求—低控制、低要求—高控制以及低要求—低控制四种类型（Karasek and Robert，1979）。其中高要求—低控制称为高紧张工作，低要求—低控制称为消极工作，均会伴随一定程度的生产越轨行为（Baillien et al.，2011）。因此，提高员工工作自主性，不但可以降低高工作要求造成的压力与紧张感，还可以增加员工工作内部动机与主动性，从而减少生产越轨行为的发生。还有一些学者基于工作要求—资源模型（job demand-resources model，JD－R）认为，工作自主性作为一种关键的工作资源，可以对高工作要求产生的情绪耗竭、工作倦怠及压力感知起到缓冲作用，使员工感到精力充沛并拥有更多的奉献精神，对工作更加负责（Gajendran et al.，2015；Sardeshmukh et al.，2012）。基于以上论述，可以提出如下假设：

H_{6-5}：员工的工作自主性能够降低其生产越轨行为。

根据工作压力相关理论，可以认为，生产越轨行为的生成机制遵循"情境刺激→压力感知→情绪反应→越轨行为"的逻辑顺序，工作场所中的组织约束、人际冲突、工作负荷等压力情境使个体产生了生理、心理以及行为上的紧张，继而引发个体的愤怒、焦虑等负性情绪反应，最终导致生产越轨行为的发生。而远程工作使员工能够更好地控制工作地点、工作时间以及工作方式，加强了员工的工作自主性，缓解了员工的压力与知觉不平衡，进而降低了工作越轨行为。因此，可以提出如下假设：

H_{6-6}：远程工作许可通过对员工的工作自主性的正向影响降低了员工生产越轨行为。

6.2.3　两条路径的关系分析

如前所述，工作自主性作为一种关键的工作资源，可以缓解高工作要求产生的情绪耗竭、工作倦怠及压力感知，使员工感到精力充沛并拥有更多的奉献精神，从而减少生产越轨行为。同时，一些研究指出，组织通过赋予员工更高的工作自主性，还能够显著提升员工的内部人身份感知并产生积极的结果。如陈和阿利耶（Chen and Aryee，2007）通过领导—成员交换理论认为，给予员工工作自主权，不但可以培养良好的组织成员雇佣关系，提高员工作为"内群体成员"身份的认知；还可以通过让员工对某些活动负责，传递出其被组织接纳和认可的信号，提高其内部人身份感知。领导通过授予下属更多的决策自主权，能够使得员工感到自己受到组织的重视和信任，从而相信自己是组织的"内部人"（Raub and Robert，2010）。尹俊等（2012）也发现，授予员工更多的自主权，让他们自主决策并承担合适的责任，能够对员工的内部人身份感知产生积极的影响。综上所述，可以认为，组织通过远程工作许可，授予员工更多的工作自主权，不仅可以缓解员工的压力并降低工作越轨行为，还有可能通过提高员工的内部人身份认知，进而对工作越轨行为产生影响。因此，可以提出如下假设：

H_{6-7}：员工的工作自主性对其内部人身份认知具有正向影响。

H_{6-8}：远程工作许可通过对员工的工作自主性的正向影响，提高了员工的内部人身份认知，进而降低了员工生产越轨行为。

6.2.4　远程工作意愿的调节作用

远程工作并不总是带来积极的结果，它也会产生诸如社会隔离感增加、职业发展受损、工作—家庭冲突、工作超载等负面结果（Gajendran and Harrison，2007；Leslie et al.，2012）。员工远程工作的抉择其实是员工内心感知的优势的引导力和劣势的阻碍力两者相互较量的产物，当员工感知的优势多于劣势的时候，会倾向于接受远程工作；反之，则倾向于不接受远程工作（Haddad et al.，2009），这就表明，不同员工对于远程工作的偏好存在差异。同时，如前文所述，"内部人身份认知"产生于组织与员工的交换与互动过程，组织通过提供有交换价值的资源满足员工的需求，使员工感知到个人价值得到了认可，从而增加了对组织的归属感。因此，可以认为，员工"内部人身份认知"的程度取决于其对组织所提供资源的价值大小以及该资源对自己需求满足大小的感知。资源保存理论（COR）认为，那些能满足人们迫切需求的资源其效益尤为明显（Van Woerkom et al.，2016），按照这一观点，相对于低远程工作意愿的工作者，高远程工作意愿的员工视远程工作为一个更有价值的诱因，远程工作许可将使其得到更高的满足感与归属感，即获得更高程度的"内部人身份认知"，进而表现出更低的生产越轨行为。因此，可以提出如下假设：

H_{6-9}：员工远程工作意愿正向调节了远程工作许可与员工内部人身份认知的关系，即员工远程工作意愿越高，远程工作许可对员工内部人身份认知的影响越大。

H_{6-10}：员工远程工作意愿对于远程工作许可通过员工内部人身份认知影响生产越轨行为的间接效应具有正向调节作用，即远程工作意愿越高，远程工作许可对员工生产越轨行为的间接影响越大。

同样，如果一个员工有意愿进行远程工作，那么远程工作许可将使他感觉到对于工作方式选择的自由和权力并产生自主性感知；反之，如果员工远程意愿不强或者不愿意从事远程工作，那么他们就会认为远程工作许可对自己的意义不大，并不能带来较多的工作自主权。同时，个人—环境匹配理论也强调，个体与所处环境之间良好的匹配，如需求—供给匹配（Needs-Supplies Fit）、要求—能力匹配（Demands-Abilities Fit）以及人—组织匹配（Person-Organization Fit）等会对个体产生积极的结果，而当个人特质与所在的环境特性不相符时，则会给他们造成冲突、压力等消极后果（Kristof-Brown et al.，2005）。因此，当员工没有远程工作需求而"被允许"安排远程工作，或者员工没有远程工作能力而被要求进行远程工作，就会感知到环境与个人的价值观、偏好和目标的不匹配，更倾向于将工作中的自主性诠释为工作负荷（Sardeshmukh et al.，2012）。基于以上论述，可以提出如下假设：

H_{6-11}：员工远程工作意愿正向调节了远程工作许可与员工工作自主性之间的关系，即员工远程工作意愿越高，远程工作许可对员工工作自主性的影响越大。

H_{6-12}：员工远程工作意愿对于远程工作许可通过工作自主性影响生产越轨行为的间接效应具有正向调节作用，即远程工作意愿越高，远程工作许可对员工生产越轨行为的间接影响越大。

H_{6-13}：员工远程工作意愿对于远程工作许可通过工作自主性及内部人身份认知影响生产越轨行为的间接效应具有正向调节作用，即远程工作意愿越高，远程工作许可对员工生产越轨行为的间接影响越大。

综上所述，本研究认为，远程工作许可可能通过改变内部人身份认知影响负面行为，也可能通过影响员工的工作自主性从而对生产越轨行为产生作用，或者通过两种机制的共同作用对生产越轨行为产生影响；同时，几种影响机制也均受到远程工作意愿的调节作用，由此得到研究的理论框架，如图 6-1 所示。

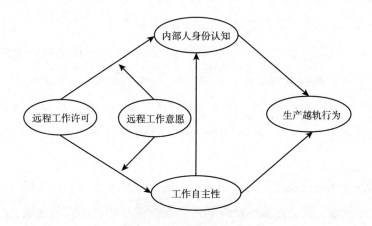

图 6-1　研究理论框架

资料来源：齐昕，刘洪，林彦梅（2017）。

6.3 研究设计

6.3.1 数据收集

研究选择网络调查方式进行数据收集，原因如下：首先，对于生产越轨行为的评定来源于自我报告、上级或同事评定，且以自我报告法居多。由于其存在潜在负面性，进行自我评定时，被试者常常出于自我保护动机，导致不愿意合作和存在社会称许性偏差等问题（Stewart et al.，2009）；而其隐蔽性则导致了他人评定的困难，特别是在远程工作的情境下，观察机会的限制使评定者难以掌握完全的信息，同时晕轮效应以及对远程工作的刻板印象也会大大降低调查质量。相比传统的实地调研，网络调研由于其匿名性，较好地保护了被调查者的隐私，在收集负向问题数据时可靠性更高（Simsek and Veiga，2001）。其次，远程工作在中国的发展和应用还处于起步阶段，主要集中在软件业、电子商务业、呼叫中心等服务业以及发达国家的跨国企业，借助网络调研平台，可以指定特定行业和特定人群，提高问卷回收率。同时网络调研还可以提高对调查样本进行时间、空间分离的可操作性，进而减少共同方法偏差，如基于后台用户信息，可以分时段将问卷准确地发放给同一被试，提高追踪研究的便利性；通过对 IP 地址的控制，保证样本的涵盖范围，减少分布偏差等优点。

选择专业网络调查平台"问卷星"的有偿样本服务进行数据收集，问卷分三次发放，并通过系统自带质量控制机制（IP、用户名过滤，填写时间长短、信息完整性等）以及手工排查（陷阱题规则）等进行有效问卷筛选。第一轮问卷发放主要是筛选具有远程工作经历的员工并测量个人信息、远程工作许可构念，最终收回问卷 446 份，生成有效答卷 422 份，有效回收率 94.4%；第二轮问卷测量内部人身份认知、工作自主性以及远程工作意愿 3 个构念，在第一轮 422 名有效调查者中，共有 275 名调查者参与了第二轮问卷调查，其中，有效答卷 271 份，有效回收率 97.8%；第三轮问卷测量生产越轨行为构念，回收问卷 258 份，有效答卷 254 份，有效回收率 98.4%。最终样本覆盖全国 28 个省份；男性占比 51%，女性占比 49%；年龄在 30 岁以下员工占比 29%，30～45 岁员工 65%，45 岁以上员工 6%；97% 拥有专科以上学历；工作时间方面，5 年以下员工占比 20%，6～10 年 50%，10 年以上 30%；岗位方面，普通员工占比 61%，管理人员占 39%；远程工作强度方面，每周 1 天左右的占 60%，大于 1 天的为 40%。

6.3.2　变量测量

研究量表均来自西方学者的研究文献。为确保量表的有效性与一致性，研究通过中英文双向互译进行语义修正，并邀请相关中外专家、企业在职员工进行审核与试测，最终确定了相关中文测量题项。考虑到华人偏好选择奇数尺度的中间值（Ou et al.，2014），为增加响应方差，问卷所有题项均采用李克特六点式记分，从 1（非常不同意）到 6（非常同意）。

远程工作许可。该变量利用罗森等（Rosen et al.，2013）开发的量表进行修订而成，共包括 3 个题项，示例条目如："考虑到我的特殊情况，公司允许我在传统办公地点以外的地方办公"，在本研究中其内部一致性系数为 0.837。

内部人身份认知。该变量利用斯坦普和马斯特森（Stamper and Masterson，2002）开发的量表，共包括 6 个题项。此量表在中国情境下也具有良好的信效度（汪林等，2009；杨晓等，2015）；示例条目如："我觉得我是公司的内部成员",在本研究中其内部一致性系数为 0.853。

工作自主性。该变量利用朗弗雷德(Langfred,2000)开发的个体工作自主性量表,共包括 4 个题项,示例条目如:"我能够自由决定我的工作规则与工作程序",在本研究中其内部一致性系数为 0.841。

远程工作意愿。该变量沿用菲什宾和阿扎吉(Fishbein and Ajzen,2011)的设计并进行语义修正,共包括 3 个题项,示例条目如:"我愿意在传统办公地点以外的地方处理我的部分工作",在本研究中其内部一致性系数为 0.709。

生产越轨行为。该变量沿用斯图尔特等(Stewart et al.,2009)开发的量表,共包括 7 个题项,示例条目如:"我有时把自己的工作留给别人去做",在本研究中其内部一致性系数为 0.854。

此外,相关研究发现,员工的工作年限、性别、年龄、工作岗位等因素也会影响员工生产越轨行为的形成(Bollmann and Krings,2015;Stamper and Masterson,2002),因此,本研究拟将以上变量作为控制变量。其中,对性别与工作岗位进行虚拟变量处理,男性为 0,女性为 1,一般工作人员为 0,管理人员为 1;年龄分为老、中、青三档,30 岁以下,31~45 岁,46 岁以上;工作年限为实际参加工作时间,远程工作强度为每月实际远程工作天数。

6.4 实证分析

6.4.1 共同方法偏差检验

为减少共同方法偏差,本研究采用时间隔离法,将自变量、中介变量与因变量分别在不同的时间点测量,研究还通过反向题项设计与题项随机配置等方法尽可能减少共同方法偏差。由于本研究所有变量的测量均来自同一被试，不可避免地会产生同源方差问题，研究首先利用单一方法潜因子法检验共同方法偏差。通过构建一个方法偏差潜因子（CMV），使所有测量项除了负荷在所属的构念因子上，还负荷在该方法偏差潜因子上，通过 LISREL8.7 进行 CFA 检验后计算得出，该方法偏差潜因子解释变异量占总体解释变异量的比率为 12.2%，远小于 25% 的标准（Williams et al.，1989）。其次利用 Harman 单因子检验法（Podsakoff and Organ，1986），对所有问项进行未旋转的因子分析，析出 5 个因子中，首个因子解释变异量为 33.08%，占因子总方差解释量 67.15% 的 49.26%，即没有单一的因子解释了绝大部分的变异量，说明本研究共同方法偏差问题不严重。

6.4.2　信度与效度分析

研究利用 SPSS20.0 计算各构念克隆巴赫系数以验证信度，如表 6 - 1 所示，本研究的五个构念，其 α 值均大于 0.7，表示信度良好。

表 6 - 1　　　　　　　　　　测量指标信度和效度

变量	α 值	组合信度	AVE
远程工作许可	0.837	0.903	0.757
内部人身份认知	0.853	0.874	0.540
工作自主性	0.841	0.895	0.681
远程工作意愿	0.709	0.838	0.633
生产越轨行为	0.854	0.892	0.581

资料来源：笔者自行绘制。

在内容效度检验上，研究量表基本来自成熟文献，并邀请了相关中外专家、企业在职员工进行审核与试测，确保各构念及其问项的合适性及代表性。收敛效度检验方面，本研究所有题项在相应因子上的载荷均大于 0.6，各构念组合信度 CR 值均大于 0.8，各构念平均萃取方差 AVE 均大于

0.5（如表 6 - 1），表明各个变量和问项均具有较好的收敛效度。

在区分效度检验上，利用 MPLUS7.0 对测量模型进行验证性因子分析。结果发现，五因子模型比其他模型具有更好的模型拟合度，且其 χ^2/df、CFI、TLI、SRMR、RMSEA 等匹配指标均达到了可以接受的水平，如表 6 - 2 所示，说明本研究各变量之间具有良好的区分效度。

表 6 - 2　　　　　　　　　　验证性因子分析结果

模型	x^2/df	CFI	TLI	SRMR	RMSEA	模型	x^2/df	CFI	TLI	SRMR	RMSEA
五因子模型	2.229	0.920	0.903	0.087	0.069	三因子模型1	5.015	0.730	0.685	0.105	0.125
四因子模型1	3.585	0.829	0.797	0.136	0.101	三因子模型2	3.429	0.836	0.809	0.099	0.098
四因子模型2	2.856	0.877	0.854	0.096	0.085	三因子模型3	4.909	0.737	0.693	0.141	0.124
四因子模型3	3.308	0.847	0.819	0.101	0.095	两因子模型	5.483	0.695	0.648	0.108	0.132
四因子模型4	4.764	0.751	0.705	0.095	0.121	单因子模型	6.676	0.612	0.554	0.121	0.149

注：五因子模型：远程工作许可、内部人身份认知、工作自主性、远程工作意愿以及生产越轨行为；四因子模型1：远程工作许可＋内部人身份认知、工作自主性、远程工作意愿及生产越轨行为；四因子模型2：远程工作许可＋工作自主性、内部人身份认知、远程工作意愿及生产越轨行为；四因子模型3：远程工作许可＋远程工作意愿、内部人身份认知、工作自主性及生产越轨行为；四因子模型4：远程工作许可、内部人身份认知＋工作自主性、远程工作意愿及生产越轨行为；三因子模型1：远程工作许可＋内部人身份认知＋工作自主性、远程工作意愿及生产越轨行为；三因子模型2：远程工作许可＋内部人身份认知＋远程工作意愿、工作自主性及生产越轨行为；三因子模型3：远程工作许可、内部人身份认知＋工作自主性＋远程工作意愿及生产越轨行为；二因子模型：远程工作许可＋内部人身份认知＋工作自主性＋远程工作意愿及生产越轨行为；单因子模型：远程工作许可＋内部人身份认知＋工作自主性＋远程工作意愿＋生产越轨行为。

资料来源：笔者自行绘制。

6.4.3　描述性统计与相关分析

各变量的相关系数、均值和标准差如表 6 - 3 所示，内部人身份认知与远程工作许可正相关（$r = 0.248$，$p < 0.01$）；工作自主性与远程工作许可正相关（$r = 0.492$，$p < 0.01$）；生产越轨行为与远程工作许可（$r = -0.207$，$p < 0.01$）、内部人身份认知（$r = -0.469$，$p < 0.01$）、工作自主性（$r = -0.335$，$p < 0.01$）负相关，结论与研究假设基本一致。

表 6 – 3   描述性相关统计分析

变量	平均值	标准差	1	2	3	4	5	6	7	8	9	10
性别	0.492	0.501	1									
年龄	1.770	0.544	-0.115	1								
工作年限	8.664	4.474	-0.061	0.603 **	1							
远程工作强度	4.535	2.479	-0.011	-0.039	-0.040	1						
岗位	0.395	0.490	-0.059	0.284 **	0.195 **	-0.020	1					
远程工作许可	4.433	0.992	-0.102	0.036	-0.039	0.138 *	0.088	1				
内部人身份认知	4.735	1.009	0.071	0.176 **	0.100	-0.098	0.151 *	0.248 **	1			
工作自主性	4.715	0.840	-0.036	0.059	-0.009	0.288 **	0.074	0.652 **	0.492 **	1		
远程工作意愿	5.036	0.718	0.045	0.052	-0.035	0.013	0.078	0.210 **	0.379 **	0.302 **	1	
生产越轨行为	3.440	0.844	0.006	-0.042	-0.018	0.115	-0.144 *	-0.207 **	-0.469 **	-0.335 **	-0.231 **	1

注：* 、** 分别表示在 5% 、1% 的水平上显著。
资料来源：笔者自行绘制。

6.4.4 假设检验

研究采用层级回归的方法验证远程工作许可对内部人身份认知、工作自主性的直接影响，以及远程工作意愿在此过程中的调节作用；并验证内部人身份认知、工作自主性对生产越轨行为的直接影响。对相关变量进行中心化处理后，利用 SPSS20.0 进行层级回归分析，结果如表 6 – 4 所示。由模型 2 看出，远程工作许可对内部人身份认知的影响显著，假设 H_{6-1} 成立；由模型 9 看出，内部人身份认知对生产越轨行为的影响显著，假设 H_{6-2} 成立；由模型 5 看出，远程工作许可对工作自主性的影响显著，假设 H_{6-4} 成立；由模型 10 看出，工作自主性对生产越轨行为的影响显著，假设 H_{6-5} 成立；以上假设成立表明，远程工作许可可能通过内部人身份认知和工作自主性对生产越轨行为产生间接效应。

　　本研究的间接效应检验采用两种方法。首先，采用巴伦和肯尼（Baron and Kenny，1986）提出的中介效应检验方法，对内部人身份认知、工作自主性的中介效应进行初步验证。第一步，验证远程工作许可与生产越轨行为的关系，由模型 8 看出，其回归系数在 1% 的水平上显著；第二步，由前文，远程工作许可对内部人身份认知与工作自主性的影响显著；第三步，根据模型 9 至模型 11，在模型 8 基础上单独或同时加入内部人身份认知和工作自主性，远程工作许可的系数均不显著，而内部人身份与工作自主性的系数显著，表明远程工作许可对生产越轨行为的影响可能被内部人身份认知和工作自主性完全中介。其次，为明确多种影响机制综合作用下的间接效应，研究通过 MPLUS7.0 软件，采用 Bootstrap 方法进行间接效应检验（陈晓萍等，2012）。经过 2000 次反复抽样后发现，在 95% 置信区间内，远程工作许可通过内部人身份认知作用于生产越轨行为的间接中介效应不显著（0.049；95% CI[-0.001，0.106]），假设 H_{6-3} 不成立；远程工作许可通过工作自主性作用于生产越轨行为的间接中介效应显著（-0.133；95% CI[-0.274，-0.025]），假设 H_{6-6} 成立；工作自主性对内部人身份认知的影响显著（0.432；95% CI[0.287，0.593]），远程工作许可通过工作自主性与内部人身份认知的双重中介作用于生产越轨行为的间接效应也显著（-0.117；95% CI[-0.203，-0.064]），假设 H_{6-7}、假设 H_{6-8} 成立。远程工作许可通过多种影响机制对生产越轨行为的总间接效应显著（-0.201；95% CI[-0.345，-0.087]）。

表 6-4　　　　　　　　　　　　　模型回归结果

变量	内部人身份认知			工作自主性			生产越轨行为				
	模型1	模型2	模型3	模型4	模型5	模型6	模型7	模型8	模型9	模型10	模型11
性别	0.094	0.119*	0.082	-0.023	0.036	0.010	-0.001	-0.022	0.030	-0.006	0.028
年龄	0.162*	0.146	0.118	0.088	0.049	0.034	-0.008	0.005	0.069	0.025	0.067
工作年限	-0.018	0.007	0.038	-0.065	-0.006	0.012	0.019	-0.002	0.001	-0.003	0.001

续表

变量	内部人身份认知			工作自主性			生产越轨行为				
	模型 1	模型 2	模型 3	模型 4	模型 5	模型 6	模型 7	模型 8	模型 9	模型 10	模型 11
远程工作强度	-0.090	-0.126*	-0.126*	0.290**	0.204**	0.202*	0.113	0.143*	0.088	0.229**	0.136*
岗位	0.112	0.090	0.050	0.066	0.013	-0.019	-0.143*	-0.125	-0.085	-0.119*	-0.090
远程工作许可		0.265**	0.152**		0.624**	0.544**	-0.219**	-0.103	0.047		-0.004
内部人身份认知									-0.437**		-0.361**
工作自主性										-0.425**	-0.190*
远程工作意愿			0.429**			0.275**					
远程工作许可 × 远程工作意愿			0.239**			0.234**					
生产越轨行为											
R^2	0.224	0.356	0.521	0.138	0.654	0.707	0.183	0.282	0.496	0.384	0.504
$Adj\text{-}R^2$	0.04	0.106	0.248	0.001	0.414	0.484	0.014	0.057	0.225	0.123	0.230
$F\text{-}Value$	3.152**	6.014**	11.522**	0.976	31.022**	30.904**	1.738	3.577**	11.588**	6.131**	10.504**

注：*、**分别表示在5%、1%的水平上显著。

资料来源：笔者自行绘制。

　　由模型 3、模型 6，远程工作许可与远程工作意愿的乘积项系数显著；利用 MPLUS7.0 软件，经过 2000 次反复抽样后发现，在 95% 置信区间内，远程工作许可与远程工作意愿的乘积项对内部人身份认知的回归系数显著（0.116；95% CI [0.015，0.237]），远程工作许可与远程工作意愿的乘积项对工作自主性的回归系数也显著（0.195；95% CI [0.085，0.288]），表明远程工作意愿在远程工作许可与内部人身份认知、工作自主性的各自的单独关系中起正向调节作用。进一步，研究借鉴爱德华兹和兰伯特（Edwards and Lambert，2007）的方法，检验在多种影响机制的综合作用下，远程工作意愿在远程工作许可与内部人身份认知、工作自主性的直接关系以及与生产越轨行为间接关系中的调节效应，分析结果如表 6-5 所示。

表 6-5　　　　　　　　　有调节的中介效应分析结果

调节变量	路径一（经由内部人身份认知）		路径二（经由工作自主性）		路径三（经由工作自主性与内部人身份认知）		
	第一阶段	第二阶段	第一阶段	第二阶段	第一阶段	第二阶段	第三阶段
低远程工作意愿	-0.245**	-0.442**	0.375**	-0.218**	0.375**	0.450**	-0.442**
高远程工作意愿	-0.012	-0.442**	0.764**	-0.218**	0.764**	0.450**	-0.442**
差异	0.233**	0	0.389**	0	0.389**	0	0

调节变量	间接效应一	间接效应二	间接效应三	总效应
低远程工作意愿	0.108**	-0.082**	-0.075**	-0.048
高远程工作意愿	0.005	-0.167**	-0.152**	-0.313**
差异	-0.103**	-0.085**	-0.077**	-0.265**

注：路径一的第一阶段指远程工作许可对内部人身份认知的影响，第二阶段指内部人身份认知对生产越轨行为的影响，间接效应一指远程工作许可经由内部人身份认知对生产越轨行为的间接影响，即路径一的第一阶段与第二阶段的乘积项；路径二的第一阶段指远程工作许可对工作自主性的影响，第二阶段指工作自主性对生产越轨行为的影响，间接效应二指远程工作许可经由工作自主性对生产越轨行为的间接影响，即路径二第一阶段与第二阶段的乘积项；路径三的第一阶段指远程工作许可对工作自主性的影响，第二阶段指工作自主性对内部人身份认知的影响，第三阶段指内部人身份认知对生产越轨行为的影响，间接效应三指远程工作许可经由工作自主性与内部人身份认知对生产越轨行为的间接影响，即路径三第一阶段与第二阶段、第三阶段的乘积项；总效应指远程工作许可通过三种影响机制对生产越轨行为的总体间接效应。低远程工作意愿指低于均值一个标准差，高远程工作意愿高于均值一个标准差，差异值的显著性检验采用 Bootstrap 方法，** 表示在 95% 置信区间内显著。

资料来源：笔者自行绘制。

在低远程工作意愿的情况下，在 95% 置信区间内，远程工作许可对内部人身份认知的影响显著（-0.245；95% CI[-0.451，-0.064]），远程工作许可经由内部人身份认知对生产越轨行为的间接效应显著（0.108；95% CI[0.028，0.199]）；而在高远程工作意愿的情况下，远程工作许可对内部人身份认知的影响不显著（-0.012；95% CI[-0.177，0.176]），远程工作许可经由内部人身份认知对生产越轨行为的间接效应也不显著（0.005；95% CI[-0.078，0.078]）；两种情况下的差异值均显著（0.233；95% CICI[0.030，0.474]）、（-0.103；95% CI[-0.210，-0.014]），表明远程工作意愿在远程工作许可与内部人身份认知的直接关系以及与生产越轨行为间接关系中存在负向的调节效应，因此，假设 H_{6-9}、假设 H_{6-10} 不成立，调节效应如图 6-2、图 6-3 所示，图中虚线表示关系不显著。

在低远程工作意愿的情况下，在 95% 置信区间内，远程工作许可对工作自主性的影响显著 $(0.375；95\% \text{CI}[0.187，0.563])$，远程工作许可经由工作自主性对生产越轨行为的间接效应显著 $(-0.082；95\% \text{CI}[-0.123，-0.041])$，远程工作许可经由工作自主性以及内部人身份认知对生产越轨行为的间接效应显著 $(-0.075；95\% \text{CI}[-0.131，-0.035])$；而在高远程工作意愿的情况下，远程工作许可对工作自主性的影响显著 $(0.764；95\% \text{CI}[0.588，0.927])$，远程工作许可经由工作自主性对生产越轨行为的间接效应显著 $(-0.167；95\% \text{CI}[-0.202，-0.128])$，远程工作许可经由工作自主性以及内部人身份认知对生产越轨行为的间接效应也显著 $(-0.152；95\% \text{CI}[-0.226，-0.091])$；其差异值也均显著 $(0.389；95\% \text{CI}[0.170，0.576])$、$(-0.085；95\% \text{CI}[-0.126，-0.037])$、$(-0.077；95\% \text{CI}[-0.135，-0.034])$，表明远程工作意愿正向强化了远程工作许可与工作自主性的直接关系以及与生产越轨行为间接关系，也正向强化了远程工作许可经由工作自主性、内部人身份认知与生产越轨行为间接关系；因此，假设 H_{6-11}、假设 H_{6-12}、假设 H_{6-13} 成立，调节效应如图 6-4 至图 6-6 所示。

总体效应方面，在低远程工作意愿的情况下，在 95% 置信区间内，远程工作许可对生产越轨行为的总体间接效应不显著 $(-0.048；95\% \text{CI}[-0.166，0.062])$；而在高远程工作意愿的情况下，在 95% 置信区间内，远程工作许可对生产越轨行为的总体间接效应显著 $(-0.313；95\% \text{CI}[-0.426，-0.211])$；其差异值也显著 $(-0.265；95\% \text{CI}[-0.397，-0.143])$。总体调节效应如图 6-7 所示，图中虚线表示关系不显著。

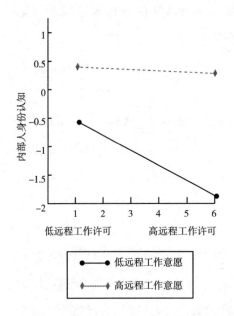

图 6-2 路径一的第一阶段调节效应

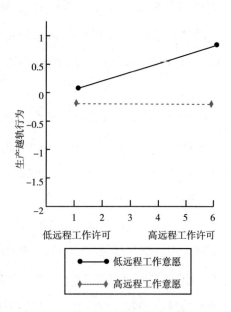

图 6-3 路径一的间接效应调节效应

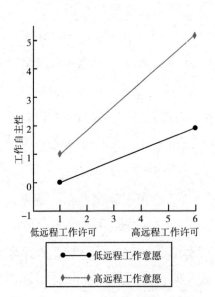

图 6-4 路径二的第一阶段调节效应

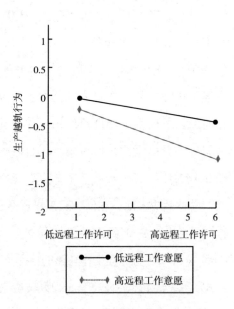

图 6-5 路径二的间接效应调节效应

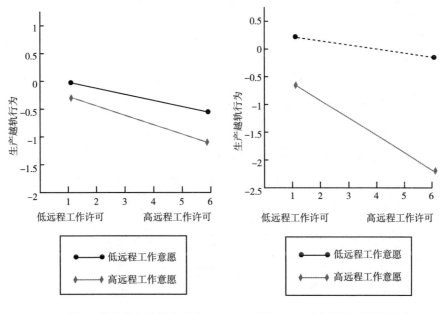

图 6 – 6 路径三的间接效应调节效应   图 6 – 7 总间接效应调节效应

资料来源：笔者自行绘制。

6.5 结论与讨论

6.5.1 研究结论与讨论

本章借鉴社会交换理论与工作压力理论，通过分析员工内部人身份认知、工作自主性在远程工作许可与生产越轨行为关系中的中介作用以及远程工作意愿在此过程中的调节作用，探析了远程工作许可对生产越轨行为的影响机制与边界条件。研究主要结论为：在影响机制方面，远程工作许可通过对工作自主性的正向影响，进而减少生产越轨行为；远程工作许可还通过工作自主性与内部人身份认知的双重中介，减少生产越轨行为；

远程工作许可通过员工内部人身份认知对生产越轨行为的间接效应不显著。

员工远程工作意愿对远程工作许可影响生产越轨行为的三种影响机制均存在调节效应。在低远程工作意愿的情况下，远程工作许可通过降低员工内部人身份认知并增加生产越轨行为；在高远程工作意愿的情况下，远程工作许可通过员工内部人身份认知对生产越轨行为的影响不显著。远程工作意愿在远程工作许可通过工作自主性对生产越轨行为的负向关系中起强化效应，也强化了远程工作许可经由工作自主性与内部人身份认知对生产越轨行为的间接关系，即随着远程工作意愿从低到高，其关系从弱到强。特别地，员工远程工作意愿通过调节以上三种影响机制，触发了远程工作许可对生产越轨行为的关系，即在低远程工作意愿的情况下，远程工作许可不能影响生产越轨行为；只有在高远程工作意愿的情况下，远程工作许可才能减少生产越轨行为。

研究表明，远程工作对员工越轨行为的影响主要体现在远程工作能够带来更多的自主性，一方面降低了员工的压力感，一方面提高了员工的内部人身份认知，从而减少了员工生产越轨行为的发生。研究还发现了一个有趣的结论，即同时考虑多重影响机制以后，远程工作许可对内部人身份认知的直接作用以及对生产越轨行为的间接中介效应不显著，因此，可以认为，远程工作许可对内部人身份认知的促进作用主要在于通过赋予员工的工作自主权而不是其他诱因，满足了员工的个人需求，使员工感知到领导的支持以及对自己价值的认可。尤其是在低远程工作意愿的情况下，远程工作许可反而减少了内部人身份认知，增多了生产越轨行为。可能的原因在于，中国情境下，受社会主流的工作价值观的影响，远程工作仍被视为一种非标准化的工作安排，而与领导的关系取决于直接接触、交流的多寡（Long, 2014；Raghuram and Fang, 2014），因此，如果员工有远程工作意愿，或许会把远程工作许可理解为上级对自己的一种支持，而如果员工没有远程工作意愿，就会把远程工作许可理解为领导对其的放任自流与不管不顾，或者认为自己在组织中的地位可有可无，不够重要。

6.5.2　理论贡献

本研究的理论意义在于：首先，从两个独立而又互补的视角检验了远程工作许可与生产越轨行为的关系，深化了生产越轨行为的相关研究。传统的关于生产越轨行为的理论模型如压力—情绪模型认为，生产越轨行为遵循"情境刺激→压力感知→消极情绪反应→越轨行为"的逻辑顺序，相关生产越轨行为的研究大多以工作压力及其诱发的负性情绪作为生产越轨行为产生的心理中介，探讨组织行为对员工生产越轨行为的影响。然而，仅从减少员工工作压力出发，分析员工生产越轨行为的干预机制，难以完整地厘清相关人力资源实践对员工生产越轨行为影响的综合作用。本研究从诱发员工生产越轨行为的两个主要情境因素：组织因素与工作因素出发，从基于以组织为参照的关系感知以及基于以工作为参照的任务感知两个维度，构建一个双路径模型并分析它们之间的联系，验证远程工作对生产越轨行为的多重影响机制，研究不但对员工生产越轨行为的相关研究进行了发展，也为未来以整合的视角分析相似问题提供了启示。

其次，将个体差异作为情境变量，回答了远程工作有效性存在争议的原因。本章验证了远程工作意愿对远程工作许可影响生产越轨行为的三种影响机制均存在调节效应。研究发现，在低远程工作意愿的情境下，远程工作许可反而降低了员工的内部人身份认知，助长了员工的生产越轨行为。这一结论在一定程度上印证了人与工作匹配理论，即个体的心理与行为受到工作特征与个体特征的共同影响，当个人与其所在的工作特性不相符时，会给他们造成冲突、压力等负面后果（Kristof-Brown，2005）。这一结论还启示，在应用社会交换理论、诱因—贡献理论等领域的研究，个体对相关诱因的偏好是一个关键的边界条件，即报酬的效用对于不同的个体存在异质性。研究还发现，在低远程工作意愿的情况下，由于存在几种方向相反的影响机制，远程工作许可对生产越轨行为的总效应不显著；只有在高远程工作意愿的情况下，远程工作许可才能减少生产越轨行为。因此，可以认为，以往关于远程工作有效性的结论不一致的原因之一，可能是相关研究忽略了对边界条件以及多种影响机制的差异性作用的挖掘。

最后，研究通过探析远程工作许可影响生产越轨行为的影响机制与边界条件，拓展了相关工作特征模型的研究。工作要求—控制模型以及工作要求—资源模型是研究工作特征对工作者影响的两种较具代表性的理论模型。工作—要求控制模型认为，工作控制能够对工作要求给员工带来的负面影响产生缓冲效应（Karasek and Robert，1979），尽管该模型具有简洁的特点，然而它仅将工作控制视为缓解负面影响的唯一要素，并不完全符合现实情况，也降低了该模型对相关结果变量的解释率。本研究发现，内部人身份的认知和工作自主性能够同时对生产越轨行为产生影响，且内部人身份认知还能够部分中介工作自主性对生产越轨行为的影响。研究表明，需要对工作要求—控制模型进行拓展，研究者不仅要关注工作控制对员工的影响，更需要结合其他变量，研究其对员工的综合作用。工作要求—资源模型将工作中的自主性、支持、反馈等特征视为一种工作资源，认为它们能通过影响员工的工作动机并带来良好的组织结果（Van Woerkom et al.，2016），尽管其对工作特征的考察较为全面，却忽视了个体特征的重要作用和影响。个体并非环境刺激的简单反应者，个体的价值观念、经验、人格特质等均有可能影响其对工作特征做出的反应（吴亮等，2010）。本研究也发现，员工远程工作意愿是远程工作许可的有效性的边界条件，启示出，未来在工作特征模型的研究中，需要考虑相应的个体特征变量与工作特征变量的交互作用，深入探讨工作特征对不同个体的差异性与适用性。

6.5.3 管理启示

在远程工作与工作绩效的关系研究方面，针对任务绩效、公民绩效与反生产绩效这三种绩效领域（Rotundo and Sackett，2002），现有研究主要集中于远程工作对任务绩效、公民绩效的影响（Gajendran and Harrison，2015；Bloom，2015），忽视了远程工作对反生产绩效的影响研究；理论的欠缺导致大多数管理者直观地认为，由于缺少面对面的监督，远程工作可能会诱发员工生产越轨行为，这也是他们不愿意推行远程工作的重要原因之一。因此，验证远程工作许可对生产越轨行为的影响，既为远程工作的有效实施提供了相应的学理依据，也为组织生产越轨行为的干预策略带来了启示。

其一，通过实施灵活工作安排等家庭友好政策，赋予员工更多的工作自主权，可以主动预防而不是被动应对员工的生产越轨行为。强化理论指出，惩罚只能促使个体学会如何免于惩罚，利用规章制度、监督机制等压制手段被动应对员工的生产越轨行为，必然会导致生产越轨行为的更加隐蔽和不利于控制；只有从根源出发，通过消除员工生产越轨行为形成的诱因，才能达到有效预防的效果。而随着现代生活、工作节奏的加快，人们承受的压力越来越大；同时，更加注重自我导向价值观的新生代员工逐渐成为职场的主力军，压力感以及工作价值观的不匹配引发的负面情绪已成为员工生产越轨行为的主要诱因（林玲等，2010；李燕萍和侯烜方，2012）。因此，组织在员工越轨行为的控制策略上，通过实施弹性工作、远程工作等工作方式以及其他家庭亲善政策，提高员工工作自主性，不但有利于员工更好地协调工作与生活的平衡，缓解员工工作、生活压力，还可以满足员工的个性需求和自我成就感，培养良好的雇佣关系，进而减少生产越轨行为的发生。

其二，组织在制定和实施远程工作等生产越轨行为干预政策时，需要考虑到员工远程工作意愿的差异性。首先,不是所有员工都愿意远程工作,在远程工作员工筛选时,要以自愿为原则,力求做到员工远程工作需求与组织供给的匹配。其次,员工远程工作意愿是变化的,不是所有员工都适合远程工作,长期远程工作也可能带来社会隔离感增加、角色模糊、工作超载等消极结果,造成员工意愿的改变。因此,企业一方面要完善远程工作人员的进入—退出机制;另一方面通过工作程序设计、相关管理培训、设施配备、技术支持等方式,减少远程工作的不确定性因素,提高员工远程工作胜任力和持续参与的意愿。

其三,组织在制定和实施人力资源政策时,需要评估相关管理实践的综合效应,并给予针对性的设计,以达到"趋利避害"的效果。一项政策并不总是带来积极的结果,如本研究发现,远程工作在提高了员工的工作自主性的同时,却有可能降低员工的内部人身份认知;因此,企业在实施远程工作安排时,并不能完全只求结果,不管过程,应该针对远程工作员工制定一系列支持政策,如指定直接联系人,加强信息沟通与反馈,帮助远程工作员工解决工作过程中出现的困难,向其传达信任、认可等积极信号,提升远程工作员工对于内部人身份的认知。研究结论还发现,单独考量工作自主性、员工的内部人身份认知对生产越轨行为的影响时,内部人身份认知的作用更大。揭示出,在中国企业中,员工的集体主义感和角色服从性更高,从提高员工的积极角色认知出发,通过选择合宜的人力资源策略,减少生产越轨等消极行为的发生,可能会取得更好的效果。

6.5.4 研究局限与展望

本研究的局限与可改进之处在于:第一,本章的生产越轨行为量表选择,可能并不能够完全准确地适用于远程工作情境,未来的类似研究可能应该考虑包含远程工作情境、弹性工作情境等现代工作环境下员工生产越轨行为量表的开发问题。同时,采用员工自评的方式测量生产越轨行为,在真实性和准确性上的偏差难以避免，未来的研究需要结合多种测量方式，如自评与他评相结合、问卷调查与情境实验相结合，提高生产越轨行为测量的精度。第二，虽然研究通过时间隔离法等方法对同源误差进行了一定的控制，也检验了同源误差问题并不会影响本研究的主要结论，但由于研究变量的测量均来自同一被试，同源误差不可避免，这也在一定程度上影响了研究结果。第三，研究仅仅控制了一些个人因素，而没有对可能影响生产越轨行为的相关组织因素如组织氛围、制度环境、领导风格进行控制，未来需要通过跨层次分析，探析相关组织因素的影响。最后，本章仅仅选择了远程工作意愿作为远程工作许可与员工生产越轨行为关系的边界条件，未来应加强对相关边界条件的探索。如员工远程工作的规范化感知对远程工作与其结果变量的影响；在生产越轨行为的形成过程中，个体认知评价机制尤其是归因过程是关键的情境变量，将个体归因风格、人格特质等情境因素纳入研究框架，这也将是深化研究的一个重要方向。

本章参考文献

［1］陈晓萍，徐淑英，樊景立. 组织管理研究的实证方法（第二版）［M］. 北京：北京大学出版社，2012.

［2］李燕萍，侯烜方. 新生代员工工作价值观结构及其对工作行为的影响机理［J］. 经济管理，2012，34（5）：77-86.

［3］林玲，唐汉瑛，马红宇. 工作场所中的反生产行为及其心理机制［J］. 心理科学进展，2010，18（1）：151-161.

［4］汪林，储小平，倪婧. 领导—部属交换、内部人身份认知与组织公民行为——基于本土家族企业视角的经验研究［J］. 管理世界，2009（1）：97-107，188.

［5］吴亮，张迪，伍新春. 工作特征对工作者的影响——要求—控制

模型与工作要求—资源模型的比较 [J]. 心理科学进展, 2010, 18 (2): 348 – 355.

[6] 杨晓, 师萍, 谭乐. 领导—成员交换社会比较、内部人身份认知与工作绩效: 领导—成员交换关系差异的作用 [J]. 南开管理评论, 2015, 18 (4): 26 – 35.

[7] 尹俊, 王辉, 黄鸣鹏. 授权赋能领导行为对员工内部人身份感知的影响: 基于组织的自尊的调节作用 [J]. 心理学报, 2012, 44 (10): 1371 – 1382.

[8] 张永军. 绩效考核公平感对反生产行为的影响: 交换意识的调节作用 [J]. 管理评论, 2014, 26 (8): 158 – 167.

[9] 郑伯埙. 差序格局与华人组织行为 [J]. 本土心理学研究, 1995 (3): 142 – 219.

[10] Armstrong-Stassen M, Schlosser F. Perceived organizational membership and the retention of older workers [J]. Journal of Organizational Behavior, 2011, 32 (2): 319 – 344.

[11] Bailey D E, Kurland N B. A review of telework research: Findings, new directions, and lessons for the study of modern work [J]. Journal of Organizational Behavior, 2002, 23 (4): 383 – 400.

[12] Baillien E, De Cuyper N, De Witte H. Job autonomy and workload as antecedents of workplace bullying: A two-wave test of karasek's job demand control model for targets and perpetrators [J]. Journal of Occupational and Organizational Psychology, 2011, 84 (1): 191 – 208.

[13] Bloom N, Liang J, Roberts J, et al. Does working from home work? Evidence from a Chinese experiment [J]. The Quarterly Journal of Economics, 2015, 130 (1): 165 – 218.

[14] Bollmann G, Krings F. Workgroup climates and employees' counterproductive work behaviours: A social-cognitive perspective [J]. Journal of

Management Studies, 2015, 53 (2): 184 – 209.

[15] Chen W, McDonald S. Do networked workers have more control? The implications of teamwork, telework, icts, and social capital for job decision latitude [J]. American Behavioral Scientist, 2015, 59 (4): 492 – 507.

[16] Chen Z X, Aryee S. Delegation and employee work outcomes: An examination of the cultural context of mediating processes in China [J]. Academy of Management Journal, 2007, 50 (1): 226 – 238.

[17] Donnelly R. How "free" is the free worker? An investigation into the working arrangements available to knowledge workers [J]. Personnel Review, 2006, 35 (1): 78 – 97.

[18] Edwards J R, Lambert L S. Methods for integrating moderation and mediation: A general analytical framework using moderated path analysis [J]. Psychological Methods, 2007, 12 (1): 1 – 22.

[19] El Akremi A, Vandenberghe C, Camerman J. The role of justice and social exchange relationships in workplace deviance: Test of a mediated model [J]. Human Relations, 2010, 63 (11): 1687 – 1717.

[20] Fishbein M, Ajzen I. Predicting and changing behavior: The reasoned action approach [M]. New York: Psychology Press, 2011.

[21] Gajendran R S, Harrison D A, Delaney-Klinger K. Are telecommuters remotely good citizens? Unpacking telecommuting's effects on performance via I-deals and job resources [J]. Personnel Psychology, 2015, 68 (2): 353 – 393.

[22] Gajendran R S, Harrison D A. The good, the bad, and the unknown about telecommuting: Meta-analysis of psychological mediators and individual consequences [J]. Journal of Applied Psychology, 2007, 92 (6): 1524 – 1541.

[23] Hackman J R, Oldham G R. Motivation through the design of work:

Test of a theory [J]. Organizational Behavior and Human Performance, 1976, 16 (2): 250 – 279.

[24] Haddad H, Lyons G, Chatterjee K. An examination of determinants influencing the desire for and frequency of part-day and whole-day homeworking [J]. Journal of Transport Geography, 2009, 17 (2): 124 – 133.

[25] Hershcovis M S, Barling J. Towards a multi-foci approach to workplace aggression: A meta-analytic review of outcomes from different perpetrators [J]. Journal of Organizational Behavior, 2010, 31 (1): 24 – 44.

[26] Hornung S, Rousseau D M, Glaser J. Creating flexible work arrangements through idiosyncratic deals [J]. Journal of Applied Psychology, 2008, 93 (3): 655 – 664.

[27] Hui C, Lee C, Wang H. Organizational inducements and employee citizenship behavior: The mediating role of perceived insider status and the moderating role of collectivism [J]. Human Resource Management, 2015, 54 (3): 439 – 456.

[28] Karasek J, Robert A. Job demands, job decision latitude, and mental strain: Implications for job redesign [J]. Administrative science quarterly, 1979, 24 (2): 285 – 308.

[29] Kelly E L, Kalev A. Managing flexible work arrangements in US organizations: Formalized discretion or 'a right to ask' [J]. Socio-Economic Review, 2006, 4 (3): 379 – 416.

[30] Kluemper D H, McLarty B D, Bing M N. Acquaintance ratings of the big five personality traits: Incremental validity beyond and interactive effects with self-reports in the prediction of workplace deviance [J]. Journal of Applied Psychology, 2015, 100 (1): 237 – 248.

[31] Kristof-Brown A L, Zimmerman R D, Johnson E C. Consequences of individuals' fit at work: A meta-analysis of person-job, person-organization, per-

son-group, and person-supervisor fit [J]. Personnel Psychology, 2005, 58 (2): 281 - 342.

[32] Langfred C W. The paradox of self-management: Individual and group autonomy in work groups [J]. Journal of Organizational Behavior, 2000, 21 (5): 563 - 585.

[33] Lapierre L M, Steenbergen E F, Peeters M C W, et al. Juggling work and family responsibilities when involuntarily working more from home: A multiwave study of financial sales professionals [J]. Journal of Organizational Behavior, 2016, 37 (6): 804 - 822.

[34] Lautsch B A, Kossek E E, Eaton S C. Supervisory approaches and paradoxes in managing telecommuting implementation [J]. Human Relations, 2009, 62 (6): 795 - 827.

[35] Leslie L M, Manchester C F, Park T Y, et al. Flexible work practices: A source of career premiums or penalties? [J]. Academy of Management Journal, 2012, 55 (6): 1407 - 1428.

[36] Long Z, Kuang K, Buzzanell P M. Legitimizing and elevating telework: Chinese constructions of a nonstandard work arrangement [J]. Journal of Business and Technical Communication, 2013, 27 (3): 243 - 262.

[37] Martinko M J, Gundlach M J, Douglas S C. Toward an integrative theory of counterproductive workplace behavior: A causal reasoning perspective [J]. International Journal of Selection and Assessment, 2002, 10 (1 - 2): 36 - 50.

[38] Michel J S, Newness K, Duniewicz K. How abusive supervision affects workplace deviance: A moderated mediation examination of aggressiveness and work-related negative affect [J]. Journal of Business and Psychology, 2016, 31 (1): 1 - 22.

[39] Mowday R T, Porter L W, Steers R M. Employee-organization linka-

ges: The psychology of commitment, absenteeism, and turnover [M]. New York: Academic Press, 2013.

[40] Ou A Y, Tsui A S, Kinicki A J, et al. Humble chief executive officers' connections to top management team integration and middle managers' responses [J]. Administrative Science Quarterly, 2014, 59 (1): 34 –72.

[41] Podsakoff P M, Organ D W. Self-reports in organizational research: Problems and prospects [J]. Journal of Management, 1986, 12 (4): 531 – 544.

[42] Raghuram S, Fang D. Telecommuting and the role of supervisory power in China [J]. Asia Pacific Journal of Management, 2014, 31 (2): 523 –547.

[43] Raub S, Robert C. Differential effects of empowering leadership on in-role and extra-role employee behaviors: Exploring the role of psychological empowerment and power values [J]. Human Relations, 2010, 63 (11): 1743 – 1770.

[44] Restubog S L D, Zagenczyk T J, Bordia P, et al. If you wrong us, shall we not revenge? Moderating roles of self-control and perceived aggressive work culture in predicting responses to psychological contract breach [J]. Journal of Management, 2015, 41 (4): 1132 –1154.

[45] Robinson S L, Bennett R J. A typology of deviant workplace behaviors: A multidimensional scaling study [J]. Academy of Management Journal, 1995, 38 (2): 555 –572.

[46] Rosen C C, Slater D J, Johnson R E. Let's make a deal: Development and validation of the ex post i-deals scale [J]. Journal of Management, 2013, 39 (3): 709 –742.

[47] Rotundo M, Sackett P R. The relative importance of task, citizenship, and counterproductive performance to global ratings of job performance: A

policy-capturing approach ［J］. Journal of Applied Psychology, 2002, 87 (1): 66 - 80.

［48］ Sardeshmukh S R, Sharma D, Golden T D. Impact of telework on exhaustion and job engagement: A job demands and job resources model ［J］. New Technology, Work and Employment, 2012, 27 (3): 193 - 207.

［49］ Sewell G, Taskin L. Out of sight, out of mind in a new world of work? Autonomy, control, and spatiotemporal scaling in telework ［J］. Organization Studies, 2015, 36 (11): 1507 - 1529.

［50］ Simsek Z, Veiga J. Primer on internet organizational surveys ［J］. Organizational Research Methods , 2001, 4 (3): 218 - 235.

［51］ Spector P E, Fox S. The stressor-emotion model of counterproductive work behavior ［M］. Newyork: American Psychological Association, 2005.

［52］ Stamper C L, Masterson S S. Insider or outsider? How employee perceptions of insider status affect their work behavior ［J］. Journal of Organizational Behavior, 2002, 23 (8): 875 - 894.

［53］ Stewart S. M. , Bing M. N. , Davison H. K. , et al. In the Eyes of the Beholder: A Non-Self-Report Measure of Workplace Deviance ［J］. Journal of Applied Psychology, 2009, 94 (1): 207 - 215.

［54］ Tony S. Teleworking and its effectiveness on work-life balance ［M］. Munich: GRIN Verlag, 2014.

［55］ Van Woerkom M, Bakker A B, Nishii L H. Accumulative job demands and support for strength use: Fine-tuning the job demands-resources model using conservation of resources theory ［J］. Journal of Applied Psychology, 2016, 101 (1): 141 - 150.

［56］ Vidyarthi P R, Chaudhry A, Anand S, et al. Flexibility i-deals: How much is ideal? ［J］. Journal of Managerial Psychology, 2014, 29 (3): 246 - 265.

[57] Williams L J, Cote J A, Buckley M R. Lack of method variance in self-reported affect and perceptions at work: Reality or artifact? [J]. Journal of Applied Psychology, 1989, 74 (3): 462 – 468.

[58] Zhao H, Kessel M, Kratzer J. Supervisor-subordinate relationship, differentiation, and employee creativity: A self-categorization perspective [J]. The Journal of Creative Behavior, 2014, 48 (3): 165 – 184.

第 7 章

员工柔性工作意愿的提升策略

营造适宜的柔性工作员工、组织情境是柔性工作绩效实现的关键。由第6章可知，员工远程工作意愿是远程工作与生产越轨行为关系的重要情境变量，提升员工远程工作意愿，有助于减少员工的反生产绩效。因此，本章借鉴计划行为理论，从社会心理的视角构建了员工远程工作意愿影响模型，实证分析了员工远程工作意愿的形成与影响机制，并提出相应的干预策略。

7.1 问题的提出

员工为什么愿意进行远程工作？现有研究大多认为，员工远程工作意愿来自其感知该工作方式所带来的优势、劣势并进行相互比较权衡所产生的结果，员工远程工作的抉择其实是员工内心感知的优势的引导力和劣势的阻碍力两者相互较量的产物（Mokhtarian and Salomon，1996；Mokhtarian and Salomon，1997；Haddad et al.，2009）。还有一些学者，通过分析人口统计学数据，试图回答不同类型的员工远程工作意愿的差异性（Peters et al.，2004；Iscan and Naktiyok，2005；Sarbu，2014）。然而，仅从利益动机出发，无法全面地刻画出员工远程工作意愿的形成机制，甚至出现了很多自相矛盾的结论（Bailey and Kurland，2002）。根据期望理论，行为主体进行某项行动的动机取决于其对行动结果的价值评价和预期达成该结果可能性的估计；因此，对远程工作优劣势的权衡只能影响到远程工作的效价（Hunton and Harmon，2004），员工是否愿意进行远程工作，还取决于其对自己远程工作胜任力的主观感知。同时，人际关系理论认为，员工是"社会人"，他们的行为并不单纯出自利益动机，还需要考虑到社会因素的影响。因此，对于员工远程工作意愿的研究，需要将多方面的影响因素纳入同一框架，开展整合性研究。

在众多探讨行为意向的理论研究中，最具有代表性的是计划行为理论，并已被成功地应用于多个行为领域（Ajzen，2011）。计划行为理论以期望价值理论为出发点，从信息加工的角度，通过对个体态度、主观规范与感知行为控制三个构念的测量，解释和预测个体行为及其意向的形成。同时，计划行为理论认为，个体信念是行为认知和情绪的基础，通过探索驱动个体行为态度、主观规范和感知行为控制形成的凸显信念，并对其进行影响和干预，可以达到改善甚至改变行为意愿的目的。因此，本研究拟以计划行为理论为基础，探讨个体态度、主观规范、感知行为控制对员工远程工作意愿的影响，试图从社会心理的视角建构员工远程工作意愿影响模型，实证分析中国员工远程工作意愿的形成与影响机制，并提出相应的干预措施，以期能够为我国企业的员工远程工作管理实践提供理论依据。

7.2 理论基础与假设

7.2.1 计划行为理论

计划行为理论认为，个体对某一行为的态度、主观规范与感知行为控制三者的整合导致了行为意图的形成，态度越积极、主观规范越有利、感知行为控制越强，其行为意愿就越大；而其行为态度、主观规范和感知行为控制又受到存在于个体认知层面的凸显信念的影响（Fishbein and Ajzen，2011）。行为态度（AB）指个体对某一特定行为的总体评价，即对行为喜欢或不喜欢的程度。行为态度受行为信念的影响，它主要包括两个部分，一个是对行为产生的结果的可能性评估，即行为信念强度（behavioral belief strength，BBS），另一个是对行为产生的结果的积极与消极性评价（outcome evaluations，OE）。行为信念强度和结果评估共同决定了个体的行为态度，其函数式表达为：$AB \propto \sum OEi \times BBSi$。

主观规范（SN）指个体在决策是否执行某一特定行为时所感知到的社会影响。主观规范受规范信念的影响，它也包括两部分，即规范信念强度（normative belief strength，NBS）与依从动机（motivation to comply，MC）。所谓"规范信念强度"，指个体预期到重要的他人或团体对其是否应该执行某特定行为的期望大小；依从动机指个体愿意顺从重要的他人或团体对其期望的程度，其函数式表达为：$SN \propto \sum NBSi \times MCi$。

感知行为控制（PBC）指个体通过考虑个人的技能、资源以及机会而去执行某一特定行为的容易或困难程度的主观感知，其大小由控制信念强度（control belief strength，CBS）和控制因素效力（Power of control factors，PCF）共同决定。控制信念强度指个体对促进和阻碍自己执行某一特定行为的因素的可能性评价，控制因素效力则指个体感知到这些因素对自己执行某一特定行为的影响程度，其函数式表达为：$PBC \propto \sum CBSi \times PCFi$。

计划行为理论为研究个体行为与意愿的形成提供了一个较为全面的研究框架，具有较好的解释力和预测力（Webb and Sheeran，2006）。在中国情境中，计划行为理论在某些领域也具有一定的适用性（张毅和游达明，2014；邓新明，2015），但总体而言，相关研究还较为简略并缺乏规范和标准（张锦和郑全全，2012），绝大多数研究都停留在解释和预测行为及其意愿上，缺乏对信念基础的挖掘，运用计划行为理论对行为与意愿的进行干预的研究鲜少，在一定程度上降低了计划行为理论的实用价值（段文婷和江光荣，2008）。

7.2.2 远程工作态度与远程工作意愿

大量研究发现，个体对远程工作的态度是其是否愿意接受远程工作安排的重要前因变量（Mokhtarian and Salomon，1996；Yap and Tng，1990），而其态度则取决于员工对远程工作可能产生的结果预测以及对这些结果的积极与消极性评价。一方面，远程工作具有更好地协调员工工作、非工作的义务，降低工作—生活冲突；减少通勤压力、获得更多的休息时间；根据个体特征选择高效工作时间，避免受到打扰，进而提升工作效率；降低角色超载和减少职业倦怠等优势（Thatcher and Zhu，2006；Gajendran and Harrison，2007；Kelliher and Anderson，2010；Vega et al.，2015；Gajendran and Harrison，2015）。同时，远程工作也会产生诸如社会互动减少、隔离感增加、管理层偏见、同事不满、职业发展受损、工作—家庭冲突、角色模糊和工作超载等负面结果（Gajendran and Harrison，2007；Cooper and Kurland，2002；Leslie et al.，2012；Bartel et al.，2012）。对于某一员工而言，当他感知远程工作的优势多于劣势的时候，就会对远程工作产生积极的态度，并倾向于接受远程工作；反之，则会对远程工作产生消极的态度，并倾向于不接受远程工作（林彦梅和刘洪，2014）。综上所述，可以作出假设如下：

H_{7-1}：员工对远程工作的态度越积极，其远程工作意愿越强。

7.2.3 远程工作主观规范与远程工作意愿

社会心理学认为，个体的行为意愿，与重要他人或团体对其的影响之间呈现非常显著的正相关关系，当个体认为重要的他人支持该行为时，他将倾向于执行此行为；反之，则不倾向于执行此行为（Ajzen，2011）。研究发现，企业内，员工远程工作决策取决于水平层面（与同事）以及垂直层面（与主管）的社会关系（Gajendran and Harrison，2007；Wilton et al.，2011）；企业外，员工远程工作意向受到家庭成员、朋友以及邻居的影响（Neufeld and Fang，2005；Scott et al.，2012）。还有一些研究者通过分析认为，员工之所以不愿意远程工作，其原因来自担心主管以及同事的反对，团队工作者的远程工作意愿相对较低（Pérez et al.，2004）。在中国情境下，拉格拉姆（Raghuram）以中国跨国企业为样本，考察了远程工作实践所嵌入的社会环境对员工远程工作动机的影响，研究表明，员工远程工作程度与其直接监督者的支持正相关，而当其主管也愿意进行远程工作时，两者间的关系更大（Raghuram and Fang，2014）。因此，本研究作出如下假设：

H_{7-2}：员工的远程工作主观规范越有利，其远程工作意愿越强。

7.2.4　远程工作感知行为控制与远程工作意愿

个体的行为意向不仅仅受到态度和主观规范的影响，还受到个体对执行该行为的掌控力的影响（Fishbein and Ajzen，2011）。在行为主体认为他无法较好地完成某一行为时，即使对该行为持有正面的态度并获得有利的社会支持，他也不会有很强的意向去执行该行为。员工对自我能力的评判是其是否愿意变换工作情境、接受远程工作的关键预测变量（Raghuram et al.，2003）。斯特普尔斯等（Staples et al.，1999）发现，员工远程工作胜任力感知是员工是否愿意接受远程工作安排以及能否取得远程工作绩效的关键变量，而胜任力感知又来自其经验、培训以及 IT 能力。相关心理学研究表明，具有高自我效能感的员工倾向于以积极的姿态面对工作，他们通常将工作中出现的新挑战视为实现抱负的途径而不是包袱（Wang and Haggerty，2011），从这个逻辑可以认为，高行为控制感知的员工远程工作意愿较大。综上所述，本研究作出如下假设：

　　H_{7-3}：员工远程工作感知行为控制越高，其远程工作意愿越强。

7.2.5　远程工作态度与感知行为控制的中介作用

　　与态度和感知行为控制相比，一些研究者认为，主观规范这一变量对行为意图的解释力有限（Armitage et al.，1999）；随后，一些实证研究认为，造成这一现象的原因是主观规范通常会影响个体对于行为的态度以及感知的可行性，因此该因素对于行为意愿的影响可能是间接的（Linán，2007）。一些远程工作的相关研究中也证实，主管和同事的支持能够使员工产生更为积极的远程工作态度，进而接受远程工作安排（Yap and Tng，1990；Lim and Teo，2000）。伊斯坎和纳克蒂约克（Iscan and Naktiyok，2005）通过实证研究发现，同事的支持正向影响员工远程工作态度，特别是在具有集体主义文化氛围中，同事的支持影响更大。

　　莫赫塔里安和萨洛蒙（Mokhtarian and Salomon，1996）研究发现，员工感受到的社会支持与其远程工作意愿关系不显著，他们认为社会支持作为一种外部控制因素，更多的是通过影响员工能力等内部因素从而对远程工作意愿产生间接影响。积极的社会支持感知可以使员工认为，他们在设施配备、寻求建议、培训等环节处于有利地位，可以更好地履行远程工作任务（Golden and Veiga，2008）。因此，可以认为，主观规范作为前因变量，通过影响远程工作态度和感知行为控制间接影响员工远程工作意愿，假设如下：

　　H_{7-4}：员工远程工作主观规范通过影响远程工作态度间接影响远程工作意愿。

　　H_{7-5}：员工远程工作主观规范通过影响远程工作感知行为控制间接影响远程工作意愿。

　　根据上述理论与假设分析，得到本章研究的理论模型框架，如图 7 - 1 所示。

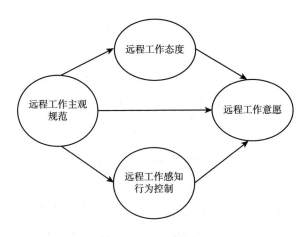

图 7 - 1   理论模型框架

资料来源：齐昕，刘洪，林彦梅（2016）。

7.3   研究设计

7.3.1   问卷编制

计划行为理论认为，在问卷编制之前需要对行为进行清晰的定义，结合前人相关研究（Peters et al. , 2004；Nilles, 1994）；本研究将员工远程工作界定为：每个星期在非传统办公场所（如在家）工作一天以上。同时，计划行为理论还要求同时对模型的相关构念进行直接测量与间接测量，通过直接测量结果与间接测量结果的相互印证，来衡量研究结论的稳健性（Fishbein and Ajzen, 2011）。因此，问卷由直接测量量表与间接测量量表两部分构成，考虑到华人偏好选择奇数尺度的中间值（Ou et al. , 2014），为增加响应方差，问卷所有题项均采用李克特六点式记分，从 1（非常不同意）到 6（非常同意）。

直接测量量表主要是对远程工作态度、远程工作主观规范、远程工作感知行为控制以及远程工作意愿的总体情况进行问项设计。沿用菲什宾和阿扎吉（Fishbein and Ajzen，2011）的设计并进行语义修正，从有用性态度和体验性态度两个层面设计 4 个问项对远程工作态度进行测量；从指令性规范和示范性规范两个层面设计 4 个问项对远程工作主观规范进行测量；远程工作感知行为控制的测量包括能力感知和自主性感知两个层面共 4 个问项；对远程工作意愿的测量包括 3 个问项。

间接测量指的是对影响行为态度、主观规范和感知行为控制的形成的凸显信念，即行为信念、规范信念、控制信念的测量，间接地反映个体行为态度、主观规范和感知行为控制。作为行为个体认知和情绪的基础，突显信念不仅可以解释个体为何拥有不同的行为态度、主观规范、感知行为控制，而且还能为行为意愿的干预指明方向。根据菲什宾和阿扎吉（Fishbein and Ajzen，2011）的建议，研究通过实施开放性问卷调查方式获得员工关于远程工作的凸显信念。问卷包括三类开放式问题：（1）行为结果。每个星期在非传统办公场所（如在家）工作一天以上有哪些利益和损失？（2）规范参照对象。谁会允许或反对你每个星期在非传统办公场所（如在家）工作一天以上？谁最有可能或最不可能每个礼拜在非传统办公场所（如在家）工作一天以上？（3）控制因素。哪些因素和环境会促进或阻碍你每个星期在非传统办公场所（如在家）工作一天以上？在江苏、安徽等地发放开放式问卷 100 份，回收有效问卷 92 份。根据调查样本的回答，通过分析、归类、编码，以出现频率排序，研究析出频率较高的 16 个凸显信念，其中，行为信念包括 5 个积极结果和 3 个消极结果，规范参照对象集中于领导、家人、同事、朋友四类，控制因素包括家庭干扰、远程工作经验等四个方面。以凸显信念为内容依据，形成 8 个行为信念强度、8 个行为结果评估、4 个规范信念强度、4 个依从动机、4 个控制信念强度、4 个控制因素效力共 32 个题项，以相对应题项的乘积来衡量相应的凸显信念。

7.3.2　问卷前测

研究通过问卷前测来检验直接量表信度、效度和间接量表的质量，初测研究通过对某两所大学 MBA 学员及其同事、下属员工发放问卷 200 份，回收有效问卷 191 份。利用 SPSS20.0 对间接量表进行探索性因子分析，剔除因子载荷小于 0.5 以及在 2 个以上因子载荷大于 0.3 的 2 个凸显信念共 4 个问项，最终形成 28 个间接测量问项。利用 MPLUS7.0 对直接量表进行验证性因子分析，结果显示，χ^2/df 值为 2.039，$RMSEA$ 值为 0.074，CFI 值为 0.945，TLI 值为 0.931，各项指标均达到可接受水平。采用克隆巴赫系数对直接、间接量表各构念信度进行检测，研究发现，各构念 α 系数均在 0.7 以上。最终，形成包括 15 个直接测量问项，28 个间接测量问项，6 个基本信息问项组成的正式调查问卷。

7.3.3　数据收集

正式调查问卷通过专业网络调查平台"问卷星"的有偿样本服务进行数据收集。选择网络调查方式主要有以下两个原因：首先，相比传统的实地或邮寄调研，网络调研具有更广泛的调研范围、更少的分布偏差、更低的成本以及更快速的答复等优点（Simsek and Veiga，2001）；其次，通过网络调研平台，可以提高对调查样本进行空间分离与时间分离的可操作性，进而减少共同方法偏差。如通过对 IP 地址的控制，保证样本的涵盖范围；基于后台用户信息，可以分时段将问卷准确地发放给同一被试，提高追踪研究的便利性。

本次问卷分两次发放，第一轮问卷测量远程工作态度、远程工作主观规范、远程工作感知行为控制 3 个构念，共发放问卷 447 份，回收有效答卷 423 份，有效回收率 94.6%；第二轮问卷测量远程工作意愿构念，在第一轮 423 名有效调查者中，共有 275 名调查者参与了第二轮问卷调查，其中，回收有效答卷 256 份，有效回收率 93.1%。最终样本覆盖了全国 28 个省（区、市）；男性占 50.8%，女性占 49.2%；年龄方面，30 岁以下员工占 28.9%，30~45 岁员工占 65.2%，45 岁以上员工占 5.9%；教育方面，专科以上占 97.3%；工作时间方面，5 年以下占 19.9%，6~10 年占 50.4%，10 年以上占 29.7%；岗位方面，一般人员占 21.1%，技术人员占 39.5%，管理人员占 39.4%；远程工作程度方面，每周小于 1 天的占 63.7%，大于 1 天的为 36.3%。

7.4 数据分析

7.4.1 共同方法偏差检验

为减少共同方法偏差，本研究采用时间隔离法，将自变量和因变量分别在不同的时间点测量，研究还通过题项随机配置与反向题项设计等方法尽可能减少共同方法偏差。由于本研究所有变量的测量均来自同一被试，不可避免地会产生同源方差问题。利用哈曼单因子检验检测本研究共同方法偏差程度（Podsakoff Pand Organ，1986），对所有问项进行因子分析，未旋转时得到的第一个因子解释变异为 28.03%，占因子总方差解释量的 42.94%，即没有单一的因子解释了绝大部分的变异量，说明本研究共同方法偏差问题不严重。

7.4.2 信度与效度分析

研究利用 SPSS20.0 计算各构念克隆巴赫系数以验证信度，如表 7-1

所示，对于本研究的四个构念，无论是直接测量还是间接测量，其 α 值均大于 0.7，表示信度良好。

在内容效度检验上，研究严格按照计划行为理论为基础构建模型及其测量指标，通过问卷前测并进行了探索性因子分析和验证性因子分析，确保各构念及其问项的合适性及代表性，使问卷有足够的内容效度。收敛效度检验方面，本研究所有题项在相应因子上的载荷均大于 0.5，各构念组合信度 CR 值均大于 0.8，各构念平均萃取方差 AVE 均大于 0.5（如表 7-1），表明各个变量和问项均具有较好的收敛效度。

表 7-1　　　　　　　　　测量指标信度和效度

变量	α 值	组合信度	AVE
远程工作态度	0.801（0.853）	0.871（0.89）	0.629（0.538）
远程工作主观规范	0.814（0.871）	0.877（0.922）	0.645（0.797）
远程工作感知行为控制	0.853（0.775）	0.901（0.8561）	0.695（0.599）
远程工作意愿	0.756	0.862	0.676

注：括号前为直接测量值，括号内为间接测量值。
资料来源：笔者自行绘制。

利用 MPLUS7.0 对直接测量模型与间接测量模型进行验证性因子分析，以检验区分效度。结果发现，无论是直接测量还是间接测量，四因子模型比其他模型具有更好的模型拟合度，且其 χ^2/df、CFI、TLI、SRMR、RMSEA 等匹配指标均达到了可以接受的水平，如表 7-2 所示，说明本研究所使用的四个变量之间具有良好的区分效度。

表 7-2　　　　　　　　　验证性因子分析结果

模型	χ^2/df	CFI	TLI	SRMR	RMSEA
四因子模型	2.15（2.29）	0.947（0.926）	0.934（0.911）	0.084（0.052）	0.067（0.071）
三因子模型	5.41（4.77）	0.777（0.778）	0.731（0.740）	0.110（0.081）	0.131（0.121）

续表

模型	χ^2/df	CFI	TLI	SRMR	RMSEA
二因子模型	5.56 (4.99)	0.764 (0.761)	0.722 (0.725)	0.107 (0.084)	0.133 (0.125)
单因子模型	6.01 (5.54)	0.738 (0.726)	0.695 (0.686)	0.091 (0.088)	0.140 (0.133)

注：四因子模型：远程工作态度、远程工作主观规范、远程工作感知行为控制以及远程工作意愿；三因子模型：工作边界态度、远程工作主观规范 + 远程工作感知行为控制以及远程工作意愿；二因子模型：远程工作态度 + 远程工作主观规范 + 远程工作感知行为控制以及远程工作意愿；单因子模型：远程工作态度 + 远程工作主观规范 + 远程工作感知行为控制 + 远程工作意愿。括号前为直接测量值，括号内为间接测量值。

资料来源：笔者自行绘制。

7.4.3 描述性统计与相关分析

各变量的相关系数、均值和标准差如表 7-3 所示，远程工作态度、远程工作主观规范、远程工作感知行为控制以及远程工作意愿之间都有显著的正相关关系，说明远程工作态度、远程工作主观规范、远程工作感知行为控制可能对远程工作意愿有促进作用；同时，远程工作态度、远程工作主观规范、远程工作感知行为控制之间可能存在共线性，在回归分析中需进行共线性诊断。

表 7-3　　　　　　　　描述性相关统计分析

变量	平均值	标准差	1	2	3	4
远程工作态度	4.86 (23.10)	0.80 (5.58)	1.00			
远程工作主观规范	4.26 (19.61)	1.11 (7.74)	0.346** (0.362**)	1.00		
远程工作感知行为控制	4.73 (24.67)	0.90 (5.54)	0.217** (0.236**)	0.396** (0.404**)	1.00	
远程工作意愿	4.91	0.81	0.582** (0.501**)	0.276** (0.338**)	0.545** (0.564**)	1

注：*、** 分别表示在 5%、1% 的水平上显著。括号前为直接测量值，括号内为间接测量值。
资料来源：笔者自行绘制。

7.4.4　假设检验

　　众多研究发现，员工的性别、年龄、有无远程工作经验等因素也会影响员工远程工作意愿的形成（Mokhtarian and Salomon，1997；Haddad et al.，2009），因此，本研究拟将以上变量作为控制变量。利用 SPSS20.0 进行多元回归分析，结果如表7－4所示。回归分析发现，各变量的方差膨胀因子均小于5，可以认为不存在共线性问题。根据模型3与模型5，无论是直接测量还是间接测量，远程工作态度、远程工作感知行为控制对远程工作意愿的影响都是显著的，而远程工作主观规范的影响都是不显著的，H_{7-1}、H_{7-3} 成立，H_{7-2} 不成立。

表7－4　　　　　　　　　　　　　　模型回归结果

变量	远程工作意愿					态度		感知行为控制	
	模型 1	模型 2	模型 3	模型 4	模型 5	模型 6	模型 7	模型 8	模型 9
性别	0.049	0.083	0.041	0.038	0.039	0.083	0.004	0.050	0.011
年龄	0.064	0.036	0.035	0.035	−0.001	0.011	0.052	−0.018	0.014
有无远程工作经验	−0.002	−0.024	−0.018	−0.003	−0.030	0.000	0.032	−0.034	0.036
远程工作态度（直接）			0.387**						
远程工作主观规范（直接）		0.298**	0.077			0.366**		0.412**	
远程工作感知行为控制（直接）			0.192*						
远程工作态度（间接）					0.408**				
远程工作主观规范（间接）				0.334**	0.105		0.360**		0.489**

续表

变量	远程工作意愿					态度		感知行为控制	
	模型1	模型2	模型3	模型4	模型5	模型6	模型7	模型8	模型9
远程工作感知行为控制（间接）					0.186**				
R^2	0.006	0.092	0.352	0.116	0.358	0.134	0.135	0.165	0.240
$Adj\text{-}R^2$	-0.006	0.077	0.336	0.102	0.343	0.120	0.121	0.152	0.228
$F\text{-}Value$	0.489	6.342**	22.537**	8.260**	23.145**	9.680**	9.774**	12.397**	19.824**

注：*、** 分别表示在 5%、1% 的水平上显著。
资料来源：笔者自行绘制。

对 H_{7-4}、H_{7-5} 的多重中介效应检验采用两种方法。首先采用巴伦和肯尼（Baron and Kenny，1986）的三步法。第一步，验证远程工作主观规范与远程工作意愿的关系，由模型2与模型4看出，无论是直接测量还是间接测量，其回归系数均在 1% 的水平上显著；第二步，验证远程工作主观规范与远程工作态度与远程工作感知行为控制的关系，根据模型6至模型9，其回归系数均在 1% 的水平上显著；第三步，结合根据模型3与模型5的结论，表明远程工作主观规范对远程工作意愿的影响可能被远程工作态度与远程工作感知行为控制完全中介。

为进一步确认远程工作态度与远程工作感知行为控制的中介效应，研究参照海耶斯（Hayes，2013）提出的 Bootstrap 方法进行中介效应检验。通过 MPLUS7.0 软件，经过 2000 次反复抽样后发现，在 95% 置信区间内，远程工作主观规范通过远程工作态度作用于远程工作意愿的间接中介效应显著（0.124；95% CI[0.032，0.217]）；同时，远程工作主观规范通过远程工作感知行为控制作用于远程工作意愿的间接中介效应也显著（0.117；95% CI[0.037，0.197]）；远程工作主观规范对远程工作意愿的直接效应不显著（-0.008；95% CI[-0.137，0.112]），总间接效应为 0.241，H_{7-4}、H_{7-5} 成立。

7.4.5　远程工作意愿的干预分析

计划行为理论认为，可以通过改变行为主体的态度、主观规范以及感知行为控制来干预主体的行为意愿，而行为主体的态度、主观规范以及感知行为控制又是以相关信念为基础的，因此，对这些凸显信念的改变，就可以干预行为意愿。根据菲什宾和阿扎吉（Fishbein and Ajzen，2011）的建议，干预目标的选择有两条标准：第一，需要考量干预目标的平均值水平，即是否还有提升的空间；第二，需要考量干预目标的对行为意愿影响的相对权重。由表7－4中模型5可以看出，远程工作态度对远程工作意愿的影响权重为0.408，明显大于感知行为控制的0.186；由表7－3中的平均值可以发现，远程工作态度的均值23.10也小于感知行为控制的24.67，因此，员工远程工作态度可能是较好的干预目标。进一步，从组成态度的7个行为信念来看，均值最小的为积极性结果：提高工作效率（19.64），而因子载荷最大的是消极性结果：工作—家庭冲突（0.794），因此，通过改变这两个行为信念，可能是较为有效的干预设计。

同时，如表7－4所示，性别、年龄等控制变量对远程工作意愿均没有直接影响，为了厘清不同特征的员工在意愿形成与影响机制上是否存在差异，研究选择性别、年龄、有无远程工作经验、工作时间、岗位5个变量作为调节变量，分析其在远程工作态度、感知行为控制对员工远程工作的影响过程中的调节作用。对进行调节变量、虚拟变量转化后进行层次回归分析，结果发现，年龄负向调节了感知行为控制对远程工作意愿的影响，工作年限正向调节了远程工作态度对远程工作意愿的影响、负向调节了感知行为控制对远程工作意愿的影响，其他变量调节效应均不显著。

7.5 结论与启示

7.5.1 研究结论

本研究借鉴计划行为理论考察了中国员工远程工作意愿的形成与影响机制，通过回归分析和多重中介检验，对研究提出的假设进行了验证，除 H_{7-2} 之外，其余假设均通过了检验。根据假设检验结果可以得出如下结论：

首先，员工远程工作态度、远程工作感知行为控制对员工远程工作意愿的形成具有显著的影响，而员工远程工作主观规范对员工远程工作意愿没有直接的影响。说明中国员工是否愿意接受远程工作安排，主要考量的是对远程工作难易程度与产生结果的综合评价。这一结论也印证了阿米蒂奇等（Armitage et al.，1999）提出的观点，即行为主体感知的社会压力对其行为意图的解释力有限。从回归系数可以看出，员工远程工作态度对员工远程工作意愿的影响较大，而远程工作感知行为控制的影响作用相对较小，说明利益动机仍为中国员工是否愿意远程工作的关键驱动因素。

其次，员工远程工作主观规范通过影响员工远程工作态度和远程工作感知行为控制对员工远程工作意愿的形成产生间接影响。中国情境中存在他人取向的行为模式，在心理上希望在他人心目中留下良好印象（杨国枢和余安邦，1993），因此，中国员工对远程工作的态度，不免受到其社会关系的影响；而员工感受到的社会支持，更是直接关系到其履行远程工作任务的胜任力感知，进而影响到其是否愿意接受远程工作安排。

最后，不同特征的员工在意愿形成与影响机制上存在一定的差异。相对于青年员工，中老年员工其感知行为控制对远程工作意愿的影响较小，而对于工作年限较长的员工，其远程工作态度对远程工作意愿的影响较大，感知行为控制对远程工作意愿的影响较小。原因可能在于，相对于刚刚工作的年轻员工，工作年限与年龄较长的员工其个人的经验、技能、资源较为丰富，是否愿意远程工作，更多地考虑是否可以获得某种程度的利益。

7.5.2　管理启示

在理论与实证分析的基础上，研究认为，企业可以通过以下几个途径来对员工远程工作意愿进行干预设计：

其一，从行为信念强度和结果评价两个层面，制定相关促进政策改变员工对远程工作的行为信念。一方面要提高积极结果产生的可能性以及结果的积极程度，另一方面要降低消极结果产生的可能性以及结果的消极程度。例如，本研究发现，对积极性结果：提高工作效率和消极性结果：工作—家庭冲突的干预，可能对提升员工远程工作态度较为有效。因此，企业应该考虑远程工作的工作适合性问题，依据不同的工作特性，选择、安排合理的远程任务，提升员工的远程工作效率，减少工作—家庭冲突；同时，企业还可以针对远程工作员工制定一系列家庭亲善政策，降低工作—家庭冲突对员工的负面影响。

其二，从控制信念强度和控制因素效力两个层面，制定相关保障措施改变员工对远程工作的控制信念。一方面通过设施配备、技术支持、资金支持等方式，改善员工远程工作条件，增加促进因素，减少阻碍因素；另一方面，通过相关培训、交流，提升员工的远程工作自我效能感，降低阻碍因素对员工的影响程度。尤其对于青年员工，提升其对远程工作的胜任力感知，更能提高其远程工作意愿。

其三，尽管员工规范信念不直接影响员工远程工作意愿，但其对后者也有间接的影响作用。因此，企业还应通过制度安排、管理者行为示范以及组织文化的塑造，从正式关系和非正式关系两个层面来提升员工的指令性规范和示范性规范。

本章参考文献

[1] 邓新明. 中国情景下消费者的伦理购买意向研究——基于 TPB 视角 [J]. 南开管理评论, 2012, 15 (3): 22 – 32.

[2] 段文婷, 江光荣. 计划行为理论述评 [J]. 心理科学进展, 2008 (2): 315 – 320.

[3] 林彦梅, 刘洪. 远程工作计划实施的影响因素与分析模型 [J]. 南京社会科学, 2014 (9): 16 – 24.

[4] 齐昕, 刘洪, 林彦梅. 员工远程工作意愿形成机制及其干预研究 [J]. 华东经济管理, 2016, 30 (10): 131 – 137.

[5] 杨国枢, 余安邦. 中国人的心理与行为——理念及方法篇 [M]. 台北: 桂冠图书公司, 1993.

[6] 张锦, 郑全全. 计划行为理论的发展、完善与应用 [J]. 人类工效学, 2012, 18 (1): 77 – 81.

[7] 张毅, 游达明. 科技型企业员工创新意愿影响因素的实证研究——基于 TPB 视角 [J]. 南开管理评论, 2014, 17 (4): 110 – 119.

[8] Armitage C, J, Conner M, Norman P. Differential effects of mood on information processing: Evidence from the theories of reasoned action and planned behavior [J]. European Journal of Social Psychology, 1999, 29 (4): 419 – 433.

[9] Ajzen I. The theory of planned behavior: Reactions and reflections [J]. Psychology & Health, 2011, 26 (9): 1113 – 1127.

[10] Armitage C, J, Conner M, Norman P. Differential effects of mood on information processing: Evidence from the theories of reasoned action and planned behavior [J]. European Journal of Social Psychology, 1999, 29

(4): 419 - 433.

[11] Bailey D E, Kurland N B. A review of telework research: Findings, new directions, and lessons for the study of modern work [J]. Journal of Organizational Behavior, 2002, 23 (4): 383 - 400.

[12] Baron R M, Kenny D A. The moderator-mediator variable distinction in social psychological research: Conceptual, strategic and statistical considerations [J]. Journal of Personality and Social Psychology, 1986, 51 (6): 1173 - 1182.

[13] Bartel C A, Wrzesniewski A, Wiesenfeld B M. Knowing where you stand: Physical isolation, perceived respect, and organizational identification among virtual employees [J]. Organization Science, 2012, 23 (3): 743 - 757.

[14] Cooper C D, Kurland N B. Telecommuting, professional isolation, and employee development in public and private organizations [J]. Journal of Organizational Behavior, 2002, 23 (4): 511 - 532.

[15] Fishbein M, Ajzen I. Predicting and changing behavior: The reasoned action approach [M]. New York: Psychology Press, 2011.

[16] Gajendran R S, Harrison D A, Delaney-Klinger K. Are telecommuters remotely goodcitizens? Unpacking telecommuting's effects on performance via I-deals and job resources [J]. Personnel Psychology, 2015, 68 (2): 353 - 393.

[17] Gajendran R S, Harrison D A. The good, the bad, and the unknown about telecommuting: Meta-analysis of psychological mediators and individual consequences [J]. Journal of Applied Psychology, 2007, 92 (6): 1524 - 1541.

[18] Golden T D, Veiga J F. The impact of superior-subordinate relationships on the commitment, job satisfaction, and performance of virtual workers

[J]. The Leadership Quarterly, 2008, 19 (1): 77 - 88.

[19] Haddad H, Lyons G, Chatterjee K. An examination of determinants influencing the desire for and frequency of part-day and whole-day homeworking [J]. Journal of Transport Geography, 2009, 17 (2): 124 - 133.

[20] Hayes A F. Introduction to mediation, moderation, and conditional process analysis: A regression-based approach [M]. New York: Guilford Press, 2013.

[21] Hunton J E, Harmon W K. A model for investigating telework in accounting [J]. International Journal of Accounting Information Systems, 2004, 5 (4): 417 - 427.

[22] Iscan O F, Naktiyok A. Attitudes towards telecommuting: The Turkish case [J]. Journal of Information Technology, 2005, 20 (1): 52 - 63.

[23] Kelliher C, Anderson D. Doing more with less? Flexible working practices and the intensification of work [J]. Human relations, 2010, 63 (1): 83 - 106.

[24] Leslie L M, Manchester C F, Park T Y, et al. Flexible work practices: A source of career premiums or penalties? [J]. Academy of Management Journal, 2012, 55 (6): 1407 - 1428.

[25] Lim V K G, Teo T S H. To work or not to work at home: An empirical investigation of factors affecting attitudes towards teleworking [J]. Journal of Managerial Psychology, 2000, 15 (6): 560 - 586.

[26] Linán F. Does social capital affect entrepreneurial intentions? [J]. International Advances in Economic Research, 2007, 13 (4): 443 - 453.

[27] Mokhtarian P L, Salomon I. Modeling the choice of telecommuting3: Identifying the choice set and estimating binary choice models for technology-based alternatives [J]. Environment and Planning A: Economy and Space, 1996, 28 (10): 1877 - 1894.

[28] Mokhtarian P L, Salomon I. Modeling the desire to telecommute: The importance of attitudinal factors in behavioral models [J]. Transportation Research Part A: Policy and Practice, 1997, 31 (1): 35-50.

[29] Neufeld D J, Fang Y. Individual, social and situational determinants of telecommuter productivity [J]. Information & Management, 2005, 42 (7): 1037-1049.

[30] Nilles J M. Making telecommuting happen: A guide for telemanagers and telecommuters [M]. New York: Van Nostrand Reinhold, 1994.

[31] Ou A Y, Tsui A S, Kinicki A J, et al. Humble chief executive officers' connections to top management team integration and middle managers' responses [J]. Administrative Science Quarterly, 2014, 59 (1): 34-72.

[32] Pérez M, Martínez Sánchez A, de Luis Carnicer P, et al. A technology acceptance model of innovation adoption: The case of teleworking [J]. European Journal of Innovation Management, 2004, 7 (4): 280-291.

[33] Peters P, Tijdens K G, Wetzels C. Employees' opportunities, preferences, and practices in telecommuting adoption [J]. Information & Management, 2004, 41 (4): 469-482.

[34] Podsakoff P M, Organ D W. Self-reports in organizational research: Problems and prospects [J]. Journal of Management, 1986, 12 (4): 531-544.

[35] Raghuram S, Fang D. Telecommuting and the role of supervisory power in China [J]. Asia Pacific Journal of Management, 2014, 31 (2): 523-547.

[36] Raghuram S, Wiesenfeld B, Garud R. Technology enabled work: The role of self-efficacy in determining telecommuter adjustment and structuring behavior [J]. Journal of Vocational Behavior, 2003, 63 (2): 180-198.

[37] Sarbu M. Determinants of Flexible Work Arrangements [J]. ZEW-Centre for European Economic Research Discussion Paper, 2014 (14-028): 1-

33.

[38] Scott D M, Dam I, Páez A, et al. Investigating the effects of social influence on the choice to telework [J]. Environment and Planning A: Economy and Space, 2012, 44 (5): 1016 –1031.

[39] Simsek Z, Veiga J. Primer on internet organizational surveys [J]. Organizational Research Methods, 2001, 4 (3): 218 –235.

[40] Staples D S, Hulland J S, Higgins C A. A self-efficacy theory explanation for the management of remote workers in virtual organizations [J]. Organization Science, 1999, 10 (6): 758 –776.

[41] Thatcher S M B, Zhu X. Changing identities in a changing workplace: Identification, identity enactment, self-verification, and telecommuting [J]. Academy of Management Review, 2006, 31 (4): 1076 –1088.

[42] Vega R P, Anderson A J, Kaplan S A. A within-person examination of the effects of telework [J]. Journal of Business and Psychology, 2015, 30 (2): 313 –323.

[43] Wang Y, Haggerty N. Individual virtual competence and its influence on work outcomes [J]. Journal of Management Information Systems, 2011, 27 (4): 299 –334.

[44] Webb T L, Sheeran P. Does changing behavioral intentions engender behavior change? A meta-analysis of the experimental evidence [J]. Psychological Bulletin, 2006, 132 (2): 249 –268.

[45] Wilton R D, Páez A, Scott D M. Why do you care what other people think? A qualitative investigation of social influence and telecommuting [J]. Transportation Research Part A: Policy and Practice, 2011, 45 (4): 269 –282.

[46] Yap C S, Tng H. Factors associated with attitudes towards telecommuting [J]. Information & Management, 1990, 19 (4): 227 –235.

第 8 章

员工柔性工作能力的增强策略

已有研究指出，不是所有的员工都愿意进行柔性工作，也不是所有员工都能够胜任柔性工作。员工愿意接受柔性工作安排以及良好工作绩效的取得，还有赖于其对自己是否具有相关的柔性工作能力的感知。因此，本章基于工作要求—资源（JD-R）模型，利用模糊集定性比较分析（fsQ-CA），从工作要求、工作资源两个方面探索柔性工作相关特征对员工柔性工作能力自我认知形成的组态效应。

8.1 研究问题的提出

随着信息技术的进步以及企业数字化进程的发展，柔性工作实践作为一种新兴的工作安排，将得到广泛且持续的应用，被誉为是21世纪的实践（Soga et al.，2022）。尽管柔性工作安排通常被认为对员工是有益的，但也有研究表明，柔性工作也存在"黑暗面"，它导致了个人工作方式的身体和认知变化，这种改变给员工带来了挑战，要求员工具备一定的柔性工作能力（Sardeshmukh et al.，2012）。同时，柔性工作员工通常在缺乏监督和沟通交流的情况下工作，他们严重依赖自己的能力和主动性来执行和完成工作任务。鉴于柔性工作员工高度的工作自主性和独立性，他们自己的动机和对自己能力的信念（即自我效能感）对其行为结果的潜在影响可能比传统工作方式下的员工高得多（Staples et al.，1999）。这表明员工的自我效能感是其在柔性工作环境中有效执行任务的重要先决条件。因此，最大限度地提高员工柔性工作自我效能感，可能是员工获得良好柔性工作绩效的关键方式之一。

已有学者探讨了柔性工作环境下的员工自我效能感的前因变量，认为柔性工作经验与培训、信息技术能力、管理者有效的柔性工作实践、身心状态等与员工柔性工作自我效能感相关（Staples et al.，1999）。但我们认为仍有必要对员工柔性工作自我效能感的影响因素进行进一步的考察。一方面，由于新冠疫情以前的柔性工作安排拥有更大的自由度，员工一般可以自行决定是否柔性工作（Wang et al.，2021），因此柔性工作往往只被赋予已经具备成功履行柔性工作所需相关能力的员工，之前关于柔性工作的一些发现可能存在选择偏差并容易产生内生性问题，它们也许仅适用于或尤其适用于那些有能力从事柔性工作的人（Lapierre et al.，2016；Kaduk et al.，2019）。新冠疫情以及后疫情时期柔性工作的蓬勃发展创造了一个独特的情境，产生大量选择性较低的柔性工作人员（Schulze et al.，2023）。基于情境相关性的考虑，再次探索员工柔性工作自我效能感的前因在理论和实践方面都是有价值的。

另一方面，自我效能理论认为自我效能是员工对自己工作能力以及工作环境的控制感的主观判断（Bandura，1977；Sheng et al.，2022），这种判断源自个体对以往绩效成就、替代经验、社会说服、生理与情绪特征等信息的评估（Bandura，1977；龙君伟等，1999；Van Hootegem et al.，2022）。然而，员工的自我效能判断是相对于特定工作任务的（Bandura，1977），不免会受到相关工作特征的影响。尽管有研究发现任务可控性、反馈方式等工作特征对自我效能感存在作用（姚凯，2008；Ma et al.，

2022），但对于柔性工作情景下的工作特征与员工自我效能感的关系，相关研究鲜少。特别地，在研究方法上，现有研究广泛采用传统的回归分析方法研究某些工作特征对个体自我效能感的边际"净效应"，难以揭示多种相互关联的柔性工作特征对员工柔性工作自我效能感的共同作用。定性比较分析（QCA）基于整体视角，能够充分探讨多个前因条件间的相互作用及其与结果的关系（杜运周和贾良定，2017），这为从集合的角度分析柔性工作特征与员工柔性工作自我效能感的关系提供了有效工具。

鉴于此，本章基于工作要求—资源模型，构建柔性工作情境下的工作特征框架并分析其与工作自我效能感的关系，采用模糊集定性比较分析（fsQCA）方法，探索柔性工作特征对员工柔性工作自我效能感的组态效应，以期为组织更好地进行柔性工作设计以及员工柔性工作自我效能感提升提供借鉴。

8.2 理论基础与模型构建

遵循界定范围（scoping）—连接（linking）—命名（naming）的组态理论化过程（杜运周等，2020；Furnari et al.，2021），本部分首先基于工作要求—资源框架，梳理柔性工作的相关工作特征，识别可能形成组态的条件因素并确定分析的范围，在此基础上，发展柔性工作特征对员工柔性工作自我效能感的组态效应模型。

8.2.1 工作要求—资源框架下的柔性工作特征

长期以来，柔性工作的"双刃剑效应"已得到证实（Putnam et al.，

2014；Yunus et al.，2022），它引发了一系列相互对立但又相互依赖的工作特征改变。例如，柔性工作给予员工决定工作地点、时间和方式的权力，使其在日常工作中拥有更大的灵活性和自主权，实现自我领导（Müller et al.，2019）。然而，柔性工作的"自治悖论"指出，柔性工作提供的自由度越高，员工的工作负荷就越大（Mazmanian et al.，2013；胡玮玮等，2021），员工可能会被迫接受"永远在线、随时可用"的工作环境（Kaduk et al.，2019）。自主性和自我领导也会激发员工产生一种责任感，让员工付出额外的努力，从而导致其工作时间和强度不断增加（Chesley，2010；Mache et al.，2020）。同时，柔性工作允许员工更加灵活地调度资源，更好地平衡工作和非工作承诺，实现工作—家庭的平衡（Kröll et al.，2021）；但柔性工作允许员工调整工作安排以适应家庭需求的同时，也打破了工作和生活之间的边界，增加了家庭对工作的干扰（Mullins et al.，2021）。工作时间和空间上的分割还导致了沟通困难，频繁且不稳定的电子信息加大了柔性工作员工角色定位的不确定性，使员工产生角色模糊（Thomas et al.，2006）。

另外，工作要求—资源（JD - R）模型利用两个总体类别：工作要求和工作资源来表示大多数工作属性，被认为是分析工作特征及其影响的良好工具。工作要求是员工在工作中身体、心理、社会和组织方面维持其体力和脑力努力所需的所有成本；工作资源是工作中能够促进个体实现工作目标、减轻生理与心理成本、刺激个人成长和发展的积极因素（Demerouti et al.，2001）。工作要求—资源模型从工作要求和工作资源方面概念化工作特征，似乎与柔性工作带来的挑战和优势相对应（Ter Hoeven et al.，2015；Gajendran and Harrison，2007），特别适合理解柔性工作特征的复杂性及其对员工的多维影响（Sardeshmukh et al.，2012；Wang et al.，2021）。为此，我们将上述工作负荷、家庭对工作的干扰和角色模糊三项突出的柔性工作挑战理解为特定的工作要求，工作自主性、自我领导和工作—家庭平衡三项突出的柔性工作优势视为特定的工作资源，从而将柔性工作特征纳入同一研究框架，界定了柔性工作特征范围，以便于进行下一步的理论模型构建。

8.2.2　理论模型构建

现有研究大多聚焦于某一或几个柔性工作特征与员工心理和行为的独立线性关系，从整体视角探索柔性工作特征要素耦合效果的研究较少，故它们难以直接用于组态视角下复杂因果关系的理论推演。但通过对相关柔性工作特征与员工柔性工作自我效能感的关系梳理，有助于分析要素之间的连接关系、耦合效应以及可能的工作特征组态。

柔性工作要求与员工柔性工作自我效能感的关系方面，研究发现柔性工作通常伴随着意外、不可预测的工作发展，以及工作负荷的增加（Kelliher and Anderson，2010），而过高的工作负荷可能会耗尽员工的心理和身体资源，引发员工产生倦怠、挫折、抑郁等负面反应，甚至工作能力的丧失（Cech and O'Connor，2017；Peasley et al.，2020；Hokke et al.，2021），造成员工对柔性工作的掌控感和自我效能感下降。同时，物理与时间边界隔离、交互的能力下降以及工作关系的碎片化等因素，增加了柔性工作员工工作角色的不确定性，导致角色模糊并消耗员工额外的精神和情感能量（Mihalca et al.，2021；Sardeshmukh et al.，2012）；身心资源的缺乏使员工无法全身心地投入工作，产生较低的工作动机与和自我效能感（Ruitenburg et al.，2012）。柔性工作中，个人通常会经历频繁的角色转换，使得家庭对工作的干扰变得更加明显（Wang et al.，2021），他们需要投入更多的时间、精力和资源来保证同时有效地完成工作与家庭职责，而资源的有限性使员工不得不在工作和家庭需求之间反复权衡（Lapierre and Allen，2012；Delanoeije et al.，2019），导致冲突、压力和情绪耗竭并削弱了柔性工作自我效能感的形成。

柔性工作资源与员工柔性工作自我效能感的关系方面，工作自主权作为柔性工作的主要特征之一，使员工可以根据自己的偏好组织工作任务，更好地协调工作和非工作活动。它满足了个体对于自主的基本心理需求，激发员工在工作中的自信心和主动性（Van Dorssen-Boog et al.，2022）。工作自主权也释放了一种令人鼓舞的信号，即员工得到了组织的关心和器重，扩大了员工的掌控力并反哺其自我效能感（Chen et al.，2018；Thompson et al.，2015）。柔性工作安排使得员工能够在独立的时空框架下管理自我，完成组织任务，实现自我领导（吴磊等，2022；贺伟和吴小玥，2022）；自我领导有利于员工培养内在动机，获得成就感和胜任感（Müller and Niessen，2019；张志学等，2021），从而提升其柔性工作自我效能感。更好地平衡来自多个领域的需求，特别是工作—家庭平衡的需求，被认为是柔性工作的一大优势，它提升了员工的工作满意度和组织认同感（Wang and Walumbwa，2007），使员工在工作中更加尽责、投入、专注，有助于促进员工积极的自我认知（Masuda et al.，2012；Azar et al.，2018），最终取得良好的柔性工作自我效能感。

总体而言，工作负荷、家庭对工作的干扰和角色模糊涉及个体的能量消耗过程，不利于员工柔性工作自我效能感产生；相应地，工作自主性、自我领导和工作—家庭平衡通过个体的动机激励机制，能够缓冲工作要求的负面作用，并促进员工柔性工作自我效能感。然而，尽管我们已知工作资源和工作要求对员工柔性工作自我效能感的影响并不是独立的，它们之间可能存在着多元复杂的耦合关系，共同作用于员工柔性工作自我效能感。但不同的柔性工作特征如何组合，系统地影响员工柔性工作效能感，机制尚不清楚。因此，本章基于工作要求—资源模型，将柔性工作的优势和挑战整合到一个总体框架中，依据柔性工作中工作要求以及工作资源可能存在的状态，将柔性工作特征分为单一、均衡、混合、缺失四类，并根据其强弱性非对称生成9类可能的组态形式，如表8-1所示。

表8-1 柔性工作可能的特征组态

工作要求	工作资源	工作特征形式	可能类型：单一、均衡、混合、缺失
+	0	单一强要求型	柔性工作表现为较高的工作要求特征
-	0	单一弱要求型	柔性工作表现为较低的工作要求特征
0	+	单一强资源型	柔性工作表现为较高的工作资源特征
0	-	单一弱资源型	柔性工作表现为较低的工作资源特征
+	+	强均衡型	柔性工作表现为较高的工作要求，也体现出高资源的工作特征
-	-	弱均衡型	柔性工作表现为较低的工作要求，也体现出低资源的工作特征
+	-	强要求混合型	柔性工作表现为较高的工作要求，并体现出低资源的工作特征
-	+	强资源混合型	柔性工作表现为较高的工作资源，并体现出低要求的工作特征
0	0	缺失型	柔性工作没有体现相关工作要求与工作资源特征

资料来源：笔者自行绘制。

综上所述，研究构建柔性工作特征对员工柔性工作自我效能感的组态效应模型（见图8-1），探索某些工作要求或工作资源要素是否是影响员

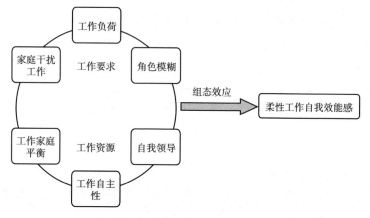

图8-1 柔性工作特征对员工柔性工作自我效能感的组态效应模型

资料来源：笔者自行绘制。

工柔性工作自我效能感的必要条件，并揭示这些工作特征要素的耦合组态对员工柔性工作效能感的复杂影响机制。

8.3 研究设计

8.3.1 数据收集与研究方法

本研究采用问卷调查的方式收集数据。基于网络调研在调研范围、分布偏差、成本以及便利性等方面的优势（Simsek et al.，2001），研究通过专业网络调查平台"问卷星"的有偿样本服务进行数据收集。"问卷星"拥有庞大的参与者，可以按需招募利基样本（Wang et al.，2021），这使我们能够筛选具有柔性工作经历的员工。为减少同源方差问题，问卷分两次发放，第一轮问卷主要是筛选具有柔性工作经历的员工并测量其个人信息以及柔性工作特征，生成有效答卷363份；一个月后，我们进行了第二轮问卷的发放，测量个体的柔性工作自我效能感，共有253名调查者给予了二次响应，经质量排查，最终获得有效答卷239份。

样本中，男性占比51.0%，女性49.0%；在年龄方面，25岁及以下员工占比21.3%，26~35岁员工41.0%，36~45岁员工23.5%，45岁以上员工14.2%；在工龄方面，现单位工龄为一年以下的员工占比9.6%，1~2年25.5%，3~5年32.2%，6~10年23.9%，10年以上8.8%；在学历方面，专科以下占比11.3%，专科23.0%，本科50.6%，硕士及以上15.1%。

8.3.2 变量测量

本研究量表主要借鉴国外成熟且符合中国情境的相关量表，并将其基于柔性工作情境下进行修正。研究均采用Likert5点计分（1＝非常不符合，

5 =非常符合）。工作负荷的测量借鉴彼得森等（Peterson et al.，1995）的
5 题项"角色过载量表"；角色模糊的测量借鉴辛格等（Singh et al.，
1996）开发的 3 题项量表；家庭对工作干扰的测量借鉴格拉韦斯等
（Graves et al.，2007）开发的 9 题项量表；工作家庭平衡的测量借鉴希尔
等（Hill et al.，2001）开发的总体工作家庭平衡 5 题项量表；工作自主性
的测量借鉴斯普雷策（Spreitzer，1995）开发的 3 题项量表；自我领导的
测量借鉴霍顿等（Houghton et al.，2012）编制的 9 题项量表。柔性工作自
我效能感的测量，沿用第 5 章员工对于个人柔性工作能力的感知程度的量
表，具体题项如表 8 - 2 所示。

表 8 - 2　　　　　　　　　相关变量的测量

变量	测量条目
工作负荷	在柔性工作中，我的某些任务有必要减少
	在柔性工作中，我感到负担过重
	在柔性工作中，我被赋予了太多的责任
	在柔性工作中，我的任务太繁重了
	在柔性工作中，我的工作量妨碍到我想保持的工作质量
角色模糊	在柔性工作中，我有清晰而具体的工作目标
	在柔性工作中，我很清楚我应该做什么
	在柔性工作中，我知道公司如何考核我的绩效
家庭对工作干扰	在柔性工作中，由于疲于应付家庭琐事，我没能发挥最大工作效率
	在柔性工作中，我的家庭生活占用了部分我本可以用于工作的时间和精力
	在柔性工作中，我会因为一些私人原因导致无法完全投入工作
	在柔性工作中，我会因为一些私人原因影响了我与领导、同事的人际关系
	在柔性工作中，由于某些私人原因，我投入在工作中的时间未能达到我的预期
	在柔性工作中，为了处理一些私人问题，我有时不能按时完成工作

续表

变量	测量条目
家庭对工作干扰	在柔性工作中，我的个人问题使得我在工作中的表现不尽如人意
	在柔性工作中，我在私人生活中的某些行为会降低我的工作效率
	在柔性工作中，我为了个人目标或私人原因在工作事业上略有牺牲让步
工作家庭平衡	在柔性工作中，我能够平衡我的工作要求和家庭要求
	在柔性工作中，平衡工作和家庭生活的需求对我来说很容易
	在柔性工作中，我有能力保持足够的工作家庭平衡
	在柔性工作中，我对自己在工作和家庭之间取得的平衡感到满意
	总而言之，在柔性工作中，我在平衡工作和家庭生活方面是成功的
工作自主性	在柔性工作中，我有很大的决策权
	在柔性工作中，我能够在职责范围内独立处理事情
	在柔性工作中，我有很多机会独立自主地决定如何完成任务
自我领导	在柔性工作中，我为自己设定的具体工作目标而努力
	在柔性工作中，我自我观察并记录自己在工作中的表现
	在柔性工作中，我为自己的表现制定了具体的目标
	完成柔性工作任务之前，我会想象自己已经成功完成了它
自我领导	有时当我真正开始柔性工作前，我会想象成功的表现
	在柔性工作中，我用喜欢的东西奖励自己成功完成任务
	在柔性工作中遇到困难时，我会大声说出来或在脑海中自言自语
	在柔性工作中，我尝试评估自己对所遇到问题看法的准确性
	在柔性工作中遇到困难时，我会想起自己的信念和担当
柔性工作自我效能感	我对自己处理柔性工作的能力评价很高
	我拥有很好完成柔性工作目标的知识、技术能力
	我能够胜任我现在的柔性工作安排

资料来源：笔者自行整理。

8.3.3　研究方法

鉴于柔性工作特征对个体的影响总是以组态的形式而非单个特征独立发挥作用，本研究采用模糊集定性比较分析方法（fuzzy set qualitative comparative analysis，fsQCA）。它基于整体视角，通过跨案例的比较分析，探索引起预期结果出现或缺失的条件要素组态，从而厘清多变量间的复杂因果关系。与传统的回归分析相比较，模糊集定性比较分析方法对于处理存在多个前因变量的多因素并发因果问题表现得更为出色（杜运周和贾良定，2017），而本研究探索柔性工作特征对员工柔性工作效能感的复杂影响机制就属于这类问题，所以相较于回归分析法，选用 fsQCA 的方法进行研究更加合适。

8.4　分析结果

8.4.1　同源方差与信效度分析

由于研究所有变量的测量均来自同一被试，首先利用 Harman 单因子检验法（Podsakoff and Organ，1986）检验是否存在共同方法偏差。对所有问项进行未旋转的因子分析，首个因子解释变异量为 33.990%，低于临界值 40%，也未超过总方差解释量的一半，即没有单一的因子解释了绝大部分的变异量，说明本研究共同方法偏差问题不严重。

研究利用 SPSS20.0 计算各构念克隆巴赫系数以验证信度，如表 8-2 所示，对于本研究的 7 个构念 α 值均大于 0.7，表示信度良好。效度检验方面，本研究所有题项在相应因子上的载荷均大于 0.5，各构念组合信度 CR 值均大于 0.8，各构念平均萃取方差 AVE 均大于 0.5（见表 8-3），表明各个变量和问项均具有较好的效度。

表8-3 测量指标信度和效度

变量	α值	组合信度	AVE
工作负荷	0.846	0.890	0.619
角色模糊	0.727	0.844	0.647
家庭对工作干扰	0.931	0.942	0.645
工作家庭平衡	0.798	0.861	0.555
工作自主性	0.842	0.905	0.760
自我领导	0.891	0.912	0.537
柔性工作自我效能感	0.855	0.912	0.775

资料来源：笔者自行绘制。

8.4.2 变量校准与必要条件分析

（1）变量校准

本研究采用直接校准法对数据进行结构化校准，在锚点的选择上，参照以往的研究（Rihoux and Ragin，2009），选择样本数据的95%、50%和5%分位数分别作为完全隶属阈值、交叉点和完全不隶属阈值。各变量描述性统计及校准锚点分别如表8-4、表8-5所示。

表8-4 描述性统计

变量	个案数	最大值	最小值	平均值	标准差
工作负荷	239	4.80	1.00	2.295	0.844
角色模糊	239	4.33	1.00	2.250	0.789
家庭对工作干扰	239	4.89	1.00	2.017	0.819
工作家庭平衡	239	5.00	1.4	3.838	0.758
工作自主性	239	5.00	1.00	3.576	1.010
自我领导	239	4.89	1.22	3.756	0.788
柔性工作自我效能感	239	5.00	1.00	3.699	1.005

资料来源：笔者自行绘制。

表 8 - 5　　　　　　　　前因变量和结果变量的校准

变量类别	变量	校准		
		完全隶属	交叉点	完全不隶属
前因变量	工作负荷	3.82	2.2	1.18
	角色模糊	3.67	2.33	1.3
	家庭对工作干扰	3.56	1.78	1.11
	工作家庭平衡	4.8	4	2.38
	工作自主性	5	4	1.67
	自我领导	4.67	4	2
结果变量	柔性工作自我效能感	5	4	1.67

资料来源：笔者自行绘制。

（2）必要条件分析

组态分析之前，需要进行单个变量的必要性分析。QCA 通过一致性指标衡量必要条件，当一致性高于临界值 0.9 时可认为该变量是结果的必要条件（杜运周和贾良定，2017）。必要条件分析结果如表 8 - 6 所示。对于高员工柔性工作自我效能感，各条件变量的一致性均低于 0.9，表明不存在产生高员工柔性工作自我效能感的必要条件。

表 8 - 6　　　　　　　　必要条件分析

条件变量	高柔性工作自我效能感		非高柔性工作自我效能感	
	一致性	覆盖度	一致性	覆盖度
工作负荷	0.567572	0.595809	0.724233	0.751811
~工作负荷	0.763572	0.736844	0.610635	0.582709
角色模糊	0.504943	0.586499	0.639912	0.735004
~角色模糊	0.771853	0.684304	0.639996	0.561095
家庭对工作干扰	0.548907	0.577709	0.744926	0.775297

续表

条件变量	高柔性工作自我效能感		非高柔性工作自我效能感	
	一致性	覆盖度	一致性	覆盖度
~家庭对工作干扰	0.786499	0.757168	0.594251	0.565729
工作家庭平衡	0.784959	0.763571	0.593258	0.570677
~工作家庭平衡	0.558651	0.581401	0.754216	0.776203
工作自主性	0.825619	0.896557	0.492780	0.529170
~工作自主性	0.566424	0.530357	0.903671	0.836723
自我领导	0.761875	0.704932	0.637833	0.583600
~自我领导	0.549963	0.605617	0.677511	0.737778

资料来源：笔者自行绘制。

在对非高员工柔性工作自我效能感的必要分析中，非高工作自主性的一致性高于0.9，这表明非高工作自主性可能是非高员工柔性工作自我效能感的必要条件。然而，进一步检验发现，基于非高工作自主性与非高柔性工作自我效能感的 $X - Y$ 散点图显示，约1/3的案例点分布在对角线上方，表明非高工作自主性无法构成非高柔性工作自我效能感的必要条件（Schneider and Wagemann，2012），即也不存在产生非高员工柔性工作自我效能感的必要条件。

8.4.3　组态分析

采用fsQCA3.0软件，参照杜运周等（2020）研究，将原始一致性阈值设定为0.8；基于 PRI 一致性阈值应接近或大于原始一致性阈值的规则（Pappas and Woodside，2021），将 PRI 一致性阈值也设定为0.8。由于本研究样本量较大，参考已有研究将案例频数阈值设定为2（Capatina et al.，2018）。同时，比对中间解和简约解，同时存在于两种解中的为核心条件，只在中间解出现的则为边缘条件（杜运周和贾良定，2017），组态分析分析结果如表 8 - 7 所示。

表 8 - 7　　　　　　　　员工柔性工作自我效能感的组态分析

条件变量	高柔性工作自我效能感						非高柔性工作自我效能感	
	路径 1	路径 2	路径 3	路径 4	路径 5	路径 6	路径 7	路径 8
工作负荷				⊗	⊗	•		●
角色模糊	⊗			⊗	⊗	•		
家庭对工作干扰		⊗	⊗	⊗		⊗	●	
工作家庭平衡	●		•		●		⊗	
工作自主性	●	●	●	●	●	●	⊗	⊗
自我领导	●	•					⊗	⊗
一致性	0.953	0.943	0.955	0.967	0.957	0.975	0.965	0.959
覆盖度	0.518	0.576	0.597	0.511	0.515	0.311	0.436	0.429
唯一覆盖度	0.017	0.017	0.038	0.006	0.017	0.009	0.050	0.043
解的一致性	0.929						0.959	
解的覆盖度	0.751						0.479	

注：●表示核心条件存在；•表示边缘条件存在；⊗表示核心条件缺失；⊗表示边缘条件缺失，空格表示一种模糊状态；下同。

资料来源：笔者自行绘制。

表 8 - 7 显示了本研究中的 6 个前因变量所组成的可以解释高水平柔性工作自我效能感的 6 条路径，可以看出，总体解的一致性水平为 0.929，可以认为，在满足表中所示的 6 类条件组态中，有 92.9% 的员工柔性工作自我效能感呈现出高水平状态。同时，解的覆盖度为 0.751，表明这 6 类条件组态可以用来解释 75.1% 的高水平员工柔性工作自我效能感的案例。在我们的组态分析中，解的一致性和覆盖度均高于临界水平，基于此，我们认为实证分析是有效的。在前文分析的柔性工作特征的单一、均衡、混

合、缺失四种类型中，研究发现强资源混合型和强均衡型是实现高水平柔性工作自我效能感的工作特征组态形式。

具体来说，路径 1~5 均表现出较为明显的强资源混合型工作特征组态形式，印证了较高的工作资源与较低的工作要求组合对员工柔性工作自我效能感的积极作用。条件组态 1 表明，以高工作家庭平衡、高工作自主性、高自我领导、非高角色模糊为核心条件，则员工产生高水平的柔性工作自我效能感，此时工作负荷和家庭工作干扰水平显得无关紧要。该路径突出了工作资源的动机激励机制对柔性工作自我效能感的正向作用，可以认为是"动机主导的强资源混合型"。该路径的覆盖度为 0.518，表明可以解释51.8%的高水平员工柔性工作自我效能感案例。

路径 2、路径 3、路径 4 均存在非高家庭对工作干扰和高工作自主性为核心条件。其中，路径 2 补充了高自我领导为边缘条件，路径 3 补充了高工作家庭平衡为边缘条件，均倾向表现出工作资源对柔性工作的正向作用，也可以认为是"动机主导的强资源混合型"。这两条路径的覆盖度分别为 0.576 和 0.597，分别表明可以解释约 57.6% 和 59.7% 的高水平员工柔性工作自我效能感的案例。路径 4 则补充了非高角色模糊和非高工作负荷为边缘条件，与前三条动机主导的强资源混合型工作特征组态形式不同，这条路径在高工作自主性为核心条件的基础上，突出呈现出弱工作要求的能量保存机制对柔性工作自我效能感的积极影响，可以认为是"能量主导的强资源混合型"。该路径的覆盖度为 0.511，表明可以解释51.1%的高水平员工柔性工作自我效能感的案例。条件组态 5 表明，高工作家庭平衡、高工作自主性、非高工作负荷、非高角色模糊均为核心条件，则员工可表现出高水平的柔性工作自我效能感，这条路径同时存在的动机激励和能量保存主导倾向，可以认为是"双元主导的强资源混合型"。覆盖度显示本路径可以解释51.5%的高水平员工柔性工作自我效能感的案例。

条件组态 6 表明，以高工作自主性、非高家庭对工作干扰为核心条件，补充高工作负荷和高角色模糊为边缘条件，可使员工具备高柔性工作自我效能感。与前面五条高资源—低要求组合的混合型工作特征组态形式不同，本条路径呈现出一定的高资源—高要求均衡组合的工作特征组态形式，可以认为是"强均衡型"。本路径一方面反映了工作资源对工作要求消极影响的缓冲作用（Bakker and Demerouti，2007），如高工作自主性能够缓冲高角色模糊和高工作负荷的负面影响；另一方面也可能反映出，不是所有的工作要求都对员工柔性工作自我效能感起负面作用，诸如工作负荷等挑战性要求（LePine et al.，2005），也可能对员工柔性工作自我效能感起一定的积极影响。覆盖度显示本路径可以解释31.1%的高水平员工柔性工作自我效能感的案例。

本研究也检验了产生非高水平员工柔性工作自我效能感的组态，共两条路径。表8-7路径7显示，高工作负荷、高家庭对工作干扰与非高工作家庭平衡、非高工作自主性和非高自我领导的工作特征组合，无论角色模糊水平如何，员工将不具备高柔性工作自我效能感。路径8表明高工作负荷、高角色模糊以及高家庭对工作干扰与非高工作自主性、非高自我领导形成的组合，无论工作家庭平衡水平如何，员工都无法表现出高水平的柔性工作自我效能感。可以看出，这两条路径均呈现出高要求—低资源组合的"强要求混合型"工作特征组态，这种状态下，柔性工作不仅会消耗员工大量的身心资源，也无法促进员工的工作动机，致使员工的柔性工作自我效能感处于较低水平。

8.4.4 稳健性检验

为保证研究结论的准确可靠，本书对员工柔性工作自我效能感的条件组态进行了稳健性检验，首先，将案例数阈值降低为1，所得到的组态与前文基本一致，如表8-8所示；其次，将PRI一致性阈值从0.8降低到0.75，得到的组态也与前文基本一致，如表8-9表示，证明了结果是稳健的。

表 8-8　　　　　　　　　　稳健性检验结果（降低案例数阈值）

条件变量	高柔性工作自我效能感						低柔性工作自我效能感	
	路径1	路径2	路径3	路径4	路径5	路径6	路径1	路径2
工作负荷					⊗	•	●	●
角色模糊	⊗			⊗	⊗			●
家庭对工作干扰		⊗	⊗	⊗		⊗	●	●
工作家庭平衡	●		•		●		⊗	
工作自主性	●	●	●	●	●	●	⊗	⊗
自我领导	●	•					⊗	⊗
一致性	0.953	0.943	0.955	0.959	0.957	0.966	0.965	0.959
覆盖度	0.518	0.576	0.597	0.576	0.515	0.441	0.436	0.429
唯一覆盖度	0.017	0.013	0.025	0.007	0.017	0.008	0.050	0.043
解的一致性	0.929						0.959	
解的覆盖度	0.753						0.479	

资料来源：笔者自行绘制。

表 8-9　　　　　　　　稳健性检验结果（降低 PRI 一致性阈值）

条件变量	高柔性工作自我效能感						低柔性工作自我效能感	
	路径1	路径2	路径3	路径4	路径5	路径6	路径1	路径2
工作负荷				⊗	⊗	•	●	●
角色模糊	⊗			⊗	⊗	•		●
家庭对工作干扰		⊗	⊗	⊗		⊗	●	●
工作家庭平衡			•		•		⊗	
工作自主性	●	●	●	●	●	●	⊗	⊗
自我领导	●	•					⊗	⊗

续表

条件变量	高柔性工作自我效能感						低柔性工作自我效能感	
	路径 1	路径 2	路径 3	路径 4	路径 5	路径 6	路径 1	路径 2
一致性	0.938	0.943	0.955	0.967	0.957	0.975	0.965	0.959
覆盖度	0.568	0.576	0.597	0.511	0.515	0.311	0.436	0.275
唯一覆盖度	0.027	0.014	0.038	0.006	0.017	0.009	0.228	0.067
解的一致性	0.923						0.958	
解的覆盖度	0.762						0.503	

资料来源：笔者自行绘制。

8.5　结论与启示

8.5.1　研究结论

研究基于工作要求—资源模型，将工作负荷、家庭对工作的干扰和角色模糊三项柔性工作要求以及工作自主性、自我领导和工作—家庭平衡三项柔性工作资源作为可能影响员工柔性工作效能感的条件因素，通过模糊集定性比较分析，识别了相关工作特征要素的耦合组态及其对员工柔性工作效能感的复杂影响。研究发现：首先，6 个工作特征变量均无法单独构成柔性工作自我效能感的必要条件。其次，产生高柔性工作自我效能感可分为两种主要的组态模式：一种是高工作资源—低工作要求耦合形成的"强资源混合型"工作特征组态模式，另一种是高工作资源—高工作要求耦合产生的"强均衡型"工作特征组态模式。"强资源混合型"存在 5 种具体的组态，包括 3 条突出资源动机激励机制的"动机主导的强资源混合型"路径，1 条突出弱工作要求能量保存机制的"能量主导的强资源混合型"路径,以及 1 条两者兼顾的"双元主导的强资源混合型"路径。"强均衡型"存在 1 种具体的组态,该种组态下高要求与高资源同时均衡存在。最后,由高工作要求—低工作资源耦合形成的"强要求混合型"工作特征组态模式,将对员工柔性工作自我效能感产生负面影响。

8.5.2 理论贡献

首先,本研究丰富和拓展了自我效能感前因的情境化研究。自从著名心理学家班杜拉(Bandura,1977)提出自我效能感概念以来,工业和组织心理学家逐渐开始关注自我效能感在组织行为领域中的应用研究,并逐步形成了较为全面的自我效能感理论框架体系。鉴于自我效能感被认为是对员工认知和行为最具影响力的因素之一(Chen et al.,2004;Kim et al.,2015),探索员工自我效能感的前因与形成机制成为组织行为领域研究的热点议题。先前的研究已证实员工自我效能感与诸多因素相关,如个体特质、领导风格、人际关系、心理与情绪等(Puente-Díaz,2016;Teng et al.,2020;Sheng et al.,2022)。数字技术的发展与广泛应用催生出更加柔性自由的工作模式和高度自主的工作情境(Soga et al.,2022;Allen et al.,2015),有必要探索自我效能感理论在新的组织场景中的前因与情景化规律。本文基于工作要求—资源模型,构建了柔性工作情境下的工作特征框架,探索了柔性工作特征与柔性工作员工自我效能感的复杂关系,从而为自我效能感理论在柔性工作情境下的应用提供了新的洞见。

其次,采用组态视角结合模糊集定性比较分析方法厘清了工作特征要素的相关耦合特征对柔性工作自我效能感的影响。已有学者采用传统的线性回归分析方法,发现柔性工作自我效能感的产生与员工的经验培训、身心状态、信息技术能力等相关(Staples et al.,1999)。然而,单纯采用线性回归研究方法的边际"净效应"分析，难以揭示多种相互关联的柔性工作特征对员工柔性工作自我效能感的共同作用。组态分析注重对系统和整体的考虑，可以处理存在多个前因变量的多因素并发因果问题（Rihoux and Ragin，2009）。运用此方法，本研究探索了高水平柔性工作自我效能感以及非高水平柔性工作自我效能感产生的相关工作特征要素耦合组态，揭示了柔性工作情境下工作特征集合影响员工自我效能感的多元路径，这为未来类似问题的分析提供了方法论借鉴。

最后，研究阐释了工作特征要素组态影响柔性工作自我效能感的多重路径及其替代关系。研究指出，员工柔性工作自我效能感源自高工作资源与不同水平的工作要求间的耦合组态，体现了工作资源对员工柔性工作自我效能感的核心作用。结论发现工作自主性等柔性工作资源能够帮助员工应对复杂的柔性工作要求，有力地佐证了工作要求—资源（JD-R）模型的缓冲假设（Bakker and Demerouti，2007），也符合学者们指出的工作负荷等挑战性工作要求能够促进个人的成长，对员工具有激励作用的论断（LePine and Podsakoff，2005）。同时，高工作资源—低工作要求的耦合组态揭示，提高工作资源的动机激励机制与降低工作要求的能量保存机制之间存在替代关系，这一系列发现深化了工作特征理论的相关研究。

8.5.3　管理启示

本研究的管理启示在于：其一，研究探讨了柔性工作特征要素的耦合组态及其对员工柔性工作效能感的影响，揭示了员工柔性工作自我效能感产生的因果复杂性，即不同的柔性工作特征要素耦合可以达成相同的结果。我们的研究表明，管理者可以通过多样化的高质量柔性工作设计组合来提高员工的柔性工作自我效能感，达到"殊途同归"的效果，但更为重要的是，相关的柔性工作设计不能是"碎片化"的，需要注重管理政策的整体性与集成效果。例如，研究发现，单一类型的柔性工作特征组态均无法形成高柔性工作自我效能感，企业在柔性工作设计时，要发挥工作资源和工作要求的协同效应，在减少因工作要求导致的员工能量消耗的同时，放大工作资源的动机促进作用，共同促进员工柔性工作自我效能感提升。

其二，我们还发现了柔性工作特征组态要素间的潜在替代关系，企业可以根据组织发展要求和禀赋差异，参考相关可替代特征，选择适宜的员工柔性工作效能感提升路径。首先，由路径 1 和路径 5 的对比发现了工作资源和工作要求之间的可能替代关系，在具备较高的工作自主性、工作家庭平衡和较低的角色模糊的工作状态下，高自我领导（资源）和低工作负荷（要求）对于员工柔性工作自我效能感的作用是可以相互替代的。因此，对于那些柔性工作任务繁重的企业，如果减少工作量不可行，那么柔性工作设计的一个重要关注点应该是加强相关培训以提升员工的自我领导技能。其次，我们还发现了不同工作资源之间以及不同工作要求之间的相互替代关系。对比路径 2 和路径 3 可知，在具备较高的工作自主性和较低的家庭对工作干扰的工作状态下，高工作家庭平衡（资源）和高自我领导（资源）的作用可以相互替代。对比路径 3 和路径 5 可知，在具有较高的工作家庭平衡和工作自主性的工作状态下，低工作负荷和低角色模糊（要求）的条件组合可以和低家庭对工作干扰（要求）相互替代。启示出，对于那些难以实现低家庭对工作干扰的柔性工作类型，如居家工作的环境下，企业应该使用更丰富的通信媒体来提高工作安排和沟通的清晰度，加强工作反馈，以减少员工的工作负荷与角色模糊。

其三，可以发现，在产生高水平柔性工作自我效能感的 6 条路径，以及产生非高水平柔性工作自我效能感 2 条路径中，工作自主性这一资源要素始终作为核心条件存在，显示了它对员工柔性工作自我效能感的独特性和重要性。基于此，管理者需高度重视工作自主性的作用，避免员工陷入"自治—控制悖论"。特别是随着数字技术的进步和企业数字化程度不断上升，连接的便利性可能会导致管理者加强对柔性工作员工的监督和干预，大量的互动与反馈会让员工感到更多的控制和约束，这都损害了员工的工作自主性。因此，组织需要制定数字沟通规范、明确连通规则来规避持续连接的陷阱，通过标准化柔性工作的交互程序并设立相关预案，提升员工对柔性工作的可预见性和掌控感。

本章参考文献

［1］杜运周，贾良定. 组态视角与定性比较分析（QCA）：管理学研究的一条新道路［J］. 管理世界，2017（6）：155 – 167.

［2］杜运周，刘秋辰，程建青. 什么样的营商环境生态产生城市高创业活跃度？——基于制度组态的分析［J］. 管理世界，2020，36（9）：141 – 155.

［3］贺伟，吴小玥. 远程办公情境下情绪自我领导力的理论构建［J］. 华南师范大学学报（社会科学版），2022（2）：159 – 172.

［4］胡玮玮，金杨华，王晓倩，等. 自主—控制视角下远程工作的悖论效应研究［J］. 科研管理，2021，42（4）：103 – 112.

［5］龙君伟，王沛. 自我能力感和组织行为［J］. 人类工效学，1999（4）：20 – 24，70.

［6］吴磊，高凯，郭理. 远程办公真的有利于自我领导的形成吗？——基于自我决定理论的解释［J］. 福建论坛（人文社会科学版），2022（3）：99 – 110.

［7］姚凯. 自我效能感研究综述——组织行为学发展的新趋势［J］. 管理学报，2008（3）：463 – 468.

［8］张志学，赵曙明，连汇文，等. 数智时代的自我管理和自我领导：现状与未来［J］. 外国经济与管理，2021，43（11）：3 – 14.

［9］ Allen T D, Golden T D, Shockley K M. How effective is telecommuting? Assessing the status of our scientific findings ［J］. Psychological Sciencein the Public Interest, 2015, 16 (2): 40 – 68.

［10］ Azar S, Khan A, Van Eerde W. Modelling linkages between flexible work arrangements' use and organizational outcomes ［J］. Journal of Business Research, 2018, 91 (1): 134 – 143.

［11］ Bakker A B, Demerouti E. The job demands-resources model: State of the art ［J］. Journal of Managerial Psychology, 2007, 22 (3): 309 – 328.

［12］ Bandura A, Cioffi D, Taylor C B, et al. Perceived self-efficacy in coping with cognitive stressors and opioid activation ［J］. Journal of Personality and Social Psychology, 1988, 55 (3): 479 – 488.

［13］ Bandura A. Self-efficacy: Toward a unifying theory of behavioral change ［J］. Psychological Review, 1977, 84 (2): 191 – 215.

［14］ Capatina A, Micu A, Micu A E, et al. Country-based comparison of accommodation brands in social media: An fsQCA approach ［J］. Journal of Business Research, 2018, (89): 235 – 242.

［15］ Cech E A, O'Connor L T. "Like second-hand smoke": The toxic effect of workplace flexibility bias for workers' health ［J］. Community, Work & Family, 2017, 20 (5): 543 – 572.

［16］ Chen G, Gully S M, Eden D. General self-efficacy and self-esteem: Toward theoretical and empirical distinction between correlated self-evaluations ［J］. Journal of Organizational Behavior: The International Journal of Industrial, Occupational and Organizational Psychology and Behavior, 2004, 25 (3): 375 – 395.

［17］ Chen Y, Fulmer I S. Fine-tuning what we know about employees' experience with flexible work arrangements and their job attitudes ［J］. Human Resource Management, 2018, 57 (1): 381 – 395.

［18］ Chesley N. Technology use and employee assessments of work effec-tiveness, workload, and pace of life ［J］. Information, Communication & So-ciety, 2010, 13 （4）: 485 - 514.

［19］ Delanoeije J, Verbruggen M, Germeys L. Boundary role transitions: A day-to-day approach to explain the effects of home-based telework on work-to-home conflict and home-to-work conflict ［J］. HumanRelations, 2019, 72 （12）: 1843 - 1868.

［20］ Demerouti E, Bakker A B, Nachreiner F, et al. The job demands-resources model of burnout ［J］. Journal of Applied psychology, 2001, 86 （3）: 499 - 512.

［21］ Furnari S, Crilly D, Misangyi V F, et al. Capturing causal com-plexity: Heuristics for configurational theorizing ［J］. Academy of Management Review, 2021, 46 （4）: 778 - 799.

［22］ Gajendran R S, Harrison D A. The good, the bad, and the un-known about telecommuting: Meta-analysis of psychological mediators and indi-vidual consequences ［J］. Journal of Applied Psychology, 2007, 92 （6）: 1524 - 1541.

［23］ Graves L M, Ohlott P J, Ruderman M N. Commitment to family roles: Effects on managers' attitudes and performance ［J］. Journal of Applied Psychology, 2007, 92 （1）: 44 - 56.

［24］ Hill E J, Hawkins A J, Ferris M, et al. Finding an extra day a week: The positive influence of perceived job flexibility on work and family life balance ［J］. Family relations, 2001, 50 （1）: 49 - 58.

［25］ Hokke S, Bennetts S K, Crawford S, et al. Does flexible work "work" in Australia? A survey of employed mothers' and fathers' work, family and health ［J］. Community, Work & Family, 2021, 24 （4）: 488 - 506.

［26］ Houghton J D, Dawley D, DiLiello T C. The abbreviated self-leadership questionnaire (ASLQ): A more concise measure of self-leadership [J]. International Journal of Leadership Studies, 2012, 7 (2): 216 – 232.

[27] Kaduk A, Genadek K, Kelly E L, et al. Involuntary vs. voluntary flexible work: Insights for scholars and stakeholders [J]. Community, Work & Family, 2019, 22 (4): 412 – 442.

[28] Kelliher C, Anderson D. Doing more with less? Flexible working practices and the intensification of work [J]. Human relations, 2010, 63 (1): 83 – 106.

[29] Kim D H, Wang C, Ahn H S, et al. English language learners'self-efficacy profiles and relationship with self-regulated learning strategies [J]. Learning andIndividual Differences, 2015 (38): 136 – 142.

[30] Kröll C, Nüesch S, Foege J N. Flexible work practices and organizational attractiveness in Germany: The mediating role of anticipated organizational support [J]. The International Journal of Human Resource Management, 2021, 32 (3): 543 – 572.

[31] Lapierre L M, Allen T D. Controlat work, control at home, and planning behavior: Implications for work-family conflict [J]. Journal of Management, 2012, 38 (5): 1500 – 1516.

[32] Lapierre L M, Steenbergen E F, Peeters M C W, et al. Juggling work and family responsibilities when involuntarily working more from home: A multiwave study of financial sales professionals [J]. Journal of Organizational Behavior, 2016, 37 (6): 804 – 822.

[33] LePine J A, Podsakoff N P, LePine M A. A meta-analytic test of the challenge stressor-hindrance stressor framework: An explanation for inconsistent relationships among stressors and performance [J]. Academy of management journal, 2005, 48 (5): 764 – 775.

[34] Ma E, Du J, Xu S T, et al. When proactive employees meet the au-

tonomy of work—A moderated mediation model based on agency theory and job characteristics theory [J]. International Journal of Hospitality Management, 2022 (107): 103326.

[35] Mache S, Servaty R, Harth V. Flexible work arrangements in open workspaces and relations to occupational stress, need for recovery and psychological detachment from work [J]. Journal of Occupational Medicine and Toxicology, 2020, 15 (1): 1 –11.

[36] Masuda A D, Poelmans S A Y, Allen T D, et al. Flexible work arrangements availabilityand their relationship with work-to-family conflict, job satisfaction, and turnover intentions: A comparison of three country clusters [J]. Applied Psychology, 2012, 61 (1): 1 –29.

[37] Mazmanian M, Orlikowski W J, Yates J. The autonomy paradox: The implications of mobile devices for knowledge professionals [J]. Organization Science, 2013, 24 (5): 1337 –1357.

[38] Mihalca L, Ratiu L L, Brendea G, et al. Exhaustion while teleworking during COVID-19: A moderated-mediation model of role clarity, self-efficacy, and task interdependence [J]. Oeconomia Copernicana, 2021, 12 (2): 269 –306.

[39] Müller T, Niessen C. Self-leadership in the context of part-time teleworking [J]. Journal of Organizational Behavior, 2019, 40 (8): 883 –898.

[40] Mullins L B, Charbonneau É, Riccucci N M. The effects of family responsibilities discrimination on public employees' satisfaction and turnover intentions: Can flexible work arrangements help? [J]. Review of Public Personnel Administration, 2021, 41 (2): 384 –410.

[41] Pappas I O, Woodside A G. Fuzzy-set Qualitative Comparative Analysis (fsQCA): Guidelines for Research Practice in Information Systems and Marketing [J]. International Journal of Information Management, 2021 (58):

102310.

[42] Peasley M C, Hochstein B, Britton B P, et al. Can't leave it at home? The effects of personal stress on burnout and salesperson performance [J]. Journal of Business Research, 2020 (117): 58 – 70.

[43] Peterson M F, Smith P B, Akande A, et al. Role conflict, ambiguity, and overload: A 21-nation study [J]. Academy of Management Journal, 1995, 38 (2): 429 – 452.

[44] Podsakoff P M, Organ D W. Self-reports in organizational research: Problems and prospects [J]. Journal of Management, 1986, 12 (4): 531 – 544.

[45] Puente-Díaz R. Creative self-efficacy: An exploration of its antecedents, consequences, and applied implications [J]. The Journal of Psychology, 2016, 150 (2): 175 – 195.

[46] Putnam L L, Myers K K, Gailliard B M. Examining the tensions in workplace flexibility and exploring options for new directions [J]. Human Relations, 2014, 67 (4): 413 – 440.

[47] Rihoux B, Ragin C C. Configurational comparative methods: Qualitative comparative analysis (QCA) and related techniques [M]. Los Angeles: Sage Publications, 2009.

[48] Ruitenburg M M, Frings-Dresen M H W, Sluiter J K. The prevalence of common mental disorders among hospital physicians and their association with self-reported work ability: A cross-sectional study [J]. BMC Health Services Research, 2012, 12 (1): 1 – 7.

[49] Sardeshmukh S R, Sharma D, Golden T D. Impact of telework on exhaustion and job engagement: A job demands and job resources model [J]. New Technology, Work and Employment, 2012, 27 (3): 193 – 207.

[50] Schneider C Q, Wagemann C. Set-theoretic methods for the social

sciences: A guide to qualitative comparative analysis [M]. Cambridge: Cambridge University Press, 2012.

[51] Schulze J, Krumm S, Eid M, et al. The relationship between telework and job characteristics: A latent change score analysis during the COVID-19 pandemic [J]. Applied Psychology, 2023: 1 –31.

[52] Sheng Z, Zhang Y, Han Q, et al. Job autonomy and employee well-being: The roles of sense of work meaning and self-efficacy [J]. Journal of Human Resource Management, 2022, 10 (2): 49 –55.

[53] Simsek Z, Veiga J. Primer on internet organizational surveys [J]. Organizational Research Methods , 2001, 4 (3): 218 –235.

[54] Singh J, Verbeke W, Rhoads G K. Do organizational practices matter in role stress processes? A study of direct and moderating effects for marketing-oriented boundary spanners [J]. Journal of marketing, 1996, 60 (3): 69 –86.

[55] Soga L R, Bolade-Ogunfodun Y, Mariani M, et al. Unmasking the other face of flexible working practices: A systematic literature review [J]. Journal of Business Research, 2022 (142): 648 –662.

[56] Spreitzer G M. Psychological empowerment in the workplace: Dimensions, measurement, and validation [J]. Academy of Management Journal, 1995, 38 (5), 1442 –1465.

[57] Staples D S, Hulland J S, Higgins C A. A self-efficacy theory explanation for the management of remote workers in virtual organizations [J]. Organization Science, 1999, 10 (6): 758 –776.

[58] Teng C C, Hu C M, Chang J H. Triggering creative self-efficacy to increase employee innovation behavior in the hospitality workplace [J]. The Journal of Creative Behavior, 2020, 54 (4): 912 –925.

[59] Ter Hoeven C L, van Zoonen W. Flexible work designs and employee

well-being: Examining the effects of resources and demands [J]. New Technology, Work and Employment, 2015, 30 (3): 237 –255.

[60] Thomas G F, King C L, Baroni B, et al. Reconceptualizing e-mail overload [J]. Journal of Business and Technical Communication, 2006, 20 (3): 252 –287.

[61] Thompson R J, Payne S C, Taylor A B. Applicant attraction to flexible work arrangements: Separating the influence of flextime and flexplace [J]. Journal of Occupational and Organizational Psychology, 2015, 88 (4): 726 – 749.

[62] Van Dorssen-Boog P, Van Vuuren T, De Jong J, et al. Healthcare workers' autonomy: Testing the reciprocal relationship between job autonomy and self-leadership and moderating role of need for job autonomy [J]. Journal of Health Organization and Management, 2022, 36 (9): 212 –231.

[63] Van Hootegem A, Sverke M, De Witte H. Does occupational self-efficacy mediate the relationships between job insecurity and work-related learning? A latent growth modelling approach [J]. Work & Stress, 2022, 36 (3): 229 – 250.

[64] Wang B, Liu Y, Qian J, et al. Achieving effective remote working during the COVID-19 pandemic: A work design perspective [J]. Applied psychology, 2021, 70 (1): 16 –59.

[65] Wang P, Walumbwa F O. Family-friendly programs, organizational commitment, and work withdrawal: The moderating role of transformational leadership [J]. Personnel Psychology, 2007, 60 (2): 397 –427.

[66] Yunus S, Mostafa A M S. Flexible working practices and job-related anxiety: Examining the roles of trust in management and job autonomy [J]. Economic and Industrial Democracy, 2022, 43 (3): 1340 –1368.

第 9 章

组织柔性工作供给的促进策略

由前文分析得知，高水平的柔性工作供给—需求匹配，有利于提升员工的创新行为等公民绩效。因此，员工柔性工作绩效的实现，不仅要提升员工的柔性工作意愿和能力，也要促进组织的柔性工作的长期供给。然而，尽管因为新冠疫情等原因，我国部分企业实施了柔性工作安排，但多数企业缺乏持续的供给意愿，柔性工作在我国的发展仍任重道远。基于此，本章探索了企业柔性工作供给意愿的促进机制和关键驱动因素，以期为实现企业柔性工作的长期持续供给提供参考。

9.1 研究模型与假设

9.1.1 组织柔性工作供给的促进机制模型

技术接受模型（TAM）是由戴维斯（Davis，1989）基于社会心理学中的理性行为理论提出，用来解释使用者对相关技术接受程度的理论模型。它将对内在信念、行为意愿、主观态度和外部环境变量等因素的研究运用到新技术应用中，是预测个体行为研究中最具影响力的理论之一。技术接受模型认为使用者对新技术的使用行为是由他们的行为意愿决定的，而使用者的行为意愿又受到使用态度以及感知有用性和感知易用性的影响（如图9-1所示）。在众多影响技术使用的变量中，感知有用性和感知易用性对使用者是否采纳新技术具有特别重要的作用。感知有用性就是人们认为使用新技术对他们完成任务的帮助程度，当他们相信其工作表现会跟使用新技术有关时，就会体现出高水平的感知有用性。感知易用性是指使用者对这个使用新技术难易程度的认知，它不但直接影响使用者的态度，还会对感知有用性产生影响。学者在各种领域以 TAM 模型为基础，对不同的问题展开研究，一系列的研究表明，技术接受模型中，以感知有用性和感知易用性作为使用者行为意向的决定因素，具有较高的预测意义。

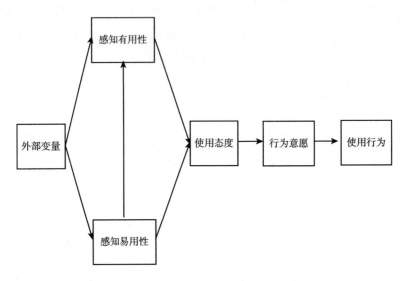

图9-1 技术接受模型

资料来源：戴维斯（Davis，1989）。

任务技术匹配理论（TTF）是古德休和汤普森（Goodhue and Thompson.，1995）基于技术绩效链理论提出，它聚焦任务特征、技术特征和个人特征的两两相互作用，分析其影响任务与技术的匹配程度，从而预测使用者使用新技术的可能性，如图9-2所示。

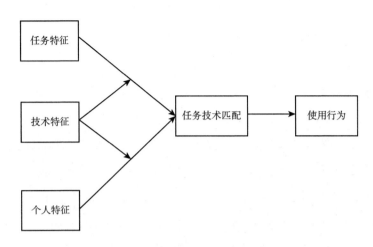

图9-2　任务技术匹配模型

资料来源：古德休等（Goodhue et al.，1995）。

如图9-2所示，"任务"指使用者涉及的工作任务；"技术"指用户为完成任务要使用的技术；"个人"指使用技术来完成任务的个体；"任务技术匹配"指任务需求、技术支持与个人能力之间的一致性程度。通常来说新技术的功能对任务需求的支持程度越高，任务与技术之间的匹配程度就越高，那么个人将会更倾向于使用这个技术。古德休和汤普森（Goodhue and Thompson.，1995）研究表明，对信息系统的使用及其带来的效果在一定程度上取决于任务与技术的匹配，只有与任务匹配的技术才能够更好地帮助员工的工作，它才会被采纳；反之，它不会被采纳。

可以看出，技术接受模型存在一些不足之处，它聚焦于用户对新技术的行为意向，缺少对影响感知有用性和感知易用性的外部变量的界定。而任务技术匹配理论聚焦于用户完成任务的需求和新技术可用功能两者之间的匹配，它的一个特别的优点就是针对不同的运用环境，模型可以细化对应的任务特征、技术特征以及任务技术匹配特征，赋予实践以具体的解释和指导（李雷等，2016）。所以有些学者认为，可以将二者的优势结合起来，从而使整合模型更具有解释力。例如，迪肖和斯特朗（Dishaw and Strong，1999）将技术接受模型中的感知有用性与感知易用性融入技术匹配理论，提出了一个整合模型，明确了一些影响用户使用的外部变量，取得了较好的效果。

因此，本研究借鉴任务技术匹配理论，将柔性工作视为一项人力资源管理技术，并将任务特征与技术特征（柔性工作特征）的匹配概念化为岗位适合性，个人特征和技术特征（柔性工作特征）的匹配概念化为员工胜任性；将其纳入技术接受模型，作为感知有用性和感知易用性的外部变量，这就弥补了技术接受理论中对外部变量界定不清晰的缺憾。通过对这两个模型的整合，构建组织柔性工作供给意愿的促进机制模型（见图9-3），探讨岗位适合性、员工胜任性、感知有用性和感知易用性以及组织柔性工作供给意愿之间的相互关系。

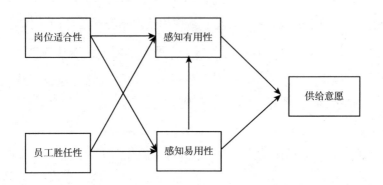

图9-3 组织柔性工作供给意愿的促进机制模型

资料来源：笔者自行绘制。

9.1.2 研究假设

（1）岗位适合性与感知有用性、感知易用性

柔性工作安排是否有用与组织内部的岗位配置特征具有极其重要的关系。例如，学者们总结出适宜柔性工作的几大任务特性：成果易评估、相

互依存度低、复杂程度高、节奏可控、结构化、重复性的任务，而那些需要大量监督、协调、反馈和面对面互动的工作，其柔性工作的效果往往较差（Golden and Gajendran，2019；徐洪江等，2019）。拜利和库兰（Bailey and Kurland，2002）指出柔性工作大量分布在专业技术要求较高的，同时需要储备大量信息的岗位，如程序员和分析师，以及从事与计算机相关工作的工种。因此，如果组织认为本企业内的岗位符合有效实施柔性工作的特征，那么在组织内部推行柔性工作，可能会提高组织的生产效率，带来较高经济效益，即体会到较高的感知有用性。相反，如果组织中存在许多需要面对面协调、沟通以及大量反馈等不适合推广柔性工作的岗位（Wang et al.，2021；Golden and Veiga，2005），那么在组织内部推行柔性工作，不但不能够提高工作绩效，还可能产生很多负面影响，即体会到较低的感知有用性。

同时，如果本企业岗位不符合有效实施柔性工作的特征，那么可能会出现岗位配置的混乱与冲突等问题，带来更高的组织控制与协调的难度，产生更高的管理成本（Soga et al.，2022），从而使组织在推行、管理柔性工作时受到较大的阻碍，即体会到较低的感知易用性。相反，如果本企业岗位符合有效实施柔性工作特征，那么可能会减少柔性工作推行、管理过程中遇到的难题和障碍，使组织体会到较高的感知易用性。综上所述，本研究提出假设如下：

H_{9-1}：柔性工作的岗位适合性对感知有用性有正向影响。

H_{9-2}：柔性工作的岗位适合性对感知易用性有正向影响。

（2）员工胜任性与感知有用性、感知易用性

已有研究发现，不是所有员工都胜任柔性工作，对柔性工作的适应性决定了个体的工作绩效（Müller et al.，2022）。例如，阿扎尔等（Azar et al.，2018）指出，柔性工作员工需要有效地在工作和非工作角色之间分配时间，并决定如何在不同的工作时间内安排任务；因此，时间管理能力较高的员工，比较胜任柔性工作安排。适合柔性工作的员工都具有尽责、自

控力、自我领导、灵活多变以及创新等鲜明的性格特征（Wang et al.，2021；Silva et al.，2022）。那些拥有隔离性边界管理战略和高工作—家庭平衡自我效能感的员工，也能够减少角色冲突并缓解柔性工作对工作—家庭冲突和压力的影响（Shockley and Allen，2010；Lapierre et al.，2016）。克拉克等（Clark et al.，2012）则认为，性格外向、神经质个性、依赖性高以及需要时刻监督的员工可能不适合柔性工作。因此，如果组织认为本企业的员工拥有胜任柔性工作的综合素质与能力，就会放心地让其进行柔性工作，相信员工能够合理切换角色，有效处理好工作任务并带来更高的工作绩效，即体会到较高的感知有用性。相反，如果管理者认为本企业的员工不符合胜任柔性工作的特征，就会认为在组织内部实施柔性工作，可能会引发生产效率、工作绩效下降等消极作用，即体会到较低的感知有用性。

同时，如果组织认为本企业的员工拥有胜任柔性工作的综合素质与能力，不但能够减少组织控制与协调的难度，在推行柔性工作的过程中，员工也会更加拥护这项政策安排，从而企业在实施柔性工作时面临的阻碍较少，即体会到较高的感知易用性。相反，如果组织认为本企业员工不符合胜任柔性工作的特征，不但增加了推行的风险和不确定性，还可能会引发员工的抵制情绪，激化员工与组织之间的矛盾，从而使组织实施柔性工作困难重重，即体会到较低的感知易用性。综上所述，提出假设如下：

H_{9-3}：柔性工作的员工胜任性对感知有用性有正向影响。

H_{9-4}：柔性工作的员工胜任性对感知易用性有正向影响。

（3）感知有用性、感知易用性与柔性工作供给意愿

技术接受模型认为，感知有用性和感知易用性是行为主体是否产生行为意愿以及具体行为的关键前因变量，因此，感知柔性工作是否有用以及是否易用是组织实施柔性工作的重要影响因素。如前所述，柔性工作安排具备减少缺勤，提高员工敬业度和工作效率，降低单位劳动成本；保留和

吸引优质员工，增强运营的灵活性；帮助员工有效管理工作和生活，提升员工工作满意度和组织承诺，缓解紧张的劳资关系等优势（林彦梅和刘洪，2014；Kröll et al.，2021）。如果企业能够感知这些优势，并认为通过柔性工作安排可以给企业和员工带来积极影响，无疑会更加愿意在组织内推行柔性工作安排。

除此之外，组织实施柔性工作还需要考虑到这项工作设计在组织内推广、管理的难易程度。对于组织而言，柔性工作安排对传统组织制度和管理带来了巨大的挑战，增加了组织控制、绩效评估与协调的难度，可能导致高成本和潜在的生产力损失（Stavrou et al.，2015；Berkery et al.，2017）。对于员工而言，不是所有员工都愿意进行柔性工作，柔性工作也不总是带来积极的效果；它还可能引发了组织内部的公平问题，使没有得到柔性工作安排的员工产生不满（Kossek，2015）。因此，可以认为，如果组织认为实施柔性工作的不确定性较高，管理难度较大，以及可能会遇到强大的阻力时，就会降低在组织内推行柔性工作安排的意愿。

同时，组织中柔性工作推广、管理的难易程度，也会影响组织柔性工作安排的有效性。一些研究发现，在某些企业，由于管理成本的增加，柔性工作安排的收益并不足以覆盖企业的前期投资，即柔性工作安排并不会产生剩余的价值（王迪旸和刘洪，2017；Sels et al.，2006）。因此，组织对柔性工作推广、管理的难度的感知，必然会影响组织对柔性工作安排有效性的认知。如果柔性工作安排难度很高，就会使管理者对其积极效果的感知低于预期，从而降低在组织内推行柔性工作安排的意愿。综上所述，本研究提出假设如下：

H_{9-5}：柔性工作的感知有用性对柔性工作供给意愿有正向影响。

H_{9-6}：柔性工作的感知易用性对柔性工作供给意愿有正向影响。

H_{9-7}：柔性工作的感知易用性还通过影响感知有用性对柔性工作供给意愿产生正向的间接效应。

（4）感知有用性、感知易用性的中介作用

由技术接受模型可知，外部环境变量能够影响个体的使用意愿，进而对个体使用行为产生影响，感知有用性与感知易用性在其中产生了中介作用。根据以上研究分析，柔性工作的岗位适合性、员工胜任性对感知有用性、感知易用性都有积极影响；而感知有用性、感知易用性对组织柔性工作供给意愿也有积极影响。因此，感知有用性、感知易用性可能在岗位适合性、员工胜任性与组织柔性工作供给意愿的关系中起中介作用。综上所述，本研究提出假设如下：

H_{9-8}：柔性工作的感知有用性在岗位适合性、员工胜任性与柔性工作供给意愿的关系中起中介作用。

H_{9-9}：柔性工作的感知易用性在岗位适合性、员工胜任性与柔性工作供给意愿的关系中起中介作用。

H_{9-10}：柔性工作的感知易用性、感知有用性在岗位适合性、员工胜任性与柔性工作供给意愿关系中还存在链式中介作用。

9.2　变量测量与数据收集

9.2.1　变量测量

岗位适合性借鉴古德休和汤普森（Goodhue and Thompson. , 1995）、文卡泰什和拜拉（Venkatesh and Bala, 2008）开发的量表进行修订而成，共包括 7 个题项，示例条目为："我们企业的很多岗位适合进行柔性工作"。员工胜任性借鉴斯台普斯等（Staples et al. , 1999）开发的量表进行修订而成，共包括 6 个题项，示例条目如："我们企业的很多员工拥有柔性工作的能力"。

感知有用性与感知易用性借鉴文卡泰什和拜拉（Venkatesh and Bala,

2008）开发的量表进行修订而成，各包括 4 个题项，示例条目分别为：
"在企业实施柔性工作有助于提高工作绩效""在企业实施柔性工作比较简单"。柔性工作供给意愿借鉴菲什拜因和阿杰恩（Fishbein and Ajzen，2011）等的设计，包括 3 个题项，示例条目为："我所在的企业愿意推行柔性工作"。问卷所有题项均采用李克特七点式记分，从 1（非常不同意）到 7（非常同意）。

同时，本研究将企业年限、企业规模、企业性质作为控制变量。其中，企业经营年限以企业经营的年数表征，企业规模以企业员工数表征，对企业性质进行虚拟变量处理，是高新技术企业为 1，不是高新技术企业为 0。

9.2.2　数据收集

本研究采用问卷调查的方式收集数据。样本企业主要集中于江苏、安徽、上海、浙江等长三角地区，共发放 300 份问卷，回收 221 份问卷，其中有效问卷 203 份，有效问卷的回收率为 67.67%。问卷主要由企业人力资源部门主管或高层管理者填写。企业成立 10 年以内的占 18%，10 ~ 20 年的占 55%，20 年以上的占 27%；企业人数方面，小于 100 人的占 19%，100 ~ 200 人的占 25%，201 ~ 400 人的占 28%，400 人以上的占 28%；属于高新技术企业的占 77%。

9.3　数据分析与假设检验

9.3.1　数据有效性检验

从表 9 - 1 可以看出，本研究的五个变量的克隆巴赫系数值均大于

0.7，表示量表的信度良好。所有测量项目对应的因子载荷均大于 0.6、组合信度值均大于 0.8、平均萃取方差 AVE 值基本大于 0.5，表示量表具备良好的收敛效度。

表 9-1　　　　　　　　　　信、效度分析结果

变量	问项	因子载荷	α 值	组合信度	AVE
岗位适合性	PS1	0.696	0.816	0.866	0.481
	PS2	0.707			
	PS3	0.685			
	PS4	0.725			
	PS5	0.683			
	PS6	0.676			
	PS7	0.680			
员工胜任性	EC1	0.682	0.755	0.861	0.508
	EC2	0.676			
	EC3	0.737			
	EC4	0.732			
	EC5	0.727			
	EC6	0.720			
感知易用性	PE1	0.768	0.775	0.856	0.598
	PE2	0.814			
	PE3	0.772			
	PE4	0.737			
感知有用性	PU1	0.794	0.776	0.857	0.601
	PU2	0.813			
	PU3	0.768			
	PU4	0.722			

续表

变量	问项	因子载荷	α值	组合信度	AVE
供给意愿	SI1	0.798	0.758	0.863	0.677
	SI2	0.828			
	SI3	0.842			

资料来源：笔者自行绘制。

由表 9 – 2 可以看出，其相关系数都小于平均萃取方差 AVE 值的平方根，说明各个构念之间存在明显的区分效度。利用 Harman 单因子检验检测本研究共同方法偏差程度，对所有问项进行因子分析，未旋转时得到的第一个因子解释变异为 31.79%，占因子总方差解释量 67.01% 的 47.44%，即没有单一的因子解释了绝大部分的变异量，说明本研究共同方法偏差问题不严重。

9.3.2　相关性统计分析

表 9 – 2 显示的是各变量的相关系数、均值和标准差，可以看出，岗位适合性、员工胜任性与感知易用性、感知有用性以及柔性工作供给意愿均呈正相关关系，感知易用性、感知有用性与柔性工作供给意愿也呈正相关关系，相关性分析结论与研究假设基本一致。

表 9 – 2　　　　　　　　　　描述与相关性统计分析结果

变量	1	2	3	4	5	6	7	8
企业年限	1							
企业规模	0.081	1						
企业性质	0.118	0.056	1					
岗位适合性	– 0.050	0.022	0.237 **	(0.694)				
员工胜任性	– 0.024	0.001	0.119	0.576 **	(0.713)			

续表

变量	1	2	3	4	5	6	7	8
感知易用性	0.055	−0.017	0.224 **	0.578 **	0.645 **	(0.773)		
感知有用性	−0.016	0.050	0.134	0.550 **	0.764 **	0.571 **	(0.775)	
供给意愿	0.138 *	0.019	0.273 **	0.486 **	0.615 **	0.643 **	0.683 **	(0.823)
平均值	16.931	260.348	0.773	4.163	4.456	4.376	4.464	4.442
标准差	1.007	214.913	0.420	0.789	0.679	0.766	0.801	0.777

注：* 、** 分别表示在5%、1%的水平上显著，括号内值指各构念的 *AVE* 值的平方根。
资料来源：笔者自行绘制。

9.3.3　假设检验

利用 SPSS20.0 进行层级回归分析，结果如表9 − 3 所示。由表9 − 3 模型2、模型3可以看出，岗位适合性、员工胜任性对感知易用性、感知有用性的正向影响均显著，H_{9-1} 至 H_{9-4} 得到验证。在模型3的基础上加入感知易用性，由模型4发现，感知易用性对感知有用性的回归系数不显著，H_{9-7}、H_{9-10} 可能不成立。由模型7可以看出，感知有用性、感知易用性对柔性工作供给意愿的正向影响显著，H_{9-5}、H_{9-6} 得到验证。

表9 − 3　　　　　　　　　　回归分析结果

变量	感知易用性		感知有用性		供给意愿			
	模型1	模型2	模型3	模型4	模型5	模型6	模型7	模型8
企业年限	0.031	0.072	0.002	−0.004	0.107	0.140 *	0.114 *	0.116 *
企业规模	−0.032	−0.035	0.045	0.048	−0.005	−0.005	−0.015	−0.014
企业性质	0.222 **	0.093	0.014	0.006	0.260 **	0.158 **	0.121 *	0.122 *
岗位适合性		0.290 **	0.159 **	0.134 *		0.165 *		0.003
员工胜任性		0.469 **	0.671 **	0.631 **		0.505 **		0.061

续表

变量	感知易用性		感知有用性		供给意愿			
	模型 1	模型 2	模型 3	模型 4	模型 5	模型 6	模型 7	模型 8
感知易用性				0.086			0.337 **	0.317 **
感知有用性							0.477 **	0.441 **
Adj-R²	0.038	0.482	0.594	0.596	0.072	0.439	0.581	0.578
F-Value	3.627 *	38.622 **	60.197 **	50.699 **	6.227 *	32.613 **	57.008 **	40.525 **

注：*、** 分别表示在 5%、1% 的水平上显著。
资料来源：笔者自行绘制。

感知有用性、感知易用性的中介效应检验步骤如下：第一步，验证岗位适合性、员工胜任性与柔性工作供给意愿的关系，由模型 6 看出，岗位适合性、员工胜任性对柔性工作供给意愿有正向影响；第二步，验证岗位适合性、员工胜任性与感知有用性、感知易用性的关系，由模型 2、模型 3 可以看出，岗位适合性、员工胜任性对感知有用性、感知易用性的正向影响显著；第三步，验证岗位适合性、员工胜任性以及感知有用性、感知易用性与柔性工作供给意愿的关系，由模型 8 可以看出，在模型 6 的基础上加入感知有用性、感知易用性，感知有用性、感知易用性对柔性工作供给意愿的回归系数显著，而岗位适合性、员工胜任性的回归系数变为不显著，这就表明感知有用性、感知易用性在岗位适合性、员工胜任性对柔性工作供给意愿的关系中起完全中介作用，H_{9-8}、H_{9-9} 得到验证。

同时，研究还通过 MPLUS7.0 软件，采用 Bootstrap 方法进行间接效应检验。经过 2000 次反复抽样后发现，在 95% 置信区间内，岗位适合性通过感知易用性作用于柔性工作供给意愿的间接中介效应显著（0.092；95% CI[0.044, 0.172]），岗位适合性通过感知有用性作用于柔性工作供给意愿的间接中介效应显著（0.059；95% CI[0.014, 0.126]），岗位适合性通过感知易用性、感知有用性作用于柔性工作供给意愿的间接中介效应不显著（0.011；95% CI[−0.002，0.034]）。员工胜任性通过感知易用性作用于柔性工作供给意愿的间接中介效应显著（0.149；95% CI[0.082，0.240]），员工胜任性通过感知有用性作用于供给意愿的间接中介效应显著（0.279；95% CI[0.175，0.433]），员工胜任性通过感知易用性、感知有用性作用于供给意愿的间接中介效应不显著（0.018；95% CI[−0.005，0.053]）。研究结果与层级回归中介效应分析均一致。

9.4　研究结论及建议

9.4.1　研究结论

借鉴技术接受模型（TAM）和任务技术匹配理论（TTF），本章首先探索了组织柔性工作供给意愿的促进机制与驱动因素，研究发现，柔性工作的岗位适合性、员工胜任性对感知易用性与感知有用性都有积极影响；同时，相比较岗位适合性，员工胜任性对感知易用性与感知有用性的影响更显著。其次，感知易用性与感知有用性对组织的柔性工作供给意愿均有积极的影响，其中，感知有用性的影响更强。再次，感知易用性与感知有用性在岗位适合性、员工胜任性与组织柔性工作供给意愿的关系中起中介作用，其中，员工胜任性对柔性工作供给意愿的间接影响较大。最后，柔性工作的岗位适合性、员工胜任性通过感知易用性、感知有用性对组织柔性工作供给意愿的链式中介不显著。

9.4.2　管理建议

基于研究结论，从培育员工柔性工作胜任性、增强柔性工作岗位适合性、提升感知有用性与感知易用性等方面，提出组织柔性工作供给的促进对策。

（1）培育员工柔性工作胜任性

拥有一批能够胜任柔性工作的员工，是组织有效实施柔性工作的前提。因此，对于那些旨在长期实施柔性工作的企业，一方面，需要招聘与选拔具有拥有尽责性、开放性、宜人性等个性特质的员工，边界管理能力高、时间管理能力强的员工，以及具备自我领导能力和较高柔性工作偏好的员工，参与柔性工作；另一方面，针对相应的柔性工作岗位及其工作特征与要求，积极推动相关岗位培训，提高员工适应柔性工作的知识、技术和能力。通过完善招聘、选拔、培训等措施，培养一批具有良好柔性工作综合素质的员工，提高柔性工作的员工胜任性。

（2）增强柔性工作岗位适合性

积极实施企业数字化转型，利用数字化与人工智能等新兴技术，改造工作流程并进行任务设计，增加适合实施柔性工作的工作流程与岗位。同时，组织需要善于利用信息技术、大数据技术与智能工具，赋能员工柔性工作。通过优化柔性工作的监督、协调、反馈等管理方式方法，加强沟通和人际协作，以满足那些具有高依存度、高互动性特征的岗位要求。强化结果导向的岗位考核与绩效评估制度，减少过程控制与干预。

（3）提升感知有用性与感知易用性

感知有用性即利益动机仍为企业柔性工作供给意愿的关键驱动因素，因此，组织要通过提高柔性工作的员工胜任性与岗位适合性等措施，一方面确保柔性工作的积极结果得以实现，如增强运营的灵活性、提高生产效率，构建积极的组织—员工关系等；另一方面要降低柔性工作的消极结果，如减少实施柔性工作的不确定性与管理难度，降低柔性工作的实施成本等。同时，企业还需要改变管理人员对于柔性工作的刻板印象与偏见认知，建立管理者行为示范以及塑造多元、包容的组织文化，从而减少实施柔性工作的阻力和推广难度。

本章参考文献

［1］李雷，杨怀珍，谭阳波，等．任务技术匹配理论研究现状述评与趋势展望［J］．外国经济与管理，2016，38（1）：29-41．

［2］林彦梅，刘洪．远程工作计划实施的影响因素与分析模型［J］．南京社会科学，2014（9）：16-24．

［3］王迪旸，刘洪．远程工作推广实施的影响因素分析框架模型［J］．江苏社会科学，2017（1）：38-45．

［4］徐洪江，刘洪，林彦梅．基于扎根理论的工作远程适宜性研究［J］．中国科技论坛，2019（2）：150-159．

［5］Azar S, Khan A, Van Eerde W. Modelling linkages between flexible work arrangements' use and organizational outcomes［J］. Journal of Business Research, 2018, 91（1）：134-143.

［6］Bailey D E, Kurland N B. A review of telework research：Findings, new directions, and lessons for the study of modern work［J］. Journal of Organizational Behavior, 2002, 23（4）：383-400.

［7］Berkery E, Morley M J, Tiernan S, et al. On the uptake of flexible working arrangements and the association with human resource and organizational performance outcomes［J］. European Management Review, 2017, 14（2）：165-183.

［8］Clark L A, Karau S J, Michalisin M D. Telecommuting attitudes and the "big five" personality dimensions［J］. Journal of Management Policy and Practice, 2012, 13（3）：31-46.

［9］Davis F D. Perceived usefulness, perceived ease of use, and user acceptance of information technology［J］. MIS Quarterly, 1989, 13（3）：319-

340.

　[10] Dishaw M T, Strong D M. Extending the technology acceptance model with task-technology fit constructs [J]. Information & Management, 1999, 36 (1): 9 −21.

　[11] Fishbein M, Ajzen I. Predicting and changing behavior: The reasoned action approach [M]. New York: Psychology Press, 2011.

　[12] Golden T D, Gajendran R S. Unpacking the role of a telecommuteras job in their performance: Examining job complexity, problem solving, interdependence, and social support [J]. Journal of Business and Psychology, 2019, 34 (1): 55 −69.

　[13] Golden T D, Veiga J F. The impact of extent of telecommuting on job satisfaction: Resolving inconsistent findings [J]. Journal of Management, 2005, 31 (2): 301 −318.

　[14] Goodhue D L, Thompson R L. Task-technology fit and individual performance [J]. MIS Quarterly, 1995, 19 (2): 213 −236.

　[15] Kossek E E, Thompson R J, Lautsch B A. Balanced workplace flexibility: Avoidingthe traps [J]. California Management Review, 2015, 57 (4): 5 −25.

　[16] Kröll C, Nüesch S, Foege J N. Flexible work practices and organizational attractiveness in Germany: The mediating role of anticipated organizational support [J]. The International Journal of Human Resource Management, 2021, 32 (3): 543 −572.

　[17] Lapierre L M, Steenbergen E F, Peeters M C W, et al. Juggling work and family responsibilities when involuntarily working more from home: A multiwave study of financial sales professionals [J]. Journal of Organizational Behavior, 2016, 37 (6): 804 −822.

　[18] Müller T, Schuberth F, Bergsiek M, et al. How can the transition

from office to telework be managed? The impact of tasks and workplace suitability on collaboration and work performance [J]. Frontiers in Psychology, 2022, 13: 987530.

[19] Sels L, De Winne S, Maes J, et al. Unravelling the HRM-Performance link: Value-creating and cost-increasing effects of small business HRM [J]. Journal of Management Studies, 2006, 43 (2): 319 – 342.

[20] Shockley K M, Allen T D. Investigating the missing link in flexible work arrangement utilization: An individual difference perspective [J]. Journal of Vocational Behavior, 2010, 76 (1): 131 – 142.

[21] Silva A J, Almeida A, Rebelo C. The effect of telework on emotional exhaustion and task performance via work overload: The moderating role of self-leadership [J]. International Journal of Manpower, 2022.

[22] Soga L R, Bolade-Ogunfodun Y, Mariani M, et al. Unmasking the other face of flexible working practices: A systematic literature review [J]. Journal of Business Research, 2022 (142): 648 – 662.

[23] Staples D S, Hulland J S, Higgins C A. A self-efficacy theory explanation for the management of remote workers in virtual organizations [J]. Organization Science, 1999, 10 (6): 758 – 776.

[24] Stavrou E T, Parry E, Anderson D. Nonstandard work arrangements and configurations of firm and societal systems [J]. The International Journal of Human Resource Management, 2015, 26 (19): 2412 – 2433.

[25] Venkatesh V, Bala H. Technology acceptance model 3 and a research agenda on interventions [J]. Decision Sciences, 2008, 39 (2): 273 – 315.

[26] Wang B, Liu Y, Qian J, et al. Achieving effective remote working during the COVID-19 pandemic: A work design perspective [J]. Applied psychology, 2021, 70 (1): 16 – 59.

第 10 章

研究结论与展望

随着网络技术的发展与广泛应用，生产资料的信息化与智能化程度不断加深，诸如远程工作、弹性工作、特殊协议待遇（I-deals）等柔性工作形式开始受到重视。本书以柔性工作的员工绩效为研究对象，旨在厘清中国情景、变革环境下的柔性工作员工绩效实现的特征规律，进而提出相应的干预策略。本章主要对全书的研究结论进行梳理总结，并提出未来的研究展望。

10.1 研究结论

一方面，本书探讨了企业柔性工作安排在员工任务绩效、公民绩效以及反生产绩效这三种绩效领域的效应实现机制与情境条件等问题，主要结论与学术观点包括以下三个部分：

第一，在柔性工作安排与员工任务绩效关系方面，研究证实，柔性工作安排对员工任务绩效存在正面影响，且这种正向效应是通过减弱员工的工作家庭边界心理渗透而发生作用的，工作创造性对柔性工作与任务绩效间的正向关系有强化作用。研究表明，组织实施柔性的工作安排能够帮助员工减少工作家庭边界心理渗透，帮助这些员工提高任务绩效，尤其有利于从事创造性工作的员工提升任务绩效。

第二，在柔性工作安排与员工公民绩效关系方面，研究认为，柔性工作对员工创新行为的影响，取决于员工由柔性工作获得的心理授权水平的高低。在此过程中，柔性工作的供给—需求匹配、要求—能力匹配的相关匹配形态决定了员工心理上对柔性工作的接受和认可程度，继而决定了他们在创新行为方面的表现。供给—需求匹配对创新行为的效用，呈现出高水平匹配 > 低水平匹配 > 供给过剩 > 供给不足的态势；要求—能力匹配对创新行为的效用，呈现出中等水平匹配 > 高、低水平匹配 > 要求不足 > 要求过度的态势。

第三，在柔性工作安排与员工反生产绩效关系方面，研究发现，员工是否存在远程工作意愿是远程工作许可与生产越轨行为的关系的关键情境条件。在低远程工作意愿的情况下，尽管组织的远程工作许可能够通过提升员工工作自主性，以及通过工作自主性与内部人身份认知的双重中介，减少了员工生产越轨行为，但远程工作许可还降低了内部人身份认知并增加了员工生产越轨行为，使得远程工作许可与员工生产越轨行为的总效应不显著。只有在高远程工作意愿的情况下，工作自主性以及工作自主性与内部人身份认知的双重中介效应才能得以强化，远程工作许可才能减少员工生产越轨行为。

另一方面，针对相关柔性工作类型在员工三种绩效领域的效应实现机制与情境条件，从员工和组织两个层面提出了柔性工作绩效实现的干预策略，主要研究结论如下：

首先是员工柔性工作意愿的提升策略。研究发现，员工远程工作态度、远程工作感知行为控制对员工远程工作意愿的形成具有显著的直接影响，而员工远程工作主观规范通过影响员工远程工作态度和远程工作感知行为控制对员工远程工作意愿的形成产生间接影响。从具体干预策略来看，员工远程工作态度是较好的干预目标，通过改变积极性行为信念：提高工作效率和消极性行为信念：工作—家庭冲突，是较为有效干预设计。同时，需要针对不同年龄和工作年限的员工，选择差异化的干预方案。对于年龄大、工作年限长的员工，利益机制是他们远程工作意愿形成的关键机制，而对于年龄小、工作年限短的员工，更需要从能力机制出发，提升其对远程工作的胜任力感知，从而提高其远程工作意愿。

其次是员工柔性工作能力的增强策略。研究通过模糊集定性比较分析，识别了员工产生高柔性工作自我效能感的两种主要的工作特征组态模式：高工作资源—低工作要求耦合形成的"强资源混合型"模式以及高工作资源—高工作要求耦合产生的"强均衡型"模式。研究表明了员工高柔性工作自我效能感有赖于组织柔性工作设计时，对工作资源和工作要求的综合考量。工作特征组态要素间的潜在替代关系也启示出培育员工的自我领导管理能力有利于缓解柔性工作负荷过重的负面效应，实施居家办公的企业应该积极使用数字工具来清晰沟通以减少角色模糊，但需要制定数字沟通规范、明确连通规则来规避对员工的过度控制。

最后是组织柔性工作供给的促进策略。研究证实，柔性工作的岗位适合性、员工胜任性通过提升组织的感知易用性与感知有用性，进而提高组织的柔性工作供给意愿。其中，员工胜任性对柔性工作供给意愿的效应较大，感知有用性中介作用更强。研究表明，旨在长期实施柔性工作的组织，需要完善柔性工作岗位员工筛选、培训等措施，选拔培养一批拥有良好柔性工作综合素质的员工；善于利用数字化、智能化工具，开发柔性工作岗位、赋能员工柔性工作，通过最大化柔性工作的让渡价值，确保组织柔性工作的长期持续供给。

10.2　研究展望

本书选择柔性工作的员工绩效实现机制作为研究方向，力求全面、系统地开展研究；但未来仍需要从以下几个方面对柔性工作的员工绩效实现的相关研究作进一步的推进：

其一，深化研究视角。柔性工作可分为时间柔性、空间柔性、就业关系柔性等多种类型，工作绩效也分为任务绩效、公民绩效与反生产绩效这三种绩效领域。不同柔性工作类型与不同柔性工作绩效领域的关系可能存在差异；因此，后续研究可以考虑强化不同柔性工作类型的相关绩效领域的比较和细分研究。例如，公民绩效包括创新行为、组织公民行为、建言行为等，需要探究不同柔性工作安排与不同绩效行为、结果的关系、实现机制与情境条件，从而形成对柔性工作的员工绩效实现的整体清晰认知。

其二，创新研究方法。一方面，需要在截面研究的基础上，加强纵向研究，综合运用潜变量增长模型、经验取样法以及纵向案例研究等方法，分析柔性工作安排对员工工作绩效的动态影响。另一方面，本书的研究仅从个体层面，探索了员工柔性工作的绩效实现问题；未来需要展开跨层次研究，通过构建多层线性模型，探析相关团队、组织、文化因素在上述关系中的作用，特别需要考察数字化场景下以及中国传统文化的独特影响。

其三，拓展研究理论。本书的研究大多从柔性工作的特征出发，综合运用人与工作匹配理论、自我决定理论、资源保存理论、工作—家庭边界理论等，对柔性工作员工的绩效实现问题进行了研究。未来需要继续深化相关理论，对研究进行进一步拓展，例如，人与环境匹配包括个体与个体匹配、个体与工作匹配、个体与群体匹配、个体与组织匹配以及个体与职业匹配等类型，不同层次的个体—环境匹配效果可能存在差别，研究需要超越个体与工作的匹配视角，深入分析柔性工作与员工绩效的关系。

附　　录

柔性工作安排与员工任务绩效的调查问卷

尊敬的先生、女士：

　　您好！感谢您参与本项研究。柔性工作是指在工作时间、工作地点、工作角色方面具备一定灵活性的工作方式。为了了解员工柔性工作安排的有效性，特设计了此项问卷。非常希望您能抽出一点宝贵时间，根据您的想法，客观、真实地填写相关内容。本调查仅用于科学研究，您提供的资料我们将绝对保密，不会对您自己和贵工作单位带来任何不良影响，请放心填写！您填写的内容的真实性对我们的研究至关重要，衷心感谢您的支持与合作。

一、基本资料

1. 您的性别：□男　　　　　　　　□女
2. 您的年龄：

□ 25 岁以下　　　　　□ 26 – 35 岁　　　　　□ 36 – 45 岁

□ 46 – 55 岁　　　　　□ 56 岁及以上

3. 您的学历：

□高中（中专）及以下   □大专、本科   □硕士及以上

4. 您的婚姻状况：

□未婚   □已婚

5. 您的工作年限：

□1年以下   □1－3年   □4－5年   □6－10年

□11年及以上

二、请就以下有关问题，根据您的认同程度或者符合程度进行选择，答案并无对错之分，请尽量真实地表达出您的想法（对以下说法的认同程度依次为1＝"非常不同意"，2＝"不同意"，3＝"不确定"，4＝"同意"，5＝"非常同意"，请您在相应分值上打勾）

问项	非常不同意→非常同意				
柔性工作程度：马修斯和巴恩斯（Matthews and Barnes, 2010）					
1. 公司能给我更多时间上的灵活性来完成工作	1	2	3	4	5
2. 我可以提前下班去处理家庭问题	1	2	3	4	5
3. 如果需要处理个人生活的问题，我上班迟到也没关系	1	2	3	4	5
4. 我可以停止我正在做的工作，去履行家庭和个人生活有关的责任	1	2	3	4	5
工作家庭边界心理渗透：马修斯等（Matthews et al., 2010）；金（Kim, 2015）					
1. 工作的时候，我在想与家庭相关的事情	1	2	3	4	5
2. 我愿意让家庭问题侵入我的工作生活	1	2	3	4	5
3. 我愿意在家里工作	1	2	3	4	5
工作创造性：希曼和杨（Schieman and Young, 2010）					
1. 我的工作常要求我具有创造性	1	2	3	4	5
2. 我经常有机会学习新事物	1	2	3	4	5
3. 我经常有机会解决问题	1	2	3	4	5
4. 我的工作经常有机会让我发展技能或能力	1	2	3	4	5

续表

问项	非常不同意→非常同意				
任务绩效：施密特等（Smit et al.，2016）					
1. 我感觉自己努力工作了	1	2	3	4	5
2. 我所做的事情成功了	1	2	3	4	5
3. 我达到了自己的期望	1	2	3	4	5
4. 我觉得自己很高效	1	2	3	4	5

非常感谢您的参与！祝您家庭和睦！万事如意！

柔性工作安排与员工公民绩效的调查问卷

尊敬的先生、女士：

您好！感谢您参与本项研究。柔性工作是指在工作时间、工作地点、工作角色方面具备一定灵活性的工作方式。为了解柔性工作安排的有效性，特设计了此项问卷。非常希望您能抽出一点宝贵时间，根据您的想法，客观、真实地填写相关内容。本调查仅用于科学研究，您提供的资料我们将绝对保密，不会对您自己和贵工作单位带来任何不良影响，请放心填写！您填写的内容的真实性对我的研究至关重要，衷心感谢您的支持与合作。

员工问卷　　　问卷编号：_____

一、基本资料

1. 您的性别：□男　　　　　　□女

2. 您的年龄：

□ 25 岁以下　　　　□ 26 – 35 岁　　　　□ 36 – 45 岁

□ 46 – 55 岁　　　　□ 56 岁及以上

3. 您的教育程度：

□高中（中专）及以下　　□大专、本科　　□硕士及以上

4. 您在这家公司工作的年限：

□ 1 – 3 年　　□ 4 – 6 年　　□ 7 – 9 年　　□ 10 – 12 年

□ 13 年及以上

5. 您每周工作的时间：

□ 35 小时以下　　□ 36 – 40 小时　　□ 41 – 45 小时

　　□ 46 – 50 小时　　　□ 51 小时及以上

　　二、请就以下有关问题，根据您的认同程度或者符合程度进行选择，答案并无对错之分，请尽量真实地表达出您的想法（对以下说法的认同程度依次为 1 = "非常不符合"，2 = "比较不符合"，3 = "不符合"，4 = "不确定"，5 = "符合"，6 = "比较符合"，7 = "非常符合"，请您在相应分值上打勾）

问项		非常不符合→非常符合						
柔性工作供给：盖尼和克莱尼（Gainey and Clenney, 2006）；罗森等（Rosen et al. , 2013）								
OS1	我能够对我工作的时间、地点、方式进行一定的控制	1	2	3	4	5	6	7
OS2	我拥有一定的调整工作时间、地点、方式的权利	1	2	3	4	5	6	7
OS3	组织在安排工作时间、地点、方式时会顾及我的需要	1	2	3	4	5	6	7
柔性工作需求：盖尼和克莱尼（Gainey and Clenney, 2006）；罗森等（Rosen et al. , 2013）								
EN1	对于工作时间、地点、方式的控制对我很重要	1	2	3	4	5	6	7
EN2	拥有调整工作时间、地点、方式的权力对我的工作—生活平衡很重要	1	2	3	4	5	6	7
EN3	柔性工作安排是我寻求工作所考虑的重要因素	1	2	3	4	5	6	7
柔性工作要求：布文杜夫（Bledow, 2010）；马修斯等（Matthews et al. , 2010）								
OD1	为了完成组织的柔性工作要求，我必须全力以赴	1	2	3	4	5	6	7
OD2	为了达到我的柔性工作目标，我必须每天努力工作	1	2	3	4	5	6	7
OD3	为了实现领导的柔性工作期望，我必须每天投入大量精力	1	2	3	4	5	6	7
柔性工作能力：布文杜夫（Bledow, 2010）；马修斯等（Matthews et al. , 2010）								
EA1	我对自己处理柔性工作的能力评价很高	1	2	3	4	5	6	7
EA2	我拥有很好完成柔性工作目标的知识、技术能力	1	2	3	4	5	6	7

续表

问项		非常不符合→非常符合						
柔性工作能力：布文杜夫（Bledow, 2010）；马修斯等（Matthews et al. , 2010）								
EA3	我能够胜任柔性工作安排	1	2	3	4	5	6	7
柔性工作供给—需求匹配：凯布尔和德鲁埃（Cable and Derue, 2002）								
NS1	柔性工作所能提供给我的和我在工作中所寻求的是一致的	1	2	3	4	5	6	7
NS2	我在工作中所寻找的在柔性工作安排中得到了很好的满足	1	2	3	4	5	6	7
NS3	柔性工作给了我希望从工作中得到的东西	1	2	3	4	5	6	7
柔性工作要求—能力匹配：凯布尔和德鲁埃（Cable and DeRue, 2002）								
DA1	柔性工作要求和我的个人技能非常匹配	1	2	3	4	5	6	7
DA2	我的能力和训练与我的柔性工作要求非常适合	1	2	3	4	5	6	7
DA3	我的个人能力和教育使我能够很好的适应柔性工作要求	1	2	3	4	5	6	7
心理授权：斯普雷策（Spreitzer, 1995）；李超平等（2006）；崔（Choi, 2007）								
PE1	我所做的工作对我来说非常有意义	1	2	3	4	5	6	7
PE2	在决定如何完成我的工作上，我有很大的自主权	1	2	3	4	5	6	7
PE3	我对自己完成工作的能力非常有信心	1	2	3	4	5	6	7
PE4	我对发生在本部门的事情的影响很大	1	2	3	4	5	6	7

非常感谢您的参与！祝您家庭和睦！万事如意！

主　管　问　卷

员工姓名：_____　问卷编号：_____

请根据您的感受，对该员工的创新行为进行评价，答案并无对错之分，请尽量真实地表达出您的想法（对以下说法的认同程度依次为 1 = "非常不符合"，2 = "比较不符合"，3 = "不符合"，4 = "不确定"，5 = "符合"，6 = "比较符合"，7 = "非常符合"，请您在相应分值上打勾）。

	问项	非常不符合→非常符合						
员工创新行为：斯科特和布鲁斯（Scott and Bruce, 1994）								
IB1	该员工常常会寻找一些新的科技、工艺、技术或产品创意	1	2	3	4	5	6	7
IB2	该员工经常会产生一些有创意的想法	1	2	3	4	5	6	7
IB3	该员工经常会推销自己的创意以获得支持和认可	1	2	3	4	5	6	7
IB4	该员工经常会想办法争取实现创意所需要的资源	1	2	3	4	5	6	7
IB5	该员工经常会积极制订计划来实施新创意	1	2	3	4	5	6	7
IB6	总体上，该员工是有创新精神的	1	2	3	4	5	6	7

非常感谢您的参与！祝您家庭和睦！万事如意！

柔性工作安排与员工反生产绩效的调查问卷

尊敬的先生、女士：

您好！感谢您参与本项研究。柔性工作是指在工作时间、工作地点、工作角色方面具备一定灵活性的工作方式。为了了解柔性工作安排的有效性，特设计了此项问卷。非常希望您能抽出一点宝贵时间，根据您的想法，客观、真实地填写相关内容。本调查仅用于科学研究，您提供的资料我们将绝对保密，不会对您自己和贵工作单位带来任何不良影响，请放心填写！您填写的内容的真实性对我们的研究至关重要，衷心感谢您的支持与合作。

一、基本资料

1. 您的性别：□男 　　　　　□女

2. 您的年龄：

□ 30 岁以下 　　　　□ 30 – 45 岁 　　　　□ 46 岁及以上

3. 您的教育程度：

□高中（中专）及以下 　　□大专、本科 　　□硕士及以上

4. 您在这家公司工作的年限：

□ 1 – 5 年 　□ 6 – 10 年 　□ 11 – 15 年 　□ 16 – 20 年

□ 21 年及以上

5. 您每周远程工作的时间：

□ 1 天以下 　□ 1 天 　□ 2 天 　□ 3 天 　□ 4 天及以上

6. 您的工作职务：

□一般员工 　　　　□管理人员

二、请就以下有关问题，根据您的认同程度或者符合程度进行选择，答案并无对错之分，请尽量真实地表达出您的想法（对以下说法的认同程度依次为 1 = "非常不同意"，2 = "比较不同意"，3 = "不同意"，4 = "同意"，5 = "比较同意"，6 = "非常同意"，请您在相应分值上打勾）

问项	非常不同意→非常同意					
远程工作许可：罗森等（Rosen et al.，2013）						
1. 考虑到我的特殊情况，公司允许我在办公地点以外的地方办公	1	2	3	4	5	6
2. 公司在安排我的工作日程时会考虑到我的个人需求	1	2	3	4	5	6
3. 考虑到我的个人需求，公司允许我在办公室以外的地方完成我的部分工作	1	2	3	4	5	6
内部人身份认知：斯坦普和马斯特森（Stamper and Masterson，2002）						
1. 我觉得我是公司的内部成员	1	2	3	4	5	6
2. 我感觉我是公司的一部分	1	2	3	4	5	6
3. 我坚信我是公司的一分子	1	2	3	4	5	6
4. 我感觉我是公司的局外人（反向计分）	1	2	3	4	5	6
5. 我感觉我没有被公司接纳（反向计分）	1	2	3	4	5	6
6. 我感觉我经常被公司冷落（反向计分）	1	2	3	4	5	6
工作自主性：朗弗雷德（Langfred，2000）						
1. 我能够自由决定我的工作规则与工作程序	1	2	3	4	5	6
2. 我能够控制我的工作节奏	1	2	3	4	5	6
3. 我拥有决定履行工作的权力	1	2	3	4	5	6
4. 我难以影响与工作相关的规则与程序（反向计分）	1	2	3	4	5	6
远程工作意愿：菲什宾和阿扎吉（Fishbein and Ajzen，2011）						
1. 我愿意在传统办公地点以外的地方处理我的部分工作	1	2	3	4	5	6
2. 我希望能够在非办公场所履行我的部分工作	1	2	3	4	5	6
3. 我打算在办公场所以外的地方进行工作	1	2	3	4	5	6
生产越轨行为：斯图尔特等（Stewart et al.，2009）						
1. 我有时把自己的工作留给别人去做	1	2	3	4	5	6

续表

问项	非常不同意→非常同意					
生产越轨行为：斯图尔特等（Stewart et al.，2009）						
2. 我有时在工作上投入很少的精力	1	2	3	4	5	6
3. 我有时故意降低工作速度	1	2	3	4	5	6
4. 我经常在工作中花很多时间幻想	1	2	3	4	5	6
5. 我时常超出工作限度去休息	1	2	3	4	5	6
6. 我有时候在工作场所做个人的事情而不是工作	1	2	3	4	5	6
7. 我经常未经允许迟到	1	2	3	4	5	6

非常感谢您的参与！祝您家庭和睦！万事如意！

员工柔性工作意愿调查问卷

尊敬的先生、女士：

　　您好！感谢您参与本项研究。柔性工作是指在工作时间、工作地点、工作角色方面具备一定灵活性的工作方式。为了了解员工柔性工作意愿的形成机制，特设计了此项问卷。非常希望您能抽出一点宝贵时间，根据您的想法，客观、真实地填写相关内容。本调查仅用于科学研究，您提供的资料我们将绝对保密，不会对您自己和贵工作单位带来任何不良影响，请放心填写！您填写的内容的真实性对我们的研究至关重要，衷心感谢您的支持与合作。

一、基本资料

1. 您的性别：□男　　　　　　□女

2. 您的年龄：

□ 30 岁以下　　　　□ 30 – 45 岁　　　　□ 46 岁及以上

3. 您的教育程度：

□高中（中专）及以下　　□大专、本科　　□硕士及以上

4. 您在这家公司工作的年限：

□ 1 – 5 年　　□ 6 – 10 年　　□ 11 – 15 年　　□ 16 – 20 年

□ 21 年及以上

5. 您每周远程工作的时间：

□ 1 天以下　　□ 1 天　　□ 2 天　　□ 3 天　　□ 4 天及以上

6. 您的工作职务：

□一般员工　　　　□技术人员　　　　□管理人员

二、请就以下有关问题，根据您的认同程度或者符合程度进行选择，答案并无对错之分，请尽量真实地表达出您的想法（对以下说法的认同程度依次为 1 = "非常不同意"，2 = "比较不同意"，3 = "不同意"，4 = "同意"，5 = "比较同意"，6 = "非常同意"，请您在相应分值上打勾）

问项	非常不同意→非常同意					
远程工作态度：菲什宾和阿扎吉（Fishbein and Ajzen, 2011）						
1. 对于我来说，柔性工作是非常好的	1	2	3	4	5	6
2. 对于我来说，柔性工作是非常有价值的	1	2	3	4	5	6
3. 对于我来说，柔性工作是非常愉快的	1	2	3	4	5	6
4. 对于我来说，柔性工作是非常重要的	1	2	3	4	5	6
远程工作主观规范：菲什宾和阿扎吉（Fishbein and Ajzen, 2011）						
1. 我觉得很多对我很重要的人会赞成我进行柔性工作	1	2	3	4	5	6
2. 我觉得很多我重视的人会赞成我进行柔性工作	1	2	3	4	5	6
3. 我觉得很多我熟悉的人会赞成我进行柔性工作	1	2	3	4	5	6
4. 我觉得很多和我关系不错的人会赞成我进行柔性工作	1	2	3	4	5	6
远程工作感知行为控制：菲什宾和阿扎吉（Fishbein and Ajzen, 2011）						
1. 对于我来说，进行柔性工作很简单	1	2	3	4	5	6
2. 我能够很好的进行柔性工作	1	2	3	4	5	6
3. 对于我来说，进行柔性工作是可能的	1	2	3	4	5	6
4. 对于我来说，进行柔性工作取决于我自己	1	2	3	4	5	6
远程工作意愿：菲什宾和阿扎吉（Fishbein and Ajzen, 2011）						
1. 我愿意在传统办公地点以外的地方处理我的部分工作	1	2	3	4	5	6
2. 我希望能够在非办公场所履行我的部分工作	1	2	3	4	5	6
3. 我打算在办公场所以外的地方进行工作	1	2	3	4	5	6
行为信念强度：菲什宾和阿扎吉（Fishbein and Ajzen, 2011）						
1. 兼顾工作与家庭对我非常重要	1	2	3	4	5	6
2. 灵活的安排工作对我非常重要	1	2	3	4	5	6
3. 减少交通时间对我非常重要	1	2	3	4	5	6

续表

问项	非常不同意→非常同意					
行为信念强度：菲什宾和阿扎吉（Fishbein and Ajzen, 2011）						
4. 节省交通费用对我非常重要	1	2	3	4	5	6
5. 提高工作效率对我非常重要	1	2	3	4	5	6
6. 与领导的关系对我非常重要	1	2	3	4	5	6
7. 与同事的关系对我非常重要	1	2	3	4	5	6
8. 及时完成工作对我非常重要	1	2	3	4	5	6
行为结果评估：菲什宾和阿扎吉（Fishbein and Ajzen, 2011）						
1. 如果每个礼拜在非办公场所（如在家）工作一天以上，可以使我更好的兼顾工作与家庭	1	2	3	4	5	6
2. 如果每个礼拜在非办公场所（如在家）工作一天以上，可以使我更灵活的安排工作	1	2	3	4	5	6
3. 如果每个礼拜在非办公场所（如在家）工作一天以上，可以使我减少交通时间	1	2	3	4	5	6
4. 如果每个礼拜在非办公场所（如在家）工作一天以上，可以使我节省交通费用	1	2	3	4	5	6
5. 如果每个礼拜在非办公场所（如在家）工作一天以上，可以使我提高工作效率	1	2	3	4	5	6
6. 如果每个礼拜在非办公场所（如在家）工作一天以上，可能使我与领导的关系变淡	1	2	3	4	5	6
7. 如果每个礼拜在非办公场所（如在家）工作一天以上，可能使我与同事的关系变淡	1	2	3	4	5	6
8. 如果每个礼拜在非办公场所（如在家）工作一天以上，家事可能干扰我及时完成工作	1	2	3	4	5	6
规范信念强度：菲什宾和阿扎吉（Fishbein and Ajzen, 2011）						
1. 领导的意见对我非常重要	1	2	3	4	5	6
2. 家人的意见对我非常重要	1	2	3	4	5	6
3. 同事的意见对我非常重要	1	2	3	4	5	6
4. 好朋友的意见对我非常重要	1	2	3	4	5	6

续表

问项	非常不同意→非常同意					
依从动机：菲什宾和阿扎吉（Fishbein and Ajzen, 2011）						
1. 我觉得我的领导会赞成我每个礼拜在非办公场所（如在家）工作一天以上	1	2	3	4	5	6
2. 我觉得我的家人会赞成我每个礼拜在非办公场所（如在家）工作一天以上	1	2	3	4	5	6
3. 我觉得我的同事会赞成我每个礼拜在非办公场所（如在家）工作一天以上	1	2	3	4	5	6
4. 我觉得我的好朋友会赞成我每个礼拜在非办公场所（如在家）工作一天以上	1	2	3	4	5	6
控制信念强度：菲什宾和阿扎吉（Fishbein and Ajzen, 2011）						
1. 家庭环境对于在家工作非常重要	1	2	3	4	5	6
2. 相关经验和知识对于在家工作非常重要	1	2	3	4	5	6
3. 相关设备对于在家工作非常重要	1	2	3	4	5	6
4. 相关条件对于在家工作非常重要	1	2	3	4	5	6
控制因素效力：菲什宾和阿扎吉（Fishbein and Ajzen, 2011）						
1. 我的家庭环境适合我每个礼拜在非办公场所（如在家）工作一天以上	1	2	3	4	5	6
2. 我觉得我具备在非办公场所（如在家）工作的经验和知识	1	2	3	4	5	6
3. 我觉得我具备在非办公场所（如在家）工作的设备	1	2	3	4	5	6
4. 我觉得我具备在非办公场所（如在家）工作的条件	1	2	3	4	5	6

非常感谢您的参与！祝您家庭和睦！万事如意！

员工柔性工作能力调查问卷

尊敬的先生、女士：

您好！感谢您参与本项研究。柔性工作是指在工作时间、工作地点、工作角色方面具备一定灵活性的工作方式。为了了解员工柔性工作能力的促进机制，特设计了此项问卷。非常希望您能抽出一点宝贵时间，根据您的想法，客观、真实地填写相关内容。本调查仅用于科学研究，您提供的资料我们将绝对保密，不会对您自己和贵工作单位带来任何不良影响，请放心填写！您填写的内容的真实性对我们的研究至关重要，衷心感谢您的支持与合作。

═══════════════════════════════════════

一、基本资料

1. 您的性别：□男　　　　　□女

2. 您的年龄：

□ 25 岁以下　　　　□ 26 – 35 岁　　　　□ 36 – 45 岁

□ 46 – 55 岁　　　　□ 56 岁及以上

3. 您的教育程度：

□专科以下　　□专科　　□本科　　□硕士及以上

4. 您在这家公司工作的年限：

□ 1 年以下　　□ 1 – 2 年　　□ 3 – 5 年　　□ 6 – 10 年

□ 11 年及以上

二、请就以下有关问题，根据您的认同程度或者符合程度进行选择，答案并无对错之分，请尽量真实地表达出您的想法（对以下说法的认同程度依次为 1 = "非常不符合"，2 = "不符合"，3 = "不确定"，4 = "符

合", 5 = "非常符合", 请您在相应分值上打勾）

问项	非常不符合→非常符合				
工作负荷：彼得森等（Peterson et al.，1995）					
1. 在柔性工作中，我的某些任务有必要减少	1	2	3	4	5
2. 在柔性工作中，我感到负担过重	1	2	3	4	5
3. 在柔性工作中，我被给予了太多的责任	1	2	3	4	5
4. 在柔性工作中，我的任务太繁重了	1	2	3	4	5
5. 在柔性工作中，我的工作量妨碍到我想保持的工作质量	1	2	3	4	5
角色模糊：辛格等（Singh et al.，1996）					
1. 在柔性工作中，我有清晰而具体的工作目标	1	2	3	4	5
2. 在柔性工作中，我很清楚我应该做什么	1	2	3	4	5
3. 在柔性工作中，我知道公司如何考核我的绩效	1	2	3	4	5
家庭对工作干扰：格拉韦斯等（Graves et al.，2007）					
1. 在柔性工作中，由于疲于应付家庭琐事，我没能发挥最大工作效率	1	2	3	4	5
2. 在柔性工作中，我的家庭生活占用了部分我本可以用于工作的时间和精力	1	2	3	4	5
3. 在柔性工作中，我会因为一些私人原因导致无法完全投入工作	1	2	3	4	5
4. 在柔性工作中，我会因为一些私人原因影响了我与领导、同事的人际关系	1	2	3	4	5
5. 在柔性工作中，由于某些私人原因，我投入在工作中的时间未能达到我的预期	1	2	3	4	5
6. 在柔性工作中，为了处理一些私人问题，我有时不能按时完成工作	1	2	3	4	5
7. 在柔性工作中，我的个人问题使得我在工作中的表现不如人意	1	2	3	4	5
8. 在柔性工作中，我在私人生活中的某些行为会降低我的工作效率	1	2	3	4	5
9. 在柔性工作中，我为了个人目标或私人原因在工作事业上略有牺牲让步	1	2	3	4	5

续表

问项	非常不符合→非常符合				

工作家庭平衡：希尔等（Hill et al. , 2001）

问项					
1. 在柔性工作中，我能够平衡我的工作要求和家庭要求	1	2	3	4	5
2. 在柔性工作中，平衡工作和家庭生活的需求对我来说很容易	1	2	3	4	5
3. 在柔性工作中，我有能力保持足够的工作家庭平衡	1	2	3	4	5
4. 在柔性工作中，我对自己在工作和家庭之间取得的平衡感到满意	1	2	3	4	5
5. 总而言之，在柔性工作中，我在平衡工作和家庭生活方面是成功的	1	2	3	4	5

工作自主性：斯普雷策（Spreitzer, 1995）

问项					
1. 在柔性工作中，我有很大的决策权	1	2	3	4	5
2. 在柔性工作中，我能够在职责范围内独立处理事情	1	2	3	4	5
3. 在柔性工作中，我有很多机会独立自主地决定如何完成任务	1	2	3	4	5

自我领导：霍顿等（Houghton et al. , 2012）

问项					
1. 在柔性工作中，我为自己设定的具体工作目标而努力	1	2	3	4	5
2. 在柔性工作中，我自我观察并记录自己在工作中的表现	1	2	3	4	5
3. 在柔性工作中，我为自己的表现制定了具体的目标	1	2	3	4	5
4. 完成柔性工作任务之前，我会想象自己已经成功完成了它	1	2	3	4	5
5. 有时当我真正开始柔性工作前，我会想象成功的表现	1	2	3	4	5
6. 在柔性工作中，我用喜欢的东西奖励自己成功完成任务	1	2	3	4	5
7. 在柔性工作中遇到困难时，我会大声说出来或在脑海中自言自语	1	2	3	4	5
8. 在柔性工作中，我尝试评估自己对所遇到问题看法的准确性	1	2	3	4	5
9. 在柔性工作中遇到困难时，我会想起自己的信念和担当	1	2	3	4	5

问项	非常不符合→非常符合				
柔性工作自我效能感: 布文杜夫 (Bledow, 2010); 马修斯等 (Matthews et al., 2010)					
35. 我对自己处理柔性工作的能力评价很高	1	2	3	4	5
36. 我拥有很好完成柔性工作目标的知识、技术能力	1	2	3	4	5
37. 我能够胜任我现在的柔性工作安排	1	2	3	4	5

非常感谢您的参与! 祝您家庭和睦! 万事如意!

组织柔性工作供给调查问卷

尊敬的先生、女士：

　　您好！感谢您参与本项研究。柔性工作是指在工作时间、工作地点、工作角色方面具备一定灵活性的工作方式。为了了解组织柔性工作供给意愿的促进机制，特设计了此项问卷。非常希望您能抽出一点宝贵时间，根据您的想法，客观、真实地填写相关内容。本调查仅用于科学研究，您提供的资料我们将绝对保密，不会对您自己和贵工作单位带来任何不良影响，请放心填写！您填写的内容的真实性对我们的研究至关重要，衷心感谢您的支持与合作。

一、企业基本信息

1. 贵企业成立于_____年。

2. 贵企业近年来年平均员工数是_____人。

3. 贵企业的性质：

□高新技术企业　　　　□非高新技术企业

二、请就以下有关问题，根据您的认同程度或者符合程度进行选择，答案并无对错之分，请尽量真实地表达出您的想法（对以下说法的认同程度依次为 1 = "非常不同意"，2 = "比较不同意"，3 = "不同意"，4 = "不确定"，5 = "同意"，6 = "比较同意"，7 = "非常同意"，请您在相应分值上打勾）

问项	非常不同意→非常同意						
岗位适合性：古德休和汤普森（Goodhue and Thompson, 1995）；文卡泰什和拜拉（Venkatesh and Bala, 2008）							
1. 我们企业的很多岗位适合进行柔性工作	1	2	3	4	5	6	7
2. 对于本企业的很多岗位，实施柔性工作很重要	1	2	3	4	5	6	7
3. 本企业的很多岗位符合柔性工作的要求	1	2	3	4	5	6	7
4. 对于本企业的很多岗位，实施柔性工作是有意义的	1	2	3	4	5	6	7
5. 本企业的很多岗位符合柔性工作的特征	1	2	3	4	5	6	7
6. 对于本企业的很多岗位，实施柔性工作是相关的	1	2	3	4	5	6	7
7. 在本企业的很多岗位实施柔性工作是合适的	1	2	3	4	5	6	7
员工胜任性：斯台普斯等（Staples et al., 1999）							
1. 我们企业的很多员工拥有柔性工作的能力	1	2	3	4	5	6	7
2. 我们企业的很多员工能够合理的规划柔性工作时间	1	2	3	4	5	6	7
3. 我们企业的很多员工能够合理的安排柔性工作任务	1	2	3	4	5	6	7
4. 我们企业的很多员工能够较好的进行柔性工作	1	2	3	4	5	6	7
5. 我认为本企业的很多员工适合柔性工作	1	2	3	4	5	6	7
6. 我认为本企业的很多员工能够胜任柔性工作	1	2	3	4	5	6	7
感知有用性：文卡泰什和拜拉（Venkatesh and Bala, 2008）							
1. 实施柔性工作不需要耗费太多精力	1	2	3	4	5	6	7
2. 实施柔性工作比较简单	1	2	3	4	5	6	7
3. 推行柔性工作不会受到太多的反对	1	2	3	4	5	6	7
4. 推行柔性工作很方便	1	2	3	4	5	6	7
感知易用性：文卡泰什和拜拉（Venkatesh and Bala, 2008）							
1. 实施柔性工作有助于提高工作绩效	1	2	3	4	5	6	7
2. 实施柔性工作能够提升生产力	1	2	3	4	5	6	7
3. 实施柔性工作能够取得良好的效果	1	2	3	4	5	6	7
4. 实施柔性工作是有用的	1	2	3	4	5	6	7
柔性工作供给意愿：菲什拜因和阿杰恩（Fishbein and Ajzen, 2011）							
1. 我愿意在本企业推行柔性工作	1	2	3	4	5	6	7
2. 本企业未来打算进行柔性工作	1	2	3	4	5	6	7
3. 本企业将计划实施柔性工作	1	2	3	4	5	6	7

非常感谢您的参与！祝您家庭和睦！万事如意！